Bettina Peters

# Erika Mustermann

## Das geheime Leben der bekanntesten Durchschnittsdeutschen

**Bettina Peters** hat sich nach einem Studium der Sprach- und Literaturwissenschaften als Texterin und Autorin selbstständig gemacht. 2015 kommt sie zum ersten Mal mit Erika Mustermann ins Gespräch. Was diese zu erzählen hat, ist so außergewöhnlich normal, dass die Idee zur Biografie entsteht.

**Erika Mustermann** ist 45 Jahre lang der Inbegriff der Durchschnittsdeutschen. Als sie merkt, dass so viel Normalität nicht mehr normal ist, krempelt sie mit deutscher Gründlichkeit ihr Leben um. Mit ihrem Buch möchte sie auch Lieschen Müller dazu ermutigen, sich auf die Suche nach dem großen Glück zu machen.

Bettina Peters

# Erika Mustermann

## Das geheime Leben der bekanntesten Durchschnittsdeutschen

Eden
BOOKS

# Inhalt

# Prolog

Der Gartenzwerg hatte seine Nase verloren. Traurig stand er inmitten seiner makellosen Genossen, die heute Morgen ein hämisches Lächeln auf den tönernen Lippen trugen.

*Erika, du spinnst!*, schalt ich mich selbst. *Gartenzwerge lächeln nicht. Zumindest nicht hämisch.*

Andersrum verloren Gartenzwerge auch nicht einfach ihre Nasen. Vorsichtig bahnte ich mir den Weg durch die Armee der Zwerge. Der Nasenlose stand zwischen dem fröhlichen Sänger und einem verschmitzten Alten mit Pfeife, der mich immer an meinen Großvater erinnert hatte. Heute jedoch wirkte die bunte Heerschar, die ich mit so viel Liebe zusammengestellt und gepflegt hatte, seltsam bedrohlich. Im Kreise seiner perfekten Freunde stach der verstümmelte Zwerg hervor wie ein Fremdkörper.

Mitfühlend hob ich ihn auf. Dort, wo einmal seine Nase gewesen war, prangte ein scharfkantiges Loch. Auf Spurensuche bückte ich mich noch einmal, scheitelte die wohlgestutzten Grashalme und brachte schließlich zwei kleinere Objekte zum Vorschein. Die fehlende Nase und einen mittelgroßen Stein. Einen von der Art, die Menschen benutzen, um sie auf anderer Leute Zwerge zu werfen. Die Sache war eindeutig. In meinem Schrebergarten fand man nicht einfach so irgendwelche Steine. Und schon gar keine nasenlosen Zwerge.

»Wer macht denn so was?«, flüsterte ich fassungslos, die entstellte Figur tröstend an meine Wange gedrückt.

»Mensch, Frau Mustermann«, unterbrach die schneidende Stimme des Postboten jäh meine düsteren Gedanken, »Sie sind ja über den heiligen Rasen gelaufen! Nicht, dass Sie noch einen Grashalm abknicken!«

»Das geht dich gar nichts an, du Brieftaube!«, sagte ich leise in die kalte Zipfelmütze in meinem Gesicht.

»Wie bitte?«

»Das geht dich gar nichts an, du blöde Brieftaube!« Ich schrie jetzt, so laut ich konnte. »Kümmer dich um deinen eigenen Scheiß!«

Mit aller Kraft schleuderte ich dem Mann den ramponierten Zwerg entgegen. Er flog gut – auch ohne Nase – und zersprang mit einem dramatischen Scheppern neben dem gelben Postfahrrad in tausend Stücke. Das fehlende Riechorgan sollte von nun an nicht mehr sein größtes Problem sein.

»Sind Sie von allen guten Geistern verlassen?« Mit einem beherzten Sprung rettete der Briefträger sich hinter seinen Drahtesel. Das süffisante Grinsen war aus seinem Gesicht verschwunden. »Das war doch nur ein Scherz!«

»Siehst du mich lachen?«, brüllte ich. »Siehst du hier *irgendjemanden* lachen?«

Wie von Sinnen packte ich den Sängerzwerg und warf ihn seinem nasenlosen Genossen hinterher. Der Postbote schrie laut um Hilfe.

»Halt den Mund und verteil deine Briefe!«

Als Nächstes war der Pfeifen-Opa an der Reihe. Dann der Pausbäckige mit der Säufernase. Der Ziehharmonikazwerg zerschellte besonders imposant – das musste ich mir merken. Rasend vor Wut griff ich nach der nächsten Figur und stolperte ungelenk über den verträumten Flötenspieler. Als ich mich wieder aufgerappelt hatte, den Zwerg wurfbereit in der rechten Hand, war der Briefträger verschwunden.

»Ja, lauf nur weg!«, schrie ich hysterisch. »Bevor ich noch einen Grashalm abknicke!«

Wie eine Furie schwang ich herum. Die Gartenzwergarmee bot einen Anblick der Verwüstung. Jenseits des Jägerzauns glänzten die bunten Leichenteile der Gefallenen in der Sonne. Die Stockrosen wiegten sich selbstgefällig in der lauen Sommerbrise, als wäre nie etwas geschehen. Fröhlich summend landete eine Hummel auf den prächtigen Blüten. Das perfekte Idyll am Münchner Stadtrand. Und die blumengewordene Provokation.

»Euch wird das Grinsen auch noch vergehen!«, brüllte ich.

Ich griff nach der Harke, die an der Wand meines Geräteschuppens lehnte. Mit einem gezielten Schlag enthauptete ich die üppige Stockrose, die mir am nächsten stand. Bunte Blütenblätter landeten lautlos auf dem gepflegten Rasen. Pinke, rote, weiße und gelbe. Zischend sauste die Harke durch die Luft und fraß eine Schneise der Zerstörung durch die geschmackvoll angelegten Blumenrabatten.

Keuchend betrachtete ich das Chaos, das einmal mein Garten gewesen war. Ich war noch lange nicht fertig.

»Legen Sie die Harke weg!«, befahl eine Männerstimme vom Eingang des Grundstücks her.

Wie in Trance fuhr ich herum, die Harke zum nächsten Schlag bereit. Am Gartenzaun standen zwei Polizisten in

Uniform, die behandschuhten Hände an den Halftern ihrer Dienstwaffen.

»Legen Sie die Harke langsam weg und kommen Sie zu uns!«

»Ich denk ja nicht dran!«, schrie ich aufmüpfig. »Das ist mein Garten. Mein Eigentum! Was ich hier mache, geht Sie gar nichts an!«

Wild entschlossen schwang ich die Harke durch die Luft und fällte die riesige Sonnenblume, die mit einem erstaunten »Plopp« zu Boden ging.

»Ich sage es Ihnen nicht noch mal!«, drohte der ältere der beiden Polizisten.

»Dann ist ja gut!«

Ich hob die Harke, trat näher an die ausladende Hortensie, setzte zum Schlag an – und fand mich im nächsten Moment auf dem Boden wieder. Auf mir die Polizisten. Unter mir die Harke, die sich schmerzhaft in meinen Rücken bohrte. Um mich herum das Stockrosenmassaker, Gartenzwergleichen und schockierte Nachbarn. Nur die Hummel summte noch immer unbeeindruckt durch ihr kleines Paradies.

Ich kicherte. Erst leise, dann immer lauter und hysterischer. Zum ersten Mal seit Jahren lachte ich, bis mir die Tränen kamen. Japsend beobachtete ich, wie die Polizisten sich aus meinem Blumenbeet schälten, die Erde von den Hosen und die dahingemetzelten Blütenblätter aus den verschwitzten Haaren klopften. Als sie mir Handschellen anlegten und mich unsanft in ihren Streifenwagen verfrachteten, lachte ich noch immer.

# Hier und heute: Auf dem Boden der Tatsachen

»Eigentlich bin ich ganz normal.«

Etwas unbehaglich rückte ich das kratzige Kissen unter meinem Kopf zurecht. *Toll. Das sagen Psychopathen bestimmt auch immer*, dachte ich nervös.

»Lassen Sie sich Zeit«, sagte der Mann.

Als ob Zeit etwas ändern würde! Ich ließ den Blick durch den hellen Raum schweifen. Er hatte sich Mühe gegeben, das musste man ihm lassen. Das beigefarbene Sofa sah genauso aus wie mein eigenes. Genauso wie die Couchgarnituren von rund achtzig Prozent der Bundesbürger. Grob geschätzt. Selbst die Liegekuhle, in die ich mich gleich noch etwas tiefer hineindrückte, erinnerte mich an meine eigene, in jahrelanger Arbeit selbst zerschlissene Lieblingscouch. Verrückt!

Gedankenverloren sah ich mich weiter in dem quadratischen Raum um. Vom fleckenunempfindlichen Veloursteppich über die hellholzige Schrankwand bis hin zur weißen Raufasertapete eine perfekte Kopie meines eigenen Wohnzimmers.

*Clever*, dachte ich nicht ohne Bewunderung. Aber eigentlich wusste ich es besser. Das war kein kluger Schachzug, um mein Vertrauen zu gewinnen – das war einfach nur Standard.

Die klassische Einrichtung des Durchschnittsdeutschen. Kein Wunder, dass mich das an etwas erinnerte.

Es kostete eine gute Portion Willenskraft, mich wieder auf den Sessel mir gegenüber zu konzentrieren. Auf den Mann, der darin saß und sehr wahrscheinlich für die Einrichtung in diesem Raum verantwortlich war. Ein Mittel-Mann: mittelgroß, mittelalt, mittelblond, mittelattraktiv. In seiner beigen Hose und dem hellgrauen Hemd verschmolz er mit der farblosen Umgebung wie ein bleiches Chamäleon. Bestimmt konnte er auch seine Augen in schönster Echsenmanier unabhängig voneinander bewegen. Im Moment jedoch waren beide Augen fest auf mich gerichtet.

Der Mann betrachtete mich mit einer Mischung aus professioneller Distanz und wissenschaftlichem Interesse. Ungefähr so, wie man einen Frosch auf dem Seziertisch ansieht. Vorausgesetzt, man seziert Frösche. Was ich in der Regel nicht mache. Ich töte nur Gartenzwerge.

Ob er wohl ahnte, dass er eine Massenmörderin vor sich hatte? Ich wagte es zu bezweifeln. Aber er würde es noch früh genug erfahren. Ihm als meinem Psychotherapeuten schuldete ich schonungslose, vollständige Offenheit. So war der Deal.

»Sie müssen an sich arbeiten, Frau Mustermann!«, hatte der Richter gesagt. »Ich möchte Sie nie wieder hier sitzen sehen. Wenn ich Sie jetzt gehen lasse, dann nur, wenn Sie mir das versprechen. Suchen Sie sich Hilfe!«

Und er hatte recht. Ich brauchte dringend Unterstützung. Ich entschuldigte mich bei dem Postboten, der im Zeugenstand ähnlich blass wirkte wie im Angesicht schnell näherkommender Gartenzwerge, und wälzte die *Gelben Seiten.* Die Wahl fiel auf Dr. Max Müller, Psychologischer Psychotherapeut mit Kassenzulassung. Auch deshalb, weil er als einziger noch in diesem Jahrhundert einen freien Termin anzubieten hatte. Ob das wohl ein schlechtes Zeichen war? Die durchschnittliche Wartezeit bis zum Beginn einer Therapie beträgt in den deutschen Großstädten fünf Monate. Das hatte ich gerade erst gelesen. Ich hatte keine fünf Monate. Was ich hatte, waren ein traumatisierter Briefträger, ein verwüsteter Schrebergarten, zerfetzte Pflanzenleichen und verstümmelte Gartenzwerge. Und keine Ahnung, wie das alles passiert war. Denn eigentlich, ich sagte es bereits, war ich ganz normal. Ehrlich!

Ich richtete meinen Blick wieder auf den Mann im Sessel und stellte fest, dass auch er seine Musterung abgeschlossen hatte. Was er vor sich sah, war schnell zusammengefasst: Mich. 45 Jahre alt, unverheiratet, straßenköterblond. Größe: normal. Gewicht: normal. Besondere Kennzeichen: keine. Name: Erika Mustermann. Es konnte losgehen!

»Ich brauche Ihre Hilfe«, sagte ich verlegen. *Irgendjemand* musste schließlich *irgendwann* etwas sagen. Diese Stille machte mich ganz nervös.

»Okay«, sagte Max Müller. Sonst nichts. Ich setzte mich auf meinem – seinem – Sofa auf und fand ihn blöd. Ganz offiziell. Hätte ich einen Gartenzwerg zur Hand gehabt, ich hätte für nichts garantieren können.

»Was wollen Sie denn wissen?«, fragte ich barsch. Wenn er jetzt »Alles« sagen würde, wär ich weg!

»Erzählen Sie mir doch erst mal, warum Sie hier sind.«

Also berichtete ich, was geschehen war. Von dem nasenlosen Gartenzwerg und der restlichen Gang. Wie sie fliegen lernten und neben einem vorlauten Postboten zerschellten. Wie die Stockrosen mit meiner Harke Bekanntschaft machten. Und ich mit zwei Polizisten, einer Arrestzelle und zu guter Letzt einem gnädigen Richter.

»Und was meinen Sie, warum das alles passiert ist?«, fragte Max Müller, als ich fertig war.

»Ich habe keine Ahnung«, sagte ich kleinlaut.

»Dann schlage ich vor, Sie hören auf, mich blöd zu finden, und wir gehen der Sache auf den Grund.«

Mir war, als er hätte er mit seinen stechenden Reptilienaugen direkt in die schwärzeste Ecke meiner Seele geblickt. Ich spürte die Röte in meinem Gesicht aufsteigen und setzte mich in der seltsam vertrauten Sitzkuhle zurecht.

»Gut«, sagte ich.

»Gut«, sagte er. »Erzählen Sie mir mehr von sich. Wer ist Erika Mustermann?«

# Das Musterkind: Wie alles begann

Wie das in der Regel so ist mit den Entstehungsgeschichten, war meine eigene für mich selbst zunächst eher unspektakulär. Meine Mutter hätte dazu vielleicht etwas mehr beitragen können. Aber da es hier ja um mich geht und nicht um meine Mutter, kann ich Ihnen nur berichten, wie sich die Sache für die kleine Erika darstellte.

Es war das Jahr 1971. Meine Eltern Renate und Erwin Mustermann lebten in einem schmucken Reihenmittelhaus am Stadtrand von München. Nachdem sie ihr Hochzeitsgeld ebenso wie ein Startkapital aus zwei Bausparverträgen in die Anzahlung ihres Eigenheims, eine massive Schrankwand Eiche rustikal, eine graubraune Sofagarnitur und einen Küchentraum im legendären Siebzigerjahre-Grün investiert hatten, fanden sie es an der Zeit, eine Familie zu gründen. Mit 24 und 26 Jahren waren sie im allerbesten Alter für das erste Kind. So kam es, dass sich schon bald die kleine Sabine ankündigte, die ihr Leben für immer verändern sollte. Und die Mustermanns wollten noch mehr. Da sie mit meiner Schwester Sabine offenbar nicht vollständig ausgelastet waren, trafen sie rund ein Jahr nach ihrer Geburt eine revolutionäre Entscheidung: Sie wollten ein zweites

Kind. In einer Zeit, in der jede deutsche Frau in ihrem Leben statistisch gesehen rund 1,6 Kinder zur Welt brachte, müssen sich die mustergültigen Mustermanns gefühlt haben wie eine Großfamilie. Die angepasstesten Eltern der Welt waren im Begriff, die Statistik zu übertreffen.

Doch zurück zum Tag meiner Geburt. Ich hatte mir scheinbar schon früh vorgenommen, mich mit meinen Eltern und dem Rest meiner kleinen Welt gut zu stellen und kam pünktlich zum errechneten Geburtstermin auf die Welt. Ganz im Gegensatz zu Sabine, die unsere Eltern schon vor ihrem ersten Zusammentreffen auf eine harte Probe gestellt hatte. Erst hochdosierte Wehenmittel und die Androhung eines Kaiserschnitts hatten meine Schwester zwei Jahre zuvor davon überzeugen können, endlich den Mutterleib gegen die harte Realität einzutauschen. Wäre es nach ihr gegangen, dann hätte ich mir wahrscheinlich nach all den Jahren immer noch die Gebärmutter mit ihr teilen müssen. Mit tagelanger Verspätung und unter heftiger Gegenwehr war sie dann schließlich auf der Bildfläche erschienen. Schreiend natürlich. Man munkelt, Sabine habe schon lauthals geschrien, bevor sie überhaupt das Licht der Welt erblickt hatte. Im Mutterleib also. Und obwohl ich das für ein Gerücht halte: Jeder, der meine Schwester kennt, hat sich sicher schon mehr als einmal gefragt, ob es nicht doch der Wahrheit entspricht.

Auf jeden Fall hatte Sabine mit ihrem dramatischen ersten Auftritt die Messlatte für das zweite Kind der Familie angenehm niedrig angesetzt. So kam es, dass ich mit meiner eigenen, fast etwas langweiligen Geburt gleich richtig punkten konnte. Flupp, da war ich. Eine kleine Erika. 3400 Gramm schwer,

52 Zentimeter groß. Schrumpelig, glitschig und eher schlecht gelaunt. Alles ganz normal. Die Hebamme säuberte mich notdürftig und reichte mich meiner glücklichen Mutter.

»Da ist sie«, sagte sie überflüssigerweise – ich bin sicher, meiner Mutter war mein Erscheinen durchaus schon aufgefallen. »Ihre kleine Erika. Ein wahres *Muster*kind.«

Auch wenn ich selbst in diesem Moment über eine rein körperliche Anwesenheit wohl nicht hinauskam, meine ich mich deutlich an den Gesichtsausdruck der Hebamme zu erinnern. Sie schien mächtig stolz auf ihr kreatives Wortspiel. Ein *Muster*kind. Ich war die buchstäbliche Neugeburt des Durchschnitts und hieß mit Nachnamen Mustermann. Wenn Sie mich fragen, war der *Muster*kind-Witz, der mich durch meine gesamte Kindheit begleiten sollte, eher lahm als kreativ.

Soweit ich weiß, verzichteten meine Eltern an diesem schönen Tag jedoch darauf, die vorwitzige Hebamme auf ihre wenig originelle Bemerkung hinzuweisen, und widmeten sich lieber ihrem frisch geschlüpften Familienzuwachs. Ob das ein Ausdruck purer Erschöpfung oder auf ein gesteigertes postnatales Harmoniebedürfnis zurückzuführen war, werden wir wohl nie erfahren.

Ich gewöhnte mich schnell an die unwirtliche Umgebung außerhalb meines liebgewonnenen Mutterleibs und begnügte mich für den Augenblick damit, auf Mamas Brust eine Verschnaufpause einzulegen. So verschlief ich den ersten Besuch meines Lebens, der aus Mamas Schwester Inge, ihrem Mann Josef und meiner damals fünfjährigen Cousine Annika bestand. Berichten zufolge habe ich da wohl nicht viel verpasst. In ihrer

Angst vor Keimen nötigte meine Mutter in den ersten Lebensmonaten ihrer Kinder alle Besucher nämlich zu einer peniblen Säuberungsaktion, die jeder Quarantänestation das Wasser reichen konnte. Da es ihr aus organisatorischen Gründen nicht möglich war, ihre Gäste nackt auszuziehen und mit dem Hochdruckreiniger abzuspritzen, bediente sie sich dafür aller anderen Hilfsmittel, die der Markt so hergab.

Als Mamas Familie nun endlich ihren strengen Hygienevorschriften genügte und einen ersten Blick auf die kleine Erika werfen durfte, hielten sich die Begeisterungsstürme entsprechend in Grenzen.

»Und, wie findest du deine neue Cousine?«, fragte meine stolze Mutter ihr kleines Patenkind.

»Geht so.«

»Wem sieht sie denn ähnlich? Der Mama oder dem Papa?«

»Weiß nicht«, lautete Annikas gelangweilte Antwort. »Sieht aus wie jedes Baby. Gut, dass *wir* die nicht mit nach Hause nehmen müssen.«

Baby Erikas besagte erste Verschnaufpause dauerte Mama zufolge mehrere Jahre. Ich war ein angenehmes Kind, das offenbar nicht viel zu erzählen hatte: Auf den obligatorischen »Da-bin-ich-und-ich-habe-Hunger-Schrei« unmittelbar nach Verlassen des Geburtskanals sollten lange Zeit keine weiteren folgen. Ich meldete mich nur dann zu Wort, wenn ich wirklich etwas zu erzählen hatte, und verinnerlichte schon früh die deutschen Tugenden, zu denen man in der Familie Mustermann erzogen wurde. Das jedenfalls war den Erzählungen meiner Mutter zu entnehmen, mit denen sie ungefragt und exzessiv ihre spärlich gesäten Bekannten unterhielt. *Ihre* Erika war nämlich so zuverlässig und höflich wie genügsam. Nach *ihrer* Erika konnte man von Anfang an die Uhr stellen. *Ihre* Erika schlief, wenn es Schlafenszeit war, und trank, wann immer es Essenszeit war – und zwar systematisch. Linke Brust, rechte Brust, Bäuerchen. Dann schlief Klein-Erika mit einem zufriedenen Lächeln auf den satten Babylippen ein. Ein Kind wie aus dem Bilderbuch. In einer ebenfalls bilderbuchartigen rosafarbenen Babywelt, in der sich Hello Kitty sicher wie im Paradies gefühlt hätte. Natürlich kannte zu der Zeit noch niemand das spätere Kult-Kätzchen.

Während sich die Brust-Bäuerchen-Babylippen-Sache relativ schnell änderte, blieb ich doch weiterhin ein liebes, ruhiges Mädchen. Alle mochten mich. Außer Sabine vielleicht. Meine Schwester und ich hätten kaum unterschiedlicher sein können. Wenn ich das Musterkind war, dann war sie wohl das Montagsmodell der Reihe, das immer und überall aneckte und für Ärger sorgte. Sabine war das egal. Sie machte, was sie wollte – und das war in der Regel genau das Gegenteil von dem, was alle anderen von ihr erwarteten.

Als Sechsjährige schnitt sie ihren Barbiepuppen Irokesenschnitte und malte ihnen Totenkopf-Tattoos auf die streichholzdünnen Oberarme. Ihr nächstes Styling-Opfer sollte ihre kleine Schwester werden. Ich hatte die blonden Flusen auf meinem vierjährigen Kopf gerade erstmals zu einer Art Frisur wachsen lassen und schrie wie am Spieß, als Sabine mir mit Mamas großer Schneiderschere auf die Pelle rückte. Die Tür flog auf, unsere Eltern stürmten das Kinderzimmer – und fanden ihre beiden

Töchter in einem verstörenden Kampf verkeilt auf dem Fußboden vor. Sabine hielt noch immer die Schere umklammert. Ich schätze, sie sah aus wie eine Massenmörderin in der Ausbildung.

Den folgenden Zimmerarrest nutzte meine Schwester dazu, ihr rosafarbenes Barbiehaus mit dem Edding schwarz anzumalen. Genug Zeit hatte sie ja nun.

Abgesehen von Sabines gelegentlichen Eskapaden verlief meine Kindheit in ruhigen Bahnen. Papa war selbstständiger Tischler und verbrachte einen Großteil der Woche in seiner kleinen Werkstatt am anderen Ende unseres Wohnviertels. Wenn er abends nach Hause kam, roch er wunderbar nach Sägespänen und ehrlicher Arbeit. Mama hatte eigentlich Ärztin werden wollen, es dann aber nur bis zur Hobby-Quacksalberin geschafft. Das sagte mein Vater zumindest immer. Es sollte noch einige Jahre dauern, bis ich diese Äußerung verstand. Auf jeden Fall hatte meine Mutter vor Sabines Geburt als Sekretärin gearbeitet und kümmerte sich jetzt neben der Kindererziehung um Papas Buchführung.

Die Wochenenden im Hause Mustermann gehörten der Familie und dem Garten. Und natürlich dem Auto – einem großen, schwarzen Audi, der Papas ganzer Stolz war. Er hatte einen Schonbezug über dem Fahrersitz, weil mein Vater als Handwerker nun einmal häufig in Arbeitskleidung unterwegs war. Da dieser Schonbezug aber nicht schmutzig werden durfte, lag zusätzlich ein großes Handtuch auf dem Sitz. Dieses Handtuch jedoch durfte unter keinen Umständen schmutzig werden – wer sitzt schon gern auf verdreckten Draufsitzhandtüchern?

»Dann macht doch einen Schonbezug über den Schonbezug!«, schlug Sabine eines Tages vor. »Und vielleicht noch einen Schonbezug über den Schonbezug über dem Schonbezug. Und *diesen* Schonbezug ...«

»Schon gut!«, fiel Mama ihr ins Wort. »Danke für den konstruktiven Vorschlag. Und jetzt leg bitte das frische Handtuch auf den Schonbezug.«

Ich fand das alles irgendwie komisch und erntete zum ersten Mal in meinem mustergültigen Leben so etwas wie Anerkennung von meiner Schwester.

»Jetzt hast du's auch gemerkt!«, seufzte sie erleichtert. »Vielleicht gibt es ja doch noch etwas Hoffnung.«

Dass ich nicht ganz verstand, was sie damit sagen wollte, behielt ich lieber für mich. Stattdessen sonnte ich mich in dem Moment schwesterlicher Eintracht, von dem es in den folgenden Jahren nicht viele geben sollte.

Während Mama samstagnachmittags Unkraut zupfte und ihre prächtigen Blumenbeete in Form brachte, wusch unser Vater die Familienkutsche. Sabine und ich halfen den beiden, wie eben nur Kinder helfen können. Wir reichten Papa den Schwamm, hielten den Gartenschlauch und polierten Chromfelgen, bevor wir das Wort auch nur aussprechen konnten. Wir schleppten volle Unkrauteimer auf den Kompost, harkten im Herbst das Laub unserer Apfelbäume zusammen und mähten mit unseren pinkfarbenen Plastikrasenmähern den Vorgarten. In unbeobachteten Momenten aßen wir Blumenzwiebeln und setzten Papas Fußmatten unter Wasser. Was man halt so macht als Kinder. Danach traf sich die Familie zu Kaffee, Kakao und

Kuchen am massiven, von Papa selbst gebauten Küchentisch. Ich liebte unsere idyllischen Familiensamstage. Sabine nannte sie spießig und hasste sie.

Am Sonntag wurde ausgeschlafen. Irgendwann holte Papa dann beim Bäcker um die Ecke frische Brötchen, während Mama das Frühstück vorbereitete. Es gab gekochte Eier – sieben Minuten, Eiweiß hart und Eigelb flüssig, wie sich das gehört – und selbst gemachte Erdbeermarmelade. Dann, so war der Plan, sollten Sabine und ich zusammen spielen, damit Mama und Papa etwas Zeit für sich hatten. Und damit begann der spannende Teil des Wochenendes.

»Lass uns Memory spielen!«, befahl Sabine. Dass meine Schwester um nichts bat, sondern einforderte, was auch immer sie gerade haben wollte, war wohl eine der ersten Lektionen meines noch jungen Lebens gewesen. Also spielten wir Memory. Sabine mischte die Karten und legte sie kreuz und quer auf dem großen Küchentisch aus, von dem wir gerade erst das benutzte Frühstücksgeschirr abgeräumt hatten. Dann rückte sie sich einen der schweren Stühle zurecht.

»Du musst dir erst die Hände waschen!«, wies ich sie im schönsten Mama-Ton zurecht.

»Muss ich nicht. Sie sind ja gar nicht schmutzig.«

»Sind sie wohl! Wer weiß, wer schon alles die Karten angefasst hat?«

»Du und ich! Wer sonst sollte unser Memory benutzt haben?« Sabines Stimme wurde mit jeder Silbe lauter.

»Und was ist mit den Arbeitern in der Memory-Fabrik?«, fragte ich herausfordernd. »Meinst du, die waschen sich immer die Hände, bevor sie unsere Spiele einpacken?«

»Das machen alles Roboter!«, behauptete meine Schwester, die ein großer Fan der *Sendung mit der Maus* war.

»Roboter haben auch schmutzige Hände. Mit Öl dran. Und Keimen. Davon wird man krank!«

Ich hatte noch nie einen Memory-Einpack-Roboter gesehen und war mir nicht sicher, ob er überhaupt Hände hatte. Aber bei einem so wichtigen Thema wie Hygiene wollte ich auf keinen Fall klein beigeben.

»Du bist echt noch schlimmer als Mama!« Genervt rannte meine Schwester ins Bad, um sich die Hände zu waschen. Vielleicht drehte sie auch nur kurz den Wasserhahn auf, um ihre reinliche Spielgefährtin ruhigzustellen. Ganz sicher konnte man sich bei ihr niemals sein.

Als sie zurück in die Küche kam, hatte ich die Zeit genutzt, um die unordentlich auf dem Tisch verteilten Spielkarten in übersichtlichen Viererreihen anzuordnen.

»Was hast du denn jetzt schon wieder gemacht? Bestimmt hast du dir auch alle Karten angeguckt!«

»Habe ich nicht!«, widersprach ich beleidigt. »Ich habe nur etwas aufgeräumt.«

»So geht das nicht!«, rief Sabine böse und wirbelte die frisch geordneten Pappbildchen wieder durcheinander. »Das darf nicht ordentlich sein!«

»Dann spiele ich nicht mit!« Wütend funkelten wir uns an.

»Dann lass es eben!« fauchte meine Schwester.

Entschlossen fegte sie die Karten vom Tisch auf den klinisch reinen Teppichboden. Mit einem missbilligenden Schnauben bückte ich mich, um sie wieder aufzuheben. Doch meine Schwester hielt mich zurück.

»Denk nicht mal dran!«, zischte sie bedrohlich. »Wenn du diese Karten aufhebst, dann hau ich dich!«

»Hier wird niemand gehauen«, murmelte Papa geistesabwesend, der gerade im passenden Moment in die Küche gekommen war.

Triumphierend streckte ich Sabine die Zunge raus und räumte das Chaos auf.

»Streber«, fauchte sie so leise, dass nur ich es hören konnte.

Es war mir egal. Der Fußboden war wieder sauber.

»Und was machen wir jetzt?«

»Wir puzzeln!«, entschied Sabine.

Mühsam zog sie ihr Lieblingspuzzle aus den Untiefen ihrer überquellenden Spielkiste. Die Autowerkstatt mit Tankstelle. Ich hätte viel lieber mein rosa Feenpuzzle gemacht. Eine leise Stimme in meinem Inneren jedoch hielt mich davon ab, das auch nur vorzuschlagen. Heute weiß ich, es war der pure Überlebensinstinkt.

Sabine schüttete den Pappkarton auf dem großen Tisch aus und begann die Teile zurechtzulegen. Ich entspannte mich etwas. Der Sturm hatte sich wohl fürs Erste gelegt. Mit beiden Händen griff ich ebenfalls nach den Puzzleteilen und begann sie systematisch zu ordnen. Eine Weile arbeiteten wir still und konzentriert zusammen.

»Ich hab die Decke mit der Hebebühne fertig!«, berichtete meine Schwester schließlich stolz. »Und wie weit bist du?«

»Ich habe alle Teile mit drei Löchern zusammen.«

Fassungslos starrte Sabine auf die ansehnliche Sammlung gleicher Puzzleteile, die ich fein säuberlich auf dem Tisch vor mir aufgereiht hatte.

»Wen interessieren denn die Löcher?«, schrie sie, als sie endlich ihre Stimme wiedergefunden hatte.

»Mich«, antwortete ich arglos. Irgendwie musste man doch schließlich anfangen.

Genau in diesem Moment kam unsere Mutter zur Tür herein.

»Was ist denn hier los?«, fragte sie. »Streitet ihr euch schon wieder?«

»Mit Erika kann man nicht spielen«, maulte Sabine. »Die will immer nur alles ordentlich machen.«

»Ordnung ist das halbe Leben!«, belehrte Mama meine große Schwester.

»Dann ist das halbe Leben eben scheiße!« Zufrieden registrierte Sabine, wie ich beim Klang des verbotenen Schimpfwortes zusammenzuckte. »Es sei denn, man heißt Erika. So ein Psycho!« Und weg war sie. Wütend. Der typische Sabine-Abgang mit knallenden Türen und einer Extra-Portion Vorwurf, die noch Stunden später in der Luft zu liegen schien.

Ich war mir keiner Schuld bewusst und sah hilfesuchend zu meiner Mutter auf.

»Mach dir nichts draus«, sagte sie und tätschelte meinen mittelblonden Hinterkopf. »Sabine ist einfach nicht so wie wir. Du bist kein Psycho. Du bist ganz normal.«

Aus Mamas Mund klang das wie das größte Kompliment, das ein Mensch jemals bekommen hatte. Mit stolzgeschwellter Brust räumte ich das Durcheinander auf, das mein Wirbelwind von Schwester hinterlassen hatte. *Ich* war ganz normal!

Am darauffolgenden Sonntag spielten wir Mikado. Schwungvoll ließ Sabine die bunt gestreiften Holzstäbchen auf den blanken

Küchentisch donnern. Kreuz und quer wirbelten die Hölzer durch die Gegend, um schließlich in einem wilden Durcheinander zum Liegen zu kommen. Ich hatte noch nie Mikado gespielt, wusste aber von meiner Schwester, was von mir erwartet wurde. Fasziniert betrachtete ich das entstandene Chaos und streckte die Hand aus.

»Nicht!«, wies Sabine mich zurecht. »Ich fang an!« Geschickt packte sie eines der Stäbchen und zog es aus dem Haufen, ohne dass sich die benachbarten Hölzer bewegten.

»Hah!«, rief sie triumphierend und griff nach dem nächsten Hölzchen. So ging das weiter, bis sie endlich mit einer unkonzentrierten Bewegung den fragilen Turm zum Wackeln brachte.

Jetzt war ich an der Reihe. Ohne groß nachzudenken, griff ich mit beiden Händen in den Stäbchen-Haufen und schob die Holzspieße zu einer ordentlichen, glatten Schicht zusammen. Sah viel schöner aus!

Mit offenem Mund starrte die sonst so schlagfertige Sabine die fein säuberlich aufgereihten Mikadostäbe an.

»Du kannst doch nicht den ganzen Stapel verschieben!«, zischte sie schließlich.

»Ich war dran!«

»Ja, aber ... du darfst immer nur *ein* Hölzchen anfassen!«

»Das hast du nicht gesagt. Du hast gesagt, ich kann Hölzchen rausziehen, bis was wackelt.«

»Es *hat* gewackelt!«, schrie Sabine mit sich überschlagender Stimme. Schon als Kind besaß sie das fragwürdige Talent, sozusagen in Großbuchstaben schreien zu können. »JEDES EINZELNE STÄBCHEN HAT GEWACKELT!«

»Okay«, sagte ich gelassen, »dann bist du dran.«

»Du bist echt nicht normal!«

»Bin ich wohl! Mama sagt das auch!«

»Dann spiel doch mit Mama!«

Das Thema Mikado war ein für alle Mal durch. Gleich unter den Punkten »Memory« und »Puzzeln« gesellte es sich auf die schnell wachsende Liste der Spiele, die meine Schwester und ich nie wieder zusammen spielen sollten.

»Waren Sie denn wirklich ein so ordentliches Kind?«

Ich hatte die Anwesenheit des blassen Chamäleons vollkommen ausgeblendet und zuckte beim Klang seiner Stimme unwillkürlich in der Sitzkuhle seines Sofas zusammen. So intensiv hatte ich schon lange nicht mehr an meine Kindheit gedacht.

Es war unsere zweite Sitzung und bisher fühlte sich das Ganze eher an wie ein gemütliches Kaffeekränzchen ohne Kaffee als eine professionelle Therapie.

»Ich mag es gern ordentlich«, bestätigte ich. »Wer Ordnung hält, verschwendet neunzig Prozent weniger Zeit mit suchen.«

Für den Bruchteil einer Sekunde meinte ich, in Max Müllers Augen ein belustigtes Funkeln wahrzunehmen. Etwas pikiert setzte ich mich auf der beigefarbenen Couch auf. *Lachte der mich etwa aus?*

»Was ist denn so schlimm am Suchen?«

»Was ist denn so schlimm am Ordnunghalten?«, konterte ich kampflustig.

»Nichts«, sagte der Psychotherapeut ruhig, »es klingt nur nicht gerade nach Spaß. Schon gar nicht für ein kleines Kind.«

»Oh, ich hatte Spaß!«, erboste ich mich. »Jede Menge! *Pausenlos* hatte ich Spaß! Da machen Sie sich mal keine Sorgen!«

Okay, das klang jetzt selbst in meinen Ohren etwas übertrieben. Warum hatte ich bloß das Gefühl, diesem komischen Schnösel etwas beweisen zu müssen?

»Das freut mich«, erwiderte er mit einem ungebührlichen Grinsen.

Ich glaubte ihm kein Wort. »Soll ich jetzt weitererzählen?«

»Gern. Erzählen Sie mir mehr. Was hat der kleinen Erika Spaß gemacht?«

Als ich fast fünf war, kam ich den Kindergarten. Mama wollte wieder arbeiten gehen.

»31,1 Prozent der Frauen sind heutzutage erwerbstätig«, erklärte sie mir. »Also fast alle!«

Ich war beeindruckt. Auch wenn ich nicht wusste, was »erwerbstätig« hieß: Wenn es so viele Frauen im Land machten, war es bestimmt etwas Gutes.

Darüber hinaus waren meine Eltern der Meinung, ich müsse auch mal andere Kinder als Sabine treffen – zumal die Beziehung zu meiner Schwester spätestens seit dem Mikado-Desaster eher frostig war. Ihren Freunden aus der Nachbarschaft erzählte Sabine immer, sie sei ein Einzelkind. Das sagte wohl alles.

Ich hatte mich zu Hause bisher sehr wohlgefühlt und nicht den Eindruck, dass in meinem Leben etwas fehlte, aber Mama und Papa sahen das anders. Genau genommen sah Mama das anders und Papa pflichtete ihr bei, um das Thema schnell abhaken zu können.

Als die Sommerferien vorbei waren und der Kindergarten losging, wurde ich krank. Der Arzt sagte, ich sei einfach erkältet. Mama meinte, es wäre ganz sicher eine handfeste Laryngitis und der Arzt ein Idiot. Papa nannte es Würfelhusten. Auf jeden Fall musste ich das Bett hüten und durfte erst in den Kindergarten gehen, als alle drei mich für geheilt hielten. So kam es, dass ich zwei Wochen später als geplant an Mamas Hand die nahe gelegene Kita erkundete – und mich plötzlich ohne Mamas Hand inmitten fremder Kinder zwischen Bergen an Spielsachen wiederfand.

Alle außer mir kannten sich bereits. Zum ersten Mal in meinem Leben fühlte ich mich unglaublich einsam. Unvermittelt dachte ich an Mama und meinen missglückten Fahrrad-Stunt vom vergangenen Wochenende. Ich hatte mir ordentlich das Knie aufgeschlagen und war schluchzend in Mamas Arme gesunken, während Sabine lässig meinen verbogenen Fahrradlenker gerichtet und ein spontan selbst komponiertes Lied über kleine Heulsusen gesungen hatte.

»Jeder Mensch weint in seinem Leben rund achtzig Liter Tränen«, hatte meine Mutter mich getröstet. »Das ist keine Schande!«

Ich hatte gerade entschieden, dass der erste Tag im Kindergarten ein würdiger Anlass war, um ein paar Milliliter kostbare Tränenflüssigkeit zu investieren. Da setzte sich ein großes, schlaksiges Mädchen zu mir, das sich als Christine vorstellte.

»Ich kenne dich!«, sagte sie bestimmt. »Du bist Kerstin. Ihr wohnt neben dem Spielplatz. Euer Hund kackt immer in den Sandkasten, sagt mein Papa.«

»Wir haben keinen Hund.« Dass ich außerdem nicht Kerstin hieß und nicht neben dem Spielplatz wohnte, vergaß ich vor lauter Aufregung zu erwähnen.

»Natürlich!«, widersprach Christine. »Ich seh euch doch immer.«

Ein winziges Mädchen mit rotblonden Zöpfen gesellte sich zu uns, bevor ich zu einer Erwiderung ansetzen konnte. Ihr kleines Gesicht mit dem etwas verhuscht wirkenden Blick wurde fast vollkommen von einer riesigen Hornbrille verdeckt, mit der sie aussah wie Puck, die Stubenfliege. Ich war ein großer Fan von Biene Maja und ihren Freunden und lächelte entzückt.

»Das ist Kerstin«, stellte Christine mich vor. »Sie wohnt neben dem Spielplatz.«

Puck warf mir einen scheuen Blick zu und machte einem dicken Jungen Platz, der sich etwas unsanft auf die Bank neben mir drängte.

»Kerstin ist neu hier«, klärte Christine ihn auf.

»Nö. Die war letzte Woche auch schon hier. Ich kenne die«, behauptete das Pummelchen und zog weiter, um Puck von der nächsten Bank am anderen Ende des Zimmers zu vertreiben.

Ich war also Kerstin, wohnte neben dem Spielplatz und hatte einen Hund, der in Sandkästen kackte. *Von mir aus*, dachte ich schicksalsergeben und machte mir nicht die Mühe, das Missverständnis aufzuklären. Viel wichtiger war schließlich, dass ich eine Freundin gefunden hatte – und die wollte ich um nichts in der Welt vor den Kopf stoßen.

Christine und ich verstanden uns prächtig. Wir bastelten und malten, machten das Piratenschiff im Garten unsicher und hielten uns gegenseitig das Pummelchen vom Leib, das sich schnell zu einer echten Plage entpuppte. Mama hatte recht gehabt: Es war eine völlig neue, angenehme Erfahrung für mich, nicht immer nur mit Sabine zusammen zu sein.

»Hast du Lust, Verstecken zu spielen?«, fragte Christine nach einer Weile.

Argwöhnisch starrte ich meine neue Spielgefährtin an. Sabine fragte nie, ob ich *Lust* auf irgendetwas hatte. Vor allem aber hatte ich gerade vor einigen Tagen äußerst schlechte Erfahrungen mit dem Versteckspiel gemacht. Alles hatte ganz harmlos angefangen.

»Los, du versteckst dich!«, hatte meine Schwester befohlen.

Gehorsam war ich davongeflitzt und hatte mich für ein innovatives Versteck hinter dem Sofa entschieden. Dort hatte ich aufgeregt auf Sabines Schritte gelauscht und inständig gehofft, dass sie mich nicht allzu schnell entdecken würde. Alles blieb still. Ich beglückwünschte mich innerlich zu meinem grandiosen Versteck. Die Minuten vergingen. Langsam wurde es langweilig. Vielleicht war mein Versteck auch einfach zu schwierig. Doch wo war Sabine überhaupt? Hätte ich sie nicht wenigstens hören müssen? Tapfer verharrte ich hinter der Couch und wünschte mir nun doch, dass sie mich bald finden würde. Als ich endlich Schritte hörte, streckte ich erleichtert meine steifen Glieder und machte mich auf meine Entdeckung gefasst.

»Erika? Wo bist du denn?«, rief meine Mutter. Sie klang verwundert.

»Hier«, sagte ich und schälte mich aus meinem Versteck.

»Was machst du denn hinter dem Sofa?«

»Wir haben Verstecken gespielt. Aber Sabine hat mich nicht gefunden.«

»Sabine ist vor einer halben Stunde rausgegangen. Sie wollte Papa helfen, das Auto zu waschen«, rutschte es Mama heraus. Erst dann schien ihr zu dämmern, was passiert war. »Und ich habe mich schon gewundert. Ach, bestimmt hat sie das Suchen ganz vergessen. Macht nichts. Jetzt habe ich dich ja gefunden!«, sagte sie. Ihre Fröhlichkeit klang gezwungen.

Folgsam begleitete ich sie in die Küche, wo ich ihr bei der Zubereitung des Abendbrotes half. Ich wurde das Gefühl nicht los, dass ich von meiner Schwester gelinkt worden war.

»Was ist denn jetzt?«, Christines Stimme holte mich in die Gegenwart zurück.

Ich hatte keine Lust, den Rest meiner Kindheit unentdeckt hinter einem Sofa im Spielzimmer des Kindergartens zu verbringen. Und doch schien es mir noch unangenehmer, die Freundschaft zu meiner neuen Gefährtin aufs Spiel zu setzen.

»Verstecken ist toll!«, sagte ich also mit einem schiefen Grinsen.

An diesem Tag wurde ich nicht enttäuscht. Wir versteckten und suchten uns abwechselnd. Niemand wurde in seinem Versteck vergessen. Und auch sonst lagen meine Freundin und ich auf einer Wellenlänge. Beim Memory durfte ich die Karten in ordentlichen Viererreihen ablegen. Mikado fand Christine doof. Genauso wie Irokesenschnitte, Totenkopf-Tattoos und schwarze Barbiehäuser. Ich war überglücklich. Bestimmt fühlten wir uns auch deshalb so verbunden, weil wir beide Einzelkinder waren: Tine hatte keine Geschwister, und ich – ich hatte Sabine.

Als Mama mich mittags abholte, war meine anfängliche Unsicherheit längst verfolgen.

»Das ist Christine!«, rief ich stolz und zerrte das schlaksige Mädchen hinter mir her, um es meiner Mutter zu präsentieren. »Wir sind *beste* Freundinnen!«

»Das freut mich aber!«, sagte Mama herzlich.

»Ich mag Kerstin«, verkündete Tine feierlich.

Mama war sichtlich verwirrt. »Wie schön. Ist Kerstin auch hier im Kindergarten?«

Just in diesem Moment gesellte sich Christines Mutter zu uns. »Da bist du ja, Tine. Wer ist denn deine Freundin hier?«

»Das ist Kerstin. Ich glaube aber nicht, dass ihr Hund in den Sandkasten kackt.«

Mama blickte ratlos von mir zu Christine und übernahm schließlich das Wort: »Renate Mustermann«, sagte sie zu der fremden Frau, »und das ist meine Tochter Erika.«

»Anne Schulz«, sagte Tines Mutter. Dann wandte sie sich an mich. »Dich kenne ich ja schon. Ihr wohnt doch neben dem Spielplatz, richtig?«

Schüchtern schüttelte ich den Kopf.

»Ich glaube, Sie verwechseln uns«, stellte Mama klar. »Wir wohnen nicht neben dem Spielplatz und wir haben auch keinen Hund.«

»Vielleicht hat Erika eine Doppelgängerin«, lachte Tines Mutter.

Wie oft ich das in meinem Leben noch hören würde, ahnte ich an diesem ersten Tag im Kindergarten glücklicherweise nicht.

Die Zeit verging wie im Flug. Schon bald fand ich mich mit der wohl weltgrößten Schultüte der Geschichte im Klassenzimmer unserer kleinen Grundschule wieder.

»Bist du nicht schon in der zweiten Klasse?«, fragte unsere Lehrerin Frau Stein argwöhnisch, als sie mich in der ersten Reihe erblickte.

Ich schüttelte nur stumm den Kopf. Unsere Klassenlehrerin schien nicht überzeugt.

»Wie auch immer«, sagte sie achselzuckend, »vielleicht hast du ja auch eine Doppelgängerin.«

Tine saß neben mir und futterte Erdbeerschnüre aus ihrer Schultüte, bis ihr schlecht wurde. Puck, die Stubenfliege, die ebenfalls in unserer Klasse war, kicherte schadenfroh, als Frau Stein meine beste Freundin mit einem gehetzten Gesichtsausdruck zur Toilette begleitete.

Ich ging gern zur Schule und war auch ohne viel Einsatz eine durchschnittliche Schülerin.

»Wie gut du erst wärst, wenn du dich etwas mehr anstrengen würdest!«, versuchte Papa mich nach meinem ersten Zeugnis zu motivieren.

Mama sah das wie immer anders. »Durchschnitt ist perfekt«, sagte sie ruhig und strich mir zärtlich über den Kopf. »Es reicht, dass deine Schwester immer aus der Reihe tanzt!«

Jeden Mittag holte Mama mich auf dem Rückweg von ihrer Halbtagsstelle als Sekretärin von der Schule ab. Auf dem kurzen Fußmarsch nach Hause erzählten wir uns gegenseitig, was wir tagsüber erlebt hatten. Mamas Geschichten handelten meist von ihren Kolleginnen, die für sie quasi genauso exotisch waren wie für mich ein sagenhaftes Land namens Australien, über das wir gerade in der Schule gesprochen hatten.

Die Arbeitskolleginnen meiner Mutter waren allesamt viele Jahre jünger als sie. Ungefähr hundert, wenn man ihren Ausführungen Glauben schenken durfte. Und auch sonst hatten sie mit der seriösen Frau Mustermann nicht viel gemeinsam.

»Erika«, sagte Mama dann mit dieser speziellen Mischung aus Augenrollen und Kopfschütteln, die sie sich ausschließlich für ihre Arbeitsgeschichten angeeignet hatte, »du kannst dir gar nicht vorstellen, was da los ist!«

Ich hatte längst verstanden, dass diese spezielle Art der Unterhaltung keine Kommentare meinerseits erforderte, und konzentrierte mich stattdessen darauf, auf meinen kurzen Beinchen mit dem Tempo meiner Mutter mitzuhalten.

»Die Frau Schmidt hat sich am Samstag einen Ring durch die Nase stechen lassen. Wie ein wilder Stier sieht sie aus! Und dafür auch noch eine Blutvergiftung zu riskieren! Bitte versprich mir, dass *du* so etwas niemals machst!«

Ich wollte weder aussehen wie ein Stier noch vergiftetes Blut haben und versprach meiner Mutter bereitwillig, mir keine Ringe durch die Nase stechen zu lassen.

»Meine kleine Erika«, seufzte Mama dann zufrieden, »du bist wirklich mein Musterkind.«

Stolz wie Oskar hing ich an ihrer Hand und ihren Lippen und hätte ihr wahrscheinlich selbst meine Seele versprochen, wenn wir nicht in diesem Moment an unserem gepflegten Reihenmittelhaus angekommen wären.

Am nächsten Tag war es die junge Kollegin Fräulein Braun, die den Ärger meiner Mutter erregt hatte.

»Erika, bei der geht es zu wie in einem Freudenhaus. Die hat jetzt den dritten neuen Freund in sechs Wochen. Wenn die sich nicht mal bald irgendeine dieser Krankheiten abholt! Erika, so etwas macht ein vernünftiges Mädchen nicht. Und du bist doch ein vernünftiges Mädchen, oder?«

Ich wusste nicht, was ein Freudenhaus war, und fand den Gedanken an drei neue Spielgefährten in nur sechs Wochen durchaus verlockend. Wenn die allerdings irgendwelche Krankheiten mitbrachten, dann war ich natürlich raus aus der Nummer! Eifrig nickte ich also mit dem Kopf und freute mich wie Bolle, dass ich so vernünftig war.

Zu Hause angekommen, half ich Mama beim Kochen. Um ein Uhr kam Papa zum Essen und hatte exakt dreißig Minuten Zeit, bevor er wieder zurück in seine Werkstatt musste. Da hieß es schnell sein! Wir kochten Schweinsbraten mit Knödeln, Haxen mit Sauerkraut und all die anderen schönen Dinge, die schon Generationen von Mustermanns an Generationen von Kochstellen zubereitet hatten. Nur Sabine konnten wir mit unserer bayrischen Hausmannskost nicht begeistern. Wirklich verwundert war darüber aber wohl niemand.

»Ihr solltet mal an eure Cholesterinwerte denken!«, belehrte sie uns. Es war offensichtlich, dass sie eigens für dieses Gespräch eines von Mamas medizinischen Wörterbüchern konsultiert hatte. »Ständig dieses Schweinefleisch. Asiatisch müsst ihr kochen. Das ist viel gesünder. Deshalb werden die Chinesen auch alle hundertvierzig.«

»Das fehlte mir noch!« Der mütterliche Stolz, den Sabines Ausflug in die Welt der Medizin in Mamas Gesicht gezaubert hatte, war echter Empörung gewichen. »Damit es hier riecht wie in Peking? Was sollen denn die Nachbarn denken?«

Ich kannte unsere Nachbarn nur vom Sehen und hatte nicht das Gefühl, dass sie besonders viel über unsere Essgewohnheiten nachdachten. Mama jedoch sah das scheinbar anders. Es war also entschieden: Die Mustermanns kochten bayrisch. Selbst wenn ihnen das Cholesterin eines Tages aus den Ohren wieder rauskommen würde!

Die Meinung der Leute, das war mir schon vor der Cholesterin-Debatte mehrfach aufgefallen, war für Mama und Papa von ungeheurer Bedeutung. Auch wenn wir kaum ihre Namen kannten und außer eines gelegentlichen gemurmelten Grußes keinerlei Kontakt pflegten, hatten unsere Nachbarn einen erstaunlich großen Einfluss auf unsere Lebensgewohnheiten. Als ich noch ganz klein war, dachte ich eine Zeit lang, ein Nachbar wäre in etwa dasselbe wie ein König – bei dem Aufwand, den wir betrieben, um diesen fremden Leuten zu gefallen.

Es fing an mit unseren Jalousien, die wir quasi nur für unsere Nachbarn besaßen. Jeden Abend bei Einbruch der Dunkelheit rannte Papa wie von der Tarantel gestochen durch das gesamte Haus und ließ jeden einzelnen Rollladen runter. Weil man das in einem ordentlichen Haushalt so machte. Morgens dann, wenn es wieder hell war, lief Mama in umgekehrter Reihenfolge von Zimmer zu Zimmer, um die Jalousien wieder hochzuziehen. Erneut waren die Nachbarn der ausschlaggebende Punkt: Schließlich sollte niemand denken, dass wir noch in den Federn lagen! Selbst wenn ich krank war und im Bett bleiben musste, durften die Rollläden unter keinen Umständen geschlossen bleiben.

»Wir sind ordentliche Leute!«, sagte Mama energisch, wenn ich mich an solchen Krankheitstagen wie ein Vampir im grausam eindringenden Sonnenlicht wand. »Du willst doch nicht, dass die Nachbarn etwas anderes denken!«

Klar wollte ich das nicht. Aber ein bisschen lästig fand ich es schon, dass Nachbarn immer gleich so ein schlechtes Bild von einem hatten.

Das ausgeprägte Denkvermögen eben dieser gefürchteten Nachbarn war darüber hinaus auch für unsere Gartengestaltung sowie den Zeitplan aller Draußen-Aktivitäten verantwortlich. Der Anblick von langen Grashalmen und Unkraut in unserem Garten etwa konnte ihnen auf keinen Fall zugemutet werden. Ebenso wie Spielzeuge im Vorgarten, achtlos abgestellte Fahrräder oder im Beet vergessenes Arbeitsgerät. Bei den Mustermanns war es mustergültig! Da wurde gemäht, gezupft, gewienert und aufgeräumt – aber selbstverständlich niemals in der Mittagsruhe. Auch das – Sie ahnen es sicher bereits – hätte schließlich schnell wieder zu unerwünschten Gedankengängen jenseits des Gartenzauns führen können.

In dem Haus zu unserer Linken wohnte eine alte Frau mit Dutt und chronisch hochgezogenen Augenbrauen. Sie trug eine randlose runde Brille und hochgeschlossene Kostüme, die in der Nachkriegszeit sicherlich der letzte Schrei gewesen waren. Jetzt, das sagte Sabine zumindest immer, *brachten* sie einen höchstens noch zum Schreien. Da kurioserweise niemand von uns Kindern ihren Namen wusste, wurde der korrekt gekleideten Nachbarin ihre Ähnlichkeit mit einer gewissen Hausdame zum Verhängnis: Nach der Lektüre unserer ersten *Heidi*-Heftchen tauften Sabine und ich sie feierlich auf den Namen »Fräulein Rottenmeier«. Natürlich ohne ihr Wissen.

Fräulein Rottenmeier war eine angenehme Nachbarin. Ein wenig lag das sicherlich auch daran, dass sie fast nie ihr Haus verließ und dann und wann allenfalls ein paar alte Damen zum Kaffeetrinken beherbergte. Um ihren Garten kümmerte sich ein Gärtner und im Haushalt half ihr einmal wöchentlich ihre Schwiegertochter.

Bei Fräulein Rottenmeier konnte man buchstäblich vom Boden essen. Obwohl niemand von uns bislang einen Fuß in ihr Haus gesetzt hatte, war Mama da ganz sicher. Der sorgfältig gestutzte Rasen und die üppigen, professionell gepflegten Blumenbeete verliehen dieser etwas gewagten Aussage den passenden Nachdruck. Ohne je auch nur ein Wort zu sagen, hatte Fräulein Rottenmeier es mit ihrem vorbildlichen Haushalt irgendwie geschafft, bei meinen Eltern den Takt vorzugeben. Wenn in ihrem Garten der Rasenmäher ansprang, war es stets nur eine Frage von Minuten, bis auch Papa unseren leidgeprüften Grashalmen auf den Pelz rückte. Und wann immer Fräulein Rottenmeiers Schwiegertochter die Fenster putzte, hatte Mama in Nullkommanichts den Wassereimer gesattelt und polierte unsere Scheiben, als gäbe es kein Morgen.

Auf Mama und Papa folgte schließlich das Ehepaar mittleren Alters aus dem Haus zu unserer Rechten. Der Mann, ein untersetzter, glatzköpfiger Zwerg, der bei jeder Temperatur jenseits der 15-Grad-Marke schwitzte wie im Hochsommer, hieß Horst. Das wussten wir nur deshalb, weil seine Frau ihren Ehemann mit schöner Regelmäßigkeit lautstark zu ihrer Unterstützung herbeirief.

»Ho-horst! Bring mir doch mal das Klopapier!«, schallte es dann durch die gesamte Siedlung. Oder: »Ho-horst, kannst du mal die Nudeln abschütten?«

Da Ho-horst seine Frau scheinbar weniger gern um sich hatte – oder einfach nur nicht so laut nach ihr brüllte –, wusste niemand ihren Namen. Wir nannten die beiden der Einfachheit halber »die Horsts« und hatten immer etwas Mitleid mit Herrn Horst.

Jedenfalls waren die Horsts die Nächsten, die sich vom Sauberkeitsfimmel der Häuser Rottenmeier und Mustermann anstecken ließen. Dann schließlich griff der Putzwahn um sich wie eine Epidemie: Wie die Ameisen umsorgten ganze Horden von fleißigen Nachbarn ihre Häuser und Grundstücke und gaben nicht eher Ruhe, bis auch das letzte Staubkorn mit entschlossener Miene dahingemetzelt worden war.

Schon bald stand die nächste große Veränderung in meinem Leben an: Nach vier erstaunlich kurzen Jahren war die Grundschulzeit vorbei. In Zukunft würde ich wie fast dreißig Prozent meines Jahrgangs zur Realschule gehen, die ich bequem mit dem Fahrrad erreichen konnte. Wäre es nach Papa gegangen, dann hätte ich das Gymnasium besucht.

»Erika könnte viel besser in der Schule sein, wenn sie mehr gefordert würde. Sie strengt sich gar nicht richtig an!«, redete er Mama ins Gewissen.

»Ein gutes Pferd springt nicht höher, als es muss«, sagte diese mit einem stolzen Blick auf ihr Musterkind. »Wir sind normale Leute mit normalen Kindern. Da ist es vollkommen in Ordnung, wenn wir sie auf eine normale Schule schicken.«

Da das Gymnasium für meine Mutter anscheinend keine normale Schule war, war die Entscheidung gefallen: Ich ging zur städtischen Realschule. Für den ersten Tag war die feierliche Einschulung vorgesehen, zu der Mama mich begleiteten sollte. Am Morgen hatte ich schlimme Bauchschmerzen und wäre am liebsten im Bett geblieben. Die Hobby-Quacksalberin in meiner Mutter hatte zunächst eine Gastroenteritis diagnostiziert und mir fast sogar erlaubt, die Jalousien unten zu lassen, als sie sich plötzlich eines Besseren besann. Entschlossen korrigierte sie ihre professionelle Diagnose in »nervöse Gastritis« und scheuchte mich gnadenlos unter die Dusche. Dann steckte sie mich in mein bestes Sonntagskleid und flocht meine mittelblonden Haare zur Feier des Tages zu einem dicken Zopf. Ich sah aus wie das Kind aus der Waschmittelwerbung im Fernsehen. Das deutsche Durchschnittsmädchen. Nur dass ich mich am liebsten in unserem Durchschnittsbad eingesperrt hätte, bis dieser bedeutende Tag endlich vorüber war. Mein einziger Trost war, dass Tine und ich weiterhin in einer Klasse sein würden.

Hand in Hand näherten Mama und ich uns schließlich der Aula, in der die Begrüßung der »Neuen« stattfinden sollte.

»Guck mal, die Sonja vom Hockey ist auch da!«, sagte eine mir unbekannte Frau zu ihrer mir unbekannten Tochter, als wir uns in den Menschenstrom einreihten, der träge in den geschmückten Schulsaal floss.

Neugierig sah ich mich nach der hockeyspielenden Sonja um. Erst dann merkte ich, dass sie mich gemeint hatte. *Die können doch nicht alle so aussehen wie ich*, dachte ich genervt. *Wie viele Doppelgänger kann ein Mensch denn schon haben?* Noch bevor ich zu einer Richtigstellung ansetzen konnte, hatte der weit geöffnete Eingang der Aula die fremde Frau und ihre Tochter verschluckt. Auch Mama und ich betraten nun den großen Saal, in dem es zuging wie bei einem hyperaktiven Bienenvolk. Leute kamen und gingen, lachten und schwatzten, rückten Stühle zurecht und suchten ihre Familienmitglieder oder Freunde.

Eingeschüchtert folgte ich meiner Mutter in die erste Reihe, um mich auf einem der letzten freien Plätze niederzulassen. Tine hatte ich in dem ganzen Gewühl noch nicht entdeckt.

»Hallo Kerstin«, begrüßte mich stattdessen ein großer, dünner Junge, der mit seinem Vater auf die freien Stühle hinter uns zuhielt.

*Wenn der mich jetzt nach meinem Hund fragt, dann schrei ich*, dachte ich mit einem Anflug echter Verzweiflung.

In diesem Moment betrat der Schuldirektor die kleine Bühne. Er war groß und hager und hatte den gewaltigsten Adamsapfel, den ich je gesehen hatte. Wie ein mutiertes Jo-Jo sprang dieser bei jedem Wort auf und ab. Fasziniert starrte ich dem Direx auf den Hals und kicherte ungezogen.

»Erika!«, zischte Mama sichtlich schockiert. »Reiß dich zusammen! Du blamierst uns.«

Folgsam riss ich meinen Blick von dem Adamsapfel los und konzentrierte mich stattdessen auf das Blumengesteck, das rechts neben der Bühne aufgestellt worden war. Zwischen blauen Hortensien waren kunstvolle Tupfer aus türkisfarbenem, wild gemustertem Stoff angeordnet. Es sah aus, als hätten sich die Schlümpfe in einen Blumentopf übergeben. Wieder grinste ich albern.

»Ich freue mich, dass es nun endlich losgehen kann«, versicherte der Schulleiter gerade mit Nachdruck. »Ich freue mich über die vielen neuen Gesichter, die es in den nächsten Wochen kennenzulernen gilt. Natürlich freue ich mich aber auch, die vielen Jungen und Mädchen häufiger zu sehen, die ich bereits kenne. Hier vorn zum Beispiel sehe ich schon ein bekanntes Gesicht.«

Ohne aufzublicken, registrierte ich, dass er mich meinte. Ich hatte den Mann noch nie zuvor gesehen. *Den* Adamsapfel hätte ich ganz sicher nicht vergessen! Resigniert verzog ich das Gesicht zu einer Fratze, die hoffentlich wie ein Lächeln aussah, und ignorierte den überraschten Seitenblick meiner Mutter. *Hatte ich denn wirklich so ein Allerweltsgesicht?*

Wie in Trance ließ ich den Rest der Rede über mich ergehen. Endlich war die feierliche Eröffnung überstanden. Während sich die Eltern verstohlen über die Augen wischten und ohne ihre Kinder den Heimweg antraten, wurden wir in unsere Klassen verteilt.

»Woher kennst du denn den Direx?«, fragte Tine, die von der anderen Seite der Aula aus zu mir gestoßen war.

»Wir sind im gleichen Handarbeitskurs«, antwortete ich schnippisch und machte mir nicht die Mühe, die Situation zu erklären.

Mit hochgezogenen Augenbrauen folgte Tine mir und dem restlichen Rudel in unseren Klassenraum. Sie war klug genug, sich jede weitere Frage zu verkneifen.

Unsere erste Unterrichtsstunde in der Realschule begann mit einer Vorstellungsrunde. Tine war vor mir an der Reihe.

»Ich bin Christine Schulz«, sagte sie mit fester Stimme. »Ich wohne in der Beethovenstraße und habe keine Geschwister. Ich mag Häkeln und Stricken und meine Katze Kitty.«

Erwartungsvoll richteten meine neuen Mitschüler ihre Blicke nun auf mich. Ich spürte, wie ich rot wurde, und räusperte mich entschlossen.

»Ich bin Erika Mustermann. Nicht Kerstin, nicht Sonja, sondern Erika. Ich wohne nicht neben dem Spielplatz und habe keinen Hund. Ich habe noch nie im Leben Hockey gespielt und auch nicht vor, das jemals zu tun. Ach ja, und den Schulleiter kenne ich auch nicht.«

Im Klassenraum herrschte verwirrte Stille. Neben mir rutschte Tine unbehaglich auf ihrem Stuhl hin und her. Mein Gesicht fühlte sich an, als müsste ich in Kürze verglühen wie ein Meteorit beim Eintritt in die Erdatmosphäre.

»Schön«, sagte endlich unser Klassenlehrer, der sich als Herr Koch vorgestellt hatte. Er wirkte verunsichert. »Das haben wir verstanden. Der Nächste bitte.«

Abgesehen von dem etwas holprigen Start mochte ich meine neue Schule. Herr Koch war für einen Lehrer ganz in Ordnung, die Mitschüler waren nett und Christine und ich hielten zusammen wie Pech und Schwefel. Ich schrieb gute Noten, war höflich, pünktlich und fleißig, wie ich es von meinen Eltern gelernt hatte, und Mama wurde auf jedem Elternsprechtag förmlich mit Lob überschüttet. Mein Leben war buchstäblich musterhaft.

Doch dann passierte es. Eines schönen Tages riefen Mama und Papa meine Schwester und mich am großen Küchentisch zusammen. Sabine, die sich in dieser Woche die Haare blau gefärbt und damit eine frostige Stimmung à la Eiszeit verursacht hatte, wirkte auffallend nervös. Mama war weiß wie ein Laken und selbst Papa sah irgendwie so gar nicht aus wie Papa. Während ich noch versuchte, die seltsame Veränderung zu begreifen, die in der Luft waberte wie zäher Nebel, ergriff Mama das Wort.

»Wir müssen mit euch reden«, sagte sie unheilvoll.

Papa nickte bedeutungsschwer mit dem Kopf. So ernst hatte ich ihn noch nie gesehen.

»Ich war es nicht!«, rief Sabine plötzlich. »Also, irgendwie war ich es schon, aber ich habe echt nicht gewollt, dass gleich das ganze Ding in die Luft fliegt!«

»Was warst du nicht?«, fragte Mama zerstreut. »Und was in Gottes Namen hast du jetzt wieder in die Luft gejagt?«

»Ach, tu doch nicht so! Ihr wisst es doch schon längst!«

Wie gebannt blickte ich zwischen den beiden hin und her. Von rechts nach links und wieder zurück. Wie auf dem Tennisplatz, zu dem Papa mich im Sommer mal mitgenommen hatte.

»Wovon in aller Welt sprichst du?«, fragte Mama Sabine gereizt.

»Wir sind also nicht wegen des Elektrozauns hier?« Langsam dämmerte meiner Schwester, dass sie gerade dabei war, sich ordentlich zu verplappern.

»Nein, sind wir nicht. Es geht nicht immer nur um dich.«

Mama warf Papa einen vernichtenden Blick zu. Papa wand sich wie ein Wurm. Ich war gespannt wie ein Flitzebogen auf die Geschichte vom Elektrozaun und dem mysteriösen »Ding«, das die Begegnung mit meiner Schwester offenbar nicht überlebt hatte. Unsere Eltern jedoch hatten anderes im Sinn.

»Darüber sprechen wir noch!«, sagte Mama mühsam beherrscht. »Jetzt hat euer Vater euch etwas zu sagen.«

»Bevor ich anfange, möchte ich, dass ihr wisst, wie lieb ich euch habe«, begann Papa etwas unbeholfen.

Mama verdrehte demonstrativ die Augen. Sabine, die sich anfangs noch sichtlich über ihre unerwartete Schonfrist gefreut hatte, wirkte plötzlich besorgt. Wachsam.

»Das wisst ihr doch, oder?«

»Klar«, bestätigte meine Schwester misstrauisch.

Ich nickte folgsam. Mama schnaubte verächtlich. *Was war hier nur los?*

»Mama und ich werden uns trennen. Wir hatten in der letzten Zeit gewisse ... Differenzen und haben gemeinsam beschlossen, dass es besser ist, wenn ich mir eine eigene Wohnung nehme.«

»Euer Vater hat sich in die Sekretärin vom Holzhandel verliebt«, erklärte Mama säuerlich und erntete dafür einen bösen Blick von Papa. »Wenn ihre Eltern es erlauben, zieht sie vielleicht bald bei ihm ein.«

»So jung ist sie auch wieder nicht, Renate!«

»Ich will nicht, dass du dich von uns scheiden lässt«, sagte ich mit dünner Stimme.

Endlich hörten Mama und Papa auf, sich mit Blicken zu töten, und wandten sich ihren Töchtern zu.

»Ich würde mich niemals von euch beiden scheiden lassen«, widersprach unser Vater. »Ihr bleibt immer meine kleinen Mädchen.«

»Mamas und Papas trennen sich eben manchmal. So etwas passiert«, mischte sich jetzt auch unsere Mutter ein. »Rund dreißig Prozent aller Ehen werden in Deutschland heutzutage geschieden.«

Dreißig Prozent. Das war bestimmt viel. Ich nickte tapfer.

»Und fast zwanzig Prozent aller Männer gehen fremd!«, ergänzte Papa eifrig, nur um wieder mit einem von Mamas vernichtenden Blicken bestraft zu werden.

Es war alles längst beschlossen. Papas neue Wohnung lag nur zwei Straßen von uns entfernt. Seine Sachen hatte er offenbar nach und nach in sein neues Zuhause gebracht, ohne dass Sabine und ich es bemerkt hatten. Und auch jetzt sollte die Trennung unserer Eltern ein wohl gehütetes Geheimnis bleiben.

»Ich möchte nicht, dass die Nachbarn über uns reden«, sagte Mama bestimmt. »Fürs Erste muss das keiner wissen. Wir sind schließlich ordentliche Leute!«

So kam es, dass Mamas und Papas Trennung sich zu einer logistischen Herausforderung der besonderen Art entwickelte. Jeden Abend nach der Arbeit kam unser Vater wie gewohnt nach Hause zu seiner Familie. Er parkte den Audi in der Einfahrt und grüßte ebenso lautstark wie demonstrativ jeden Nachbarn, der sich auch nur annähernd in Rufweite befand. Im Haus angekommen, lauerte er, notdürftig hinter der Gardine versteckt, an der Terrassentür, bis er ganz sicher war, dass sich keiner der Nachbarn in den angrenzenden Gärten aufhielt. Dann verschwand er wie ein Schwerverbrecher in fliegender Hast durchs Gartentor, um die Nacht in seiner eigenen Wohnung zu verbringen. Am nächsten Morgen in aller Frühe ließ Mama ihn schließlich auf demselben Wege wieder ins Haus. Seelenruhig stolzierte er durch die Vordertür auf den Hof, grüßte freundlicher denn je in die Runde und fuhr mit dem Auto zur Arbeit, als sei nie etwas passiert. Für Sabine und mich hatte das Ganze einen entscheidenden Vorteil: Es war so absurd, dass sich die anfängliche Traurigkeit schnell in Belustigung verwandelte. Heimlich bastelten wir kleine Pappmaschee-Papas und hatten uns bereits einen straffen Zeitplan überlegt, wann wer die Papa-Figur vor welchem Fenster auf und ab bewegen sollte, als Mama uns erwischte. Schimpfend konfiszierte sie die liebevoll gestalteten Alibi-Papas.

»Also wirklich, Erika! Von dir hätte ich solche Dummheiten nicht erwartet! Du bist doch sonst so vernünftig«, sagte sie vorwurfsvoll.

Sabine grinste nur. Von *ihr* hatte sowieso niemand etwas anderes erwartet. Zum ersten Mal in meinem Leben war ich etwas neidisch auf das schwarze Schaf der mustergültigen Mustermänner.

Mama und Papa hielten das schräge Versteckspiel offenbar für eine grandiose Lösung. Doch die Probleme ließen nicht lange auf sich warten. Eines Abends, es muss etwa zwei Wochen nach der Familiensitzung am Küchentisch gewesen sein, hatte Papa sich längst durch den Hinterausgang verdrückt, als es an der Tür klingelte. Es war Ho-horst.

»Hallo Frau Mustermann«, hörten wir ihn an der Tür sagen und wunderten uns etwas, dass er im Gegensatz zu uns wusste, wie seine Nachbarn mit Nachnamen hießen. »Kann ich kurz Ihren Mann sprechen? Er hat mir angeboten, sich mal unsere Haustür anzuschauen. Die hat sich doch so verzogen.«

»Das ist gerade schlecht«, sagte Mama, ohne dem armen Nachbarn auch nur die Tür komplett zu öffnen. »Mein Mann ist krank. Er hat sich etwas hingelegt.«

Aus Sabines Zimmer drang der ohrenbetäubende Lärm, den sie in der Regel *Musik* nannte. Ho-horst lugte ungläubig durch den Türschlitz.

»Dass ihr Mann bei dem Lärm überhaupt schlafen kann.«

»Übungssache«, grinste Mama nervös und schlug dem verwirrten Nachbarn fast die Tür vor der Nase zu. »Wenn Sie mich jetzt entschuldigen würden? Ich habe das Essen auf dem Herd.«

Herr Horst wandte sich zum Gehen. Ich beobachtete seinen Abgang durch das Fenster und war mir ziemlich sicher, von seinen Lippen ein gemurmeltes »Blöde Kuh« ablesen zu können.

Am nächsten Abend war Papa gerade durch die Terrassentür entschwunden, als es erneut an der Tür klingelte. Wieder war es Herr Horst.

»Ist Ihr Mann wieder fit?«, fragte er mit einem etwas angestrengten Lächeln. »Es geht noch mal um unsere Haustür.«

»Nein, der ist leider immer noch krank.«

»Ich habe ihn gerade ins Haus gehen sehen. Vielleicht kann er zumindest einmal ganz kurz um die Ecke schauen.« Ho-horst hatte sich offenbar vorgenommen, sich heute nicht so leicht abwimmeln zu lassen.

»Mein Mann steht gerade unter der Dusche.«

»Das macht nichts. Er kann ja einfach rüberkommen, wenn er so weit ist«, beharrte der Nachbar.

»Eigentlich wollte er dann direkt ins Bett«, widersprach Mama. Für mich als geübte Zuhörerin waren in ihrer Stimme bereits die ersten Anzeichen einer drohenden Hysterie erkennbar. »Er fühlt sich wirklich noch nicht besonders gut.«

Herr Horst trippelte unbehaglich von einem Fuß auf den anderen. Genau in diesem Moment sah ich eine Bewegung am Fenster des Nachbarhauses: Frau Horst! Hinter der Gardine versteckt, beobachtete sie die Szene. Auch ihr Horst hatte sie scheinbar gesehen und machte sich so groß, wie es für einen schmächtigen Mann wie ihn eben möglich war. *Mit einem Nein darf der heute wohl nicht wieder nach Hause kommen*, dachte ich belustigt.

»Es dauert nicht lange. Wissen Sie, wir kriegen die Haustür jetzt gar nicht mehr zu. Das kann ja über Nacht nicht so bleiben!«

Der kleine Nachbar klang aufrichtig verzweifelt. Mama ging es nicht viel anders. Einen Moment lang rechnete ich fest damit, die beiden würden dem Druck nicht standhalten und sich weinend in die Arme fallen. Doch der Augenblick verstrich und die beiden Nachbarn standen sich noch immer unschlüssig an der halb geöffneten Tür gegenüber.

»Ich sag's ihm«, antwortete Mama schließlich. »Wenn er fertig ist, schicke ich ihn rüber.«

»Das wird ja immer besser!«, juchzte Sabine neben mir. »Bin mal gespannt, wie sie aus der Nummer wieder rauskommt!«

»Danke«, hauchte Herr Horst mit einer Erleichterung, als hätte Mama ihm gerade eine ihrer Nieren versprochen. »Vielen Dank, Frau Mustermann.«

Mama selbst lächelte nur dünn, schloss die Tür und spurtete ans Telefon, ohne ihre lauschenden Kinder auch nur zu bemerken. Mit zitternden Fingern betätigte sie die Wählscheibe des orangefarbenen Apparats und wartete ungeduldig.

»Erwin, Gott sei Dank. Du musst sofort kommen!«, stammelte sie in den Hörer, als unser Vater sich am anderen Ende der Leitung gemeldet hatte.

So aufgelöst, wie unsere Mutter war, rechnete er bestimmt schon mit dem Schlimmsten. Vielleicht stand das Haus in Flammen. Oder Sabine hatte schon wieder etwas in die Luft gejagt. Es dauerte eine ganze Weile, bis Mama ihm die Situation erläutert und ihn dazu bewegt hatte, sich auf den Weg zum Haus seiner Ex-Familie zu machen. Als er schließlich durch den Garten ins Haus schlich, waren seine Haare schweißnass.

»Gut, das ist gut«, murmelte Mama, als stünde sie kurz vorm Nervenzusammenbruch, »sieht aus, als hättest du gerade geduscht.«

Kopfschüttelnd schnappte sich Papa seinen Werkzeugkasten, reparierte die Tür der Horsts und verschwand auf dem gleichen Weg, den er gekommen war.

»Krass!«, sagte Sabine mit leuchtenden Augen. »Und alles nur, weil ihr so ordentliche Leute seid.«

Wenn ich angenommen hatte, nach dieser Erfahrung würden Mama und Papa die Geheimniskrämerei aufgeben, so hatte ich mich eindeutig getäuscht. Auch in den nächsten Tagen wurde die Fassade der heilen Familie um jeden Preis aufrechterhalten. Am Samstag, an dem sich Mamas Handarbeitsgruppe zum Strickmustertausch bei uns zu Hause verabredet hatte, huschte Papa zu zwei vorher genauestens festgelegten Zeiten repräsentativ durch unser Wohnzimmer. Und der Plan ging auf.

»Schön, dass ihr immer noch so verliebt seid«, seufzte eine hagere Frau im grünen Strickkleid gerade, als ich mich auf dem Weg in die Küche unauffällig an der offenen Wohnzimmertür vorbeischlich. »Mein Mann flüchtet immer, wenn meine Freundinnen zu Besuch kommen.«

Die Antwort meiner Mutter bekam ich leider nicht mehr mit.

Erst Tage später sollte ein erneuter Zwischenfall dem Versteckspiel ein jähes Ende bereiten. Papa hatte sich wie gewohnt von uns Kindern verabschiedet und sich im Schutze der einsetzenden Dämmerung auf den Weg nach Hause gemacht. Ich hatte gerade die Terrassentür hinter ihm geschlossen, als draußen plötzlich die Hölle ausbrach.

»Stehen bleiben!«, schallte eine durch ein Megafon verzerrte Stimme durch unseren Garten.

Ein riesiger Scheinwerfer tauchte die Szene in gleißend helles Licht. Am Rande des Gartenzauns blitzte unheilvoll das Blaulicht eines Streifenwagens auf. Völlig perplex öffnete ich die Terrassentür und sah meinen Vater, der wie erstarrt mitten auf dem gepflegten Rasen stand. Etwas unsanft schob sich meine Mutter an mir vorbei ins Freie. Ungläubig öffnete sie den Mund, um etwas zu sagen. Ein lauter Schrei hielt sie davon ab.

»Das ist er!«, ertönte Fräulein Rottenmeiers schrille Stimme durch den bis eben noch so friedlichen Abend. »Jede Nacht treibt der sich hier herum! Jetzt haben wir dich endlich, du Perversling!«

Ein seltsames Glucksen neben mir lenkte meine Aufmerksamkeit auf sich. Es war Sabine. Das erstickte Geräusch verwandelte sich nach und nach in hysterisches Gelächter.

»Das ist gut!«, japste meine Schwester immer wieder. »Das ist *so* gut! Gott sei Dank haben wir niemandem erzählt, dass Mama und Papa sich getrennt haben. Was hätten denn sonst die Nachbarn von uns gedacht?«

Mit einer Hand hielt sie sich den Bauch, mit der anderen wischte sie sich die Lachtränen aus dem Gesicht. Mama sah aus, als hätte sie sie am liebsten gewürgt. Wahrscheinlich waren es nur die uniformierten Beamten in unserem Garten, die sie davon abhielten.

Papa hatte als Erster seine Fassung wiedererlangt und trat ins Licht des Scheinwerfers.

»Ich treibe mich nicht herum!«, rief er herrisch. »Ich wohne hier!«

»Stimmt ja gar nicht!«, mischte Sabine sich ein.

»Du gehst jetzt wohl besser in dein Zimmer!«

Mamas Blick ließ keinen Widerspruch zu. Etwas enttäuscht folgte meine Schwester der unmissverständlichen Anweisung. Mich hatte man in all dem Trubel wohl einfach vergessen.

»Das ist mein Mann«, stellte unsere Mutter endlich klar. »Das ist kein Perversling!«

»Warum schleicht der dann jede Nacht hier draußen rum?«, kreischte Fräulein Rottenmeier.

»Das würde ich auch gern wissen!«, bestätigte einer der herbeigeeilten Polizisten.

Mama und Papa wechselten einen gequälten Blick. Dann endlich erklärten sie den Beamten, Fräulein Rottenmeier und der halben Nachbarschaft, die sich mittlerweile rund um unseren Gartenzaun versammelt hatte, die ganze Situation.

»Wusst ich's doch!«, triumphierte Frau Horst.

»Warum haben Sie sich nicht einfach getrennt wie ganz normale Menschen?«, fragte Fräulein Rottenmeier gereizt. »Das ist doch keine Schande. Rund dreißig Prozent aller Ehen werden in Deutschland heutzutage geschieden.«

»Und fast zwanzig Prozent aller Männer gehen fremd«, krächzte ich der Vollständigkeit halber von meinem Logenplatz auf der Terrasse aus.

Ein Raunen ging durch die Menge. Mama sah mich an wie eine Außerirdische. Dann wurde auch ich auf mein Zimmer verbannt, wo ich das Ende des aufregenden Abends nicht weiter verfolgen konnte.

Von diesem Tag an fuhr Papa von der Arbeit aus direkt in seine neue Wohnung. Mama, Sabine und ich blieben allein in dem Reihenhaus an der Stadtgrenze und machten das Beste aus der Situation.

»Das muss schwer für Sie gewesen sein!«

Dr. Max Müller saß in seinem großen Sessel und sah heute irgendwie anders aus. Weniger mittelmäßig. Bis zu dem Moment, in dem er mit seiner mitfühlenden Äußerung in den Therapeuten-Modus gewechselt hatte, hatte ich ihn direkt etwas attraktiv gefunden.

»Ach, für meine Mutter war es schwerer«, sagte ich leichthin. »Aber sie hatte ja mich.«

Nachdenklich sah der Therapeut mich an. Ob er wohl wusste, dass er beim Denken den Kopf schief hielt wie ein aufmerksamer Hund? Etwas schadenfroh grinste ich in mich hinein. Der sollte sich mal nicht einbilden, dass *er* hier nicht auch unter Beobachtung stand.

»Wie meinen Sie das?«, fragte er.

»Na ja. Es wurde einfach anders. Mama achtete jetzt noch mehr darauf, dass bei uns alles vorbildlich lief.« Überrascht registrierte ich, wie mir die Tränen in die Augen stiegen, und verstummte.

»Und Sie haben alles getan, um Ihre Mutter stolz zu machen und nicht noch mehr Probleme zu verursachen«, resümierte Max Müller nüchtern.

Ich nickte nur.

»Sie waren fleißig und bescheiden und zuverlässig und pünktlich und höflich und ganz furchtbar vorbildlich. Und jetzt fällt Ihnen gerade auf, dass Sie vor lauter Tugendhaftigkeit vergessen haben, sich um sich selbst zu kümmern. Mal Spaß zu haben, etwas Verrücktes zu machen, über die Stränge zu schlagen.«

Pikiert setzte ich zu einer Erwiderung an. Was wusste der denn schon? *So was Unverschämtes!* Doch der Therapeut kam mir zuvor.

»Ich will jetzt gar nichts hören!«, sagte er streng und wischte meinen Widerspruch mit einer ungeduldigen Handbewegung weg. »Denken Sie mal darüber nach. Wir sehen uns nächste Woche.«

Ehe ich mich versah, fand ich mich auf dem Parkplatz vor seiner Praxis wieder.

# Alltag – und andere Katastrophen

Mit zitternden Händen wühlte ich in den Untiefen meiner schwarzen Handtasche nach meinem Schlüsselbund.

»Ich will jetzt gar nichts hören«, hatte er gesagt. Als würde er mit einem kleinen Kind sprechen, dem man einfach so den Mund verbieten konnte. Systematisch wälzte ich den Inhalt meiner Handtasche von oben nach unten und von links nach rechts. Erfolglos. Der Autoschlüssel blieb verschollen.

*76 Tage*, dachte ich flüchtig. 76 Tage ihres Lebens verbringt eine durchschnittliche Frau damit, Dinge in ihrer Handtasche zu suchen. Ich wurde das Gefühl nicht los, dass ich diesen Richtwert toppen könnte. Zumindest dann, wenn ich die mir statistisch zustehenden 81,3 Lebensjahre vollmachen würde. Wütend hielt ich die unförmige Ledertasche an mein Ohr, schüttelte sie wild und hoffte gleichzeitig, dass die ätzende Echse mich nicht durch das Praxisfenster beobachtete. *Nicht, dass der mich jetzt noch einweist!* Der vermisste Schlüsselbund klapperte unschuldig in seinem Versteck auf dem Taschenboden.

»Dann komm endlich raus!«, schrie ich ihn an. »Ich weiß, dass du da bist!«

Für einen Moment fühlte ich mich an den folgenschweren Tag in meinem Schrebergarten zurückversetzt, der mir die Bekanntschaft mit Dr. Blödmann überhaupt erst eingebrockt hatte. *Wenn ich das geahnt hätte, hätte ich der Brieftaube einfach nur den Stinkefinger gezeigt!* Das hätte mir so einiges erspart. Entnervt kniete ich mich neben meinen schwarzen Golf und schüttete den Inhalt meiner Handtasche auf den warmen Asphalt. Make-up und Lippenstifte kullerten zwischen Haarspray, Deo, einer abgegriffenen Haarbürste und zwei vor Jahrzehnten geschmolzenen Eisbonbons auf den Boden vor mir. Ein Feuerzeug, eine ungenutzte Briefmarke und ein paar gebrauchte, in allerlei Papierfetzen gewickelte Kaugummis folgten mit etwas weniger Elan. Endlich kam der gesuchte Schlüsselbund zum Vorschein, der sich noch immer an der halb aufgetrennten Innennaht der Handtasche festklammerte. Klar, dass ich von meinen 17 Handtaschen heute ausgerechnet die kaputte erwischt hatte! Ohne Rücksicht auf das unschöne Geräusch des reißenden Futters zerrte ich den Übeltäter an mich und betätigte die Fernbedienung meines Wagens. Grimmig warf ich mich hinters Steuer, donnerte die Fahrertür zu und startete den Motor. Dann trat ich das Gaspedal durch und schoss vom Hof. Ein kaum wahrnehmbares, eingeschüchtertes Quietschen war alles, was die geschundenen Reifen meines Golfs dazu zu sagen hatten. Nicht einmal ein standesgemäßer Abgang war mir heute vergönnt.

Je weiter ich mich von Max Müllers Praxis entfernte, desto ruhiger wurde ich. Dass der Inhalt meiner Handtasche sich noch immer auf dem Parkplatz auf seinem Hof sonnte, fiel mir erst auf, als ich bereits eine ganze Weile unterwegs war. *Scheiß drauf!*, dachte ich unfein. Die Blöße, noch einmal zurückzufahren, würde ich mir nicht geben. Ich hoffte nur, dass sich in den Generationen von Papierschnipseln kein Hinweis auf die Identität der früheren Besitzerin finden würde. Die Mühe, mithilfe meiner ausgekauten Kaugummis einen DNA-Test zu veranlassen, würde sich hoffentlich niemand machen.

»Wir sehen uns nächste Woche.« In deinen Träumen! Als ob ich mir *das* noch einmal antun würde. Wenn er das wirklich dachte, war Dr. Ich-will-jetzt-gar-nichts-hören nicht nur ein Idiot, sondern auch noch schlecht in seinem Job.

Plötzlich wusste ich genau, was diesen Tag noch retten konnte. *Schuhe.* Im letzten Moment riss ich das Steuer herum und lenkte meinen Wagen in die Einfahrt eines Einkaufszentrums. Diesmal machten die Reifen sich mit einem recht passablen Quietscher bemerkbar. Ich wurde besser. Der Mercedesfahrer hinter mir hupte erbost.

»Lass mich bloß in Ruhe!«, brüllte ich ungehalten. »Ich habe Gartenzwerge und ich weiß, wie man sie benutzt!«

Entschlossen steuerte ich die nächste freie Parklücke an. Erst als ich ausgestiegen war, fiel mir auf, dass mein kleines Auto gleich zwei große Parkplätze für sich beanspruchte. *Sei's drum. Frau am Steuer!*, dachte ich grimmig. Schnellen Schrittes hielt ich auf die Tür des Schuhladens zu, der strategisch günstig direkt neben der Damentoilette angesiedelt war. Wie viele Frauen hier wohl regelmäßig mit all ihren Freundinnen *kurz aufs Klo gingen* und in Wirklichkeit im Schuhladen versackten? Und dann behaupteten, die Schlange vor der Toilette wär einfach sehr lang gewesen.

In Momenten wie diesem war ich froh, niemandem Rechenschaft schuldig zu sein. Ich könnte quasi in einem Schuhladen übernachten, ohne dass es jemanden stören würde. Genau genommen, und dieser Gedanke war dann doch wieder weniger erbaulich, würde es nicht mal jemand *bemerken*. Außer meiner Katze Minka. Und die würde sich am nächsten Tag schnell wieder mit einer Dose Thunfisch besänftigen lassen.

Am Schuhladen angelangt, registrierte ein zuvorkommender Bewegungsmelder freudig blinkend meine Anwesenheit und öffnete einladend seine Türen. Folgsam trat ich ein. Und bemerkte fast im selben Moment, wie Wut und Anspannung im Angesicht der üppigen Schuhregale dahinschmolzen. *Faszinierend.* 25 Paar Schuhe hat die deutsche Durchschnittsfrau angeblich in ihrem Schuhschrank. Von denen sie elf niemals trägt. Auch angeblich. Ich nahm mir vor, ab sofort weniger zu denken, und widmete mich endlich der aufregenden Jagd nach Paar Nummer 26.

Eine knappe Stunde später hatte ich nicht nur das dringend erforderliche Schuhpaar Nummer 26 in meinen Besitz gebracht, sondern auch seine Freunde, Paar Nummer 27 und 28, dazu eingeladen, ihren Lebensabend an meinen Füßen – oder in meinem Schrank – zu verbringen. In einem entlegenen Winkel meines Gehirns meldete sich zaghaft das schlechte Gewissen. In meiner 44,3 Quadratmeter großen Singlewohnung war nun wirklich kein Platz für 28 Paar Schuhe. Doch davon würde ich mich heute nicht beirren lassen. Rund ein Viertel der deutschen Frauen tröstet sich schließlich regelmäßig mit Frustkäufen. Mit welchem Recht sollte *ich* da aus der Reihe tanzen? Im Übrigen – ui, was war ich gut darin, mir die Sache doch noch schönzureden! – befand sich *ein* Paar Schuhe ja zumindest tagsüber in der Regel gar nicht in meinem Schrank, sondern an meinen Füßen.

So schlimm wie zunächst angenommen war das Schuh-Platz-Problem genau genommen also gar nicht!

Auf dem Rückweg zum Auto machte ich am Supermarkt Halt. An diesem Abend brauchte ich dringend Schokolade. *Viel* Schokolade. Ich hatte keinen Einkaufswagen mitgenommen und widerstand wohl nur deshalb der fast übermächtigen Versuchung, gleich die statistische Jahres-Pro-Kopf-Menge von 9,29 Kilogramm zu kaufen. Ein bis zwei Tafeln mussten für heute reichen. Eine Flasche Rotwein und eine Tiefkühlpizza komplettierten mein ungesundes Abendessen. Kurzentschlossen ergänzte ich noch eine einsame Alibi-Banane, griff nach Minkas obligatorischer Thunfischdose und machte mich auf den Weg zur Kasse.

Die Länge der Schlange ließ vermuten, dass ich mit der Standard-Wartezeit von sieben Minuten heute nicht hinkommen würde. Auf der Suche nach einer Beschäftigung, die mir die Zeit verkürzen würde, fiel mein Blick auf einen Verkaufsständer mit lustigen Autoaufklebern, der neben den Kassen platziert war. »Mein Zweitauto ist ein Besen«, las ich mit zusammengekniffenen Augen. *Sehr witzig!* Den wackeligen Turm meiner Einkäufe vor mir her balancierend, drehte ich mit der freien Hand den Ständer. Ein Aufkleber mit der Aufschrift »Ich bremse auch für Gynäkologen« weckte meine Aufmerksamkeit. Systematisch durchkämmte ich ein Sticker-Fach nach dem nächsten. Doch den Text »Ich bremse nicht für Psychotherapeuten« schien es nicht zu geben. Enttäuscht trat ich zurück in die Wartschlange, bezahlte meine Einkäufe und machte mich auf den Heimweg.

Meine Mitbewohnerin Minka begrüßte mich frenetisch maunzend an der Wohnungstür. Schnurrend rieb sie sich an meinen Hosenbeinen und hinterließ dabei jene feine Schicht aus schwarzen und weißen Haaren, die seit ihrem Einzug vor fast drei Jahren jedes meiner Outfits abrundete. Paradoxerweise waren es gerade diese Momente unseres Zusammenlebens, in denen ich besonders glücklich war, eine der deutschlandweit 12,3 Millionen Hauskatzen mein Eigen zu nennen. Fröhlich rannte mein Stubentiger vor mir her, nur um mich zielstrebig zum wirklich erschreckend leeren Futternapf zu führen.

»Ist ja gut!« Ich schob die Katze sanft zur Seite, um meine Einkäufe sicher in die Küche zu bugsieren. »Mama gibt dir gleich was zu essen!«

»Du bist nicht ihre Mama!«, klang der übliche entrüstete Widerspruch *meiner* Mutter in meinen Ohren – als ob ich das nicht selbst wüsste! »Nur schrullige alte Jungfern nennen ihre Haustiere ihre Kinder!«

»Komm schnell mit. Die schrullige alte Jungfer hat dir Thunfisch mitgebracht.«

Minka versenkte ihr gieriges Mäulchen im vollen Futternapf und war mit sich, ihrem Frauchen und der ganzen Welt zufrieden. Kein »Warum kommst du so spät?«. Kein »Gab es nichts anderes zu essen?«. Und auch kein »Hast du zugenommen?«. Seufzend stieg ich aus meinen Schuhen – es muss wohl Paar Nummer 21 gewesen sein – und fühlte mich geliebt. Schnell war die Pizza im Ofen verschwunden und wieder heraus. Ich öffnete den Wein, schenkte mir großzügig ein und machte es mir am Esstisch in meiner blitzeblanken Küche bequem.

»Guten Appetit«, wünschte ich Minka, die schnurrend die Reste ihres Thunfischs vertilgte.

Sie antwortete nicht. Ich fing trotzdem an zu essen. Vorbildlich leckte das reinliche Kätzchen den Napf sauber und beseitigte auch noch die winzigen Fischfasern, die sich auf den Fliesen rund um die Futterstelle angesammelt hatten.

»Brave Katze!«, lobte ich sie, als sie anschließend auf den Stuhl neben mir sprang, um sich ihre wohlverdiente Verdauungsstreicheleinheit abzuholen. »Du bist ein echtes Musterkätzchen.«

Wie ein elektrischer Schlag durchzuckte mich die Erinnerung an meine Kindheit. *Jetzt hatte das Musterkind also ein Musterkätzchen.*

»Prost!«, sagte ich und leerte in einem Zug das große Rotweinglas. Nun war es an der Zeit für die Schokolade.

Der nächste Tag war ein Freitag. Und Freitag, das weiß ja jeder, ist Freutag! Nach sieben Stunden Schlaf klingelte mein Wecker wie jeden Morgen um exakt 6.18 Uhr. 6.15 Uhr war mir irgendwie zu früh. Und wenn ich erst um 6.20 Uhr aufstand, wurde mir alles zu knapp. 6.18 Uhr war nun einmal die optimale Aufstehzeit. Als ob sich ein Großteil der deutschen Berufstätigen, der durchschnittlich um genau diese Zeit aufsteht, in einem so wichtigen Punkt irren könnte.

Die Aussicht auf einen kurzen Arbeitstag nahm dem unbarmherzigen Schrillen des Weckers auch an diesem Freitag einen Teil seines Schreckens. Beschwingt sprang ich aus dem Bett und erntete prompt einen vorwurfsvollen Blick von

Minka, die friedlich schlummernd auf meinen Füßen gelegen hatte.

»Einer muss ja die Mäuse verdienen«, erklärte ich ihr zum wohl hundertsten Mal.

Unbeeindruckt und ohne das geringste Anzeichen von Mitleid oder Dankbarkeit rollte die Katze sich wieder im noch schlafwarmen Bett zusammen. Was heißt schon Freutag, wenn man jeden Tag Wochenende hat?

Mit der ganzen Effizienz der täglichen Routine tapste ich ins Bad, betätigte den Schalter des Radios und den Wasserregler meiner Dusche und schlüpfte aus meinem rosafarbenen Schlafanzug, den ich zum Lüften über die große Handtuchstange warf. Ich wartete exakt die zwölf Sekunden, die das Wasser zum Warmwerden benötigte, und stieg fröstelnd unter den dampfenden Wasserstrahl. *121 Liter*, dachte ich wie jeden Morgen. *'ne Menge Wasser, die der Durchschnittsdeutsche da jeden Tag verbraucht. Und ist das Zähneputzen unter der Dusche da überhaupt schon berücksichtigt?* Ich wusste es nicht und mahnte mich selbst zur Eile. Nach genau 28 Minuten war ich im Bad fertig. Länger brauchen wir Frauen nicht. Sorgfältig faltete ich den gelüfteten Pyjama zusammen, brachte ihn ins Schlafzimmer und weckte die Katze, um das Bett machen zu können. Nicht, dass das viel Sinn machte – denn Minka würde sich einen Großteil des Tages in den Federn vergnügen und keinerlei Rücksicht auf kunstvoll arrangierte Oberbetten nehmen. Es war einfach Teil des Morgenrituals. Und eine Wohnung mit ungemachtem Bett zu verlassen, das war in etwa genauso unvorstellbar, wie einen Schlüpfer mit ausgeleiertem Bündchen anzuziehen. Stellen Sie sich mal vor, man hat ausgerechnet an diesem Tag einen schweren Verkehrsunfall. Oder die Wohnung brennt.

»Genau!«, hörte ich Sabines Stimme in meinem Hinterkopf, die für Mamas Ermahnungen in diese Richtung nie besonders empfänglich gewesen war. »Und die Rettungssanitäter, die dich aus dem Auto geschnitten haben, kontrollieren als Erstes deine Unterhose und setzen dich einfach zurück ins Wrack, wenn sie nicht ihren strengen Qualitätsvorschriften genügt. Da sind sie fast so kompromisslos wie Feuerwehrleute: Ich hab gehört, die lassen Wohnungen mit ungemachten Betten bis auf die Grundmauern niederbrennen.«

Ich grinste amüsiert. Mein Bett machte ich trotzdem.

Weiter ging es in die Küche. Während der Kaffee durchlief, fütterte ich die Katze, die ihrem Wehklagen nach dem Hungertod schon wieder gefährlich nahe war. Dann war ich an der Reihe. Mein In-der-Woche-Frühstück bestand aus zwei Scheiben Brot: einer mit Käse, einer mit selbst gemachter Erdbeermarmelade. Sonntags kaufte ich mir zwei Brötchen und kochte ein Sieben-Minuten-Ei. Aber heute war erst mal Freutag.

Brot und Kaffee waren bereit und die Katze fürs Erste ruhiggestellt. Zufrieden machte ich es mir mit meinem Frühstück und einer Illustrierten am Küchentisch bequem. Wie jeden Morgen gesellte sich nun auch Minka zu mir, um zu sehen, ob sie etwas abgreifen konnte. Ein Stück Käse vielleicht oder wenigstens eine Streicheleinheit.

»Guck mal, Minki«, sagte ich und hielt ihr meine Frauenzeitschrift unter die Nase. »Die Durchschnittsfrau verbraucht in ihrem Leben 2,7 Kilo Lippenstift.«

Das Kätzchen schnaubte verächtlich.

»Du nicht, ich weiß!« Mit einem Blick auf die Uhr spülte ich den letzten Bissen Marmeladenbrot mit dem restlichen Kaffee herunter. »Du würdest 2,7 Kilo Lippenstift am Tag essen, wenn ich dich lassen würde.«

Ich räumte den Tisch ab, spülte das Frühstücksgeschirr und schrubbte Arbeitsfläche und Spüle blitzeblank, bevor ich die Küche verließ. Wegen der Feuerwehrleute. Man kann ja nie wissen. Am Wochenende würde ich staubsaugen, die Fenster putzen und mein Auto waschen. Dann wollte ich in meinen Schrebergarten fahren und dort klar Schiff machen. Nicht, dass die Nachbarn noch dachten ... Der plötzliche Gedanke an Dr. Blödmann und die unerfreulichen Ereignisse des Vortags ließ mich innehalten.

»Mal Spaß haben, etwas Verrücktes machen, über die Stränge schlagen«, hatte er gesagt.

Oh, ich würde Spaß haben! Mehr Spaß, als sich sein Reptilienhirn in seinen kühnsten Träumen vorstellen könnte. Ich hatte ein Date. Und diesmal, davon war ich in diesem Moment fest überzeugt, würde es ein echter Erfolg werden. Lächelnd nahm ich meinen Mantel, tätschelte Minka, die schon wieder auf dem Weg ins Bett war, und fuhr zur Arbeit.

Der Parkplatz unter der alten Linde gehörte seit fast zwanzig Jahren mir. Auch wenn es kein Schild gab, das darauf hinwies: Niemand hatte es je gewagt, mir meinen angestammten Parkplatz streitig zu machen. Zum Teil lag das vielleicht auch daran, dass in der üppigen Baumkrone Vögel nisteten. Unzählige, riesenhafte Vögel, wenn man nach der Vogelkacke auf meinem Golf ging. Es machte mir nichts aus. Zu den wenigen Dingen, die mein

Vater seiner kleinen Erika beigebracht hatte, gehörte das Wissen darum, wie entspannend eine sorgfältige Autowäsche sein kann. Jeden Samstag gönnte ich mir und meinem schwarzen VW diesen Luxus. Und je mehr Vogelkot ich wegwusch, desto zufriedener war ich danach. An jedem Wochenende den ganzen Unrat der Arbeitswoche wegzuspülen, hatte eben nicht nur auf mein Auto eine reinigende Wirkung.

Als ich an diesem Morgen schwungvoll auf den Privatparkplatz der Stadtverwaltung fuhr und auf meinen Stammplatz zusteuerte, traute ich meinen Augen nicht. Mit einer Selbstverständlichkeit, die an Arroganz kaum zu überbieten war, thronte dort, wo eigentlich mein gepflegter Golf stehen sollte, eine unansehnliche Rostlaube. Noch nie zuvor hatte ich einen solchen Schrotthaufen gesehen. Einigermaßen perplex brachte ich mein Auto zum Stehen und starrte den Störenfried ratlos an. Der große eingezäunte Platz unmittelbar neben dem Betonbunker, in dem ich als Bürokauffrau arbeitete, war Tag und Nacht durch eine Schranke versperrt. Nur die Mitarbeiter des städtischen Ordnungsamtes, also meine Kollegen und ich, hatten eine Chipkarte, mit der sich diese Schranke öffnen ließ. Wie um alles in der Welt war also diese Zumutung von Auto auf *meinen* Parkplatz gekommen?

Ich stand noch immer unschlüssig mit laufendem Motor quer hinter meinem auf schäbigste Weise belagerten Parkplatz, als die Tür der illegal abgestellten Rostlaube aufgestoßen wurde. Ein nacktes Bein in schwarzen High Heels war das Erste, was ich von der unverschämten Parksünderin zu Gesicht bekam. Auf das Bein folgte eine junge, rassig aussehende Frau mit schwarzem

Strubbelkopf und dem kürzesten Rock, der sich wohl jemals auf diesen Dienstparkplatz verirrt hatte.

»Guten Morgen«, rief sie fröhlich, als sie mich in meinem Auto entdeckte. »Ich habe einen Schattenparkplatz gefunden!«

*Herzlichen Glückwunsch,* dachte ich böse. *Soll ich dir noch ein Eis bringen?*

Etwas verwundert blickte die fremde Frau von mir zu der freien Parkbucht neben ihrem Wagen und wieder zurück. »Soll ich dir beim Einparken helfen?«

Ihr Akzent klang spanisch und ärgerlicherweise hinreißend. Allein das schien mir Grund genug, sie gehörig in ihre Schranken zu weisen.

»*Ich* kann *Ihnen* höchstens beim Ausparken helfen!«

Die Autobesitzerin hörte auf, in ihrer Handtasche zu wühlen, und sah mich neugierig an. »Ich verstehe nicht.«

»Sie stehen auf meinem Parkplatz!«, sagte ich streng.

»Das steht da nicht«, antwortete sie unbekümmert und wandte sich wieder ihrer Tasche zu.

»Das ist aber so!«

»Das macht doch nichts. Hier sind so viele freie Plätze. Such dir einen aus.«

*Das macht doch nichts?* Hatte sie das jetzt wirklich gesagt? Als ob *sie* das zu entscheiden hätte! Wutschnaubend umklammerte ich das Lenkrad.

»Ich habe mir bereits einen Parkplatz ausgesucht. Vor fast zwanzig Jahren. Es ist der, auf dem Ihr Auto steht!«

»Nun«, strahlte die Frau ohne jedes Anzeichen von Verärgerung, »heute ist ein wunderschöner Tag für eine Veränderung!«

Sprach's, knallte die Autotür zu und machte sich in ihren Stöckelschuhen auf den Weg zum Gebäude, ohne mich eines weiteren Blickes zu würdigen. Ich kochte vor Wut. So etwas Unverschämtes! Aber das würde ich nicht auf mir sitzen lassen! Nicht umsonst arbeitete ich fürs Ordnungsamt der Stadt. Ich würde tun, was ich am besten konnte – Ordnung schaffen! Und wenn ich den Wagen dafür abschleppen lassen musste. So wahr ich Erika Mustermann hieß!

Zähneknirschend parkte ich fürs Erste in der Parkbucht neben dem zerbeulten Blechhaufen und eilte in mein Büro. In fast zwanzig Jahren war ich noch nie zu spät gekommen. Wegen dieser dreisten Parkplatzdiebin würde ich jetzt sicherlich nicht damit anfangen.

An meinem Arbeitsplatz angekommen, war mit wenigen, routinierten Handgriffen alles für den Beginn eines neuen Arbeitstages vorbereitet. Ich schaltete den Computer ein, hängte meine leichte Jacke an die futuristisch anmutende Garderobe und öffnete die Lamellenvorhänge. Das wohlbekannte Hinterhofpanorama mit Müllcontainern lag heute im strahlenden Sonnenlicht. Ich mochte den Blick aus meinem Bürofenster. *Atemberaubend* würde er wohl erst in der nächsten Woche wieder sein, wenn sich die frisch geleerten Abfalltonnen langsam füllten.

In genau dem Augenblick, in dem ich mich auf meinen ergonomischen Bürostuhl fallen ließ, wurde schwungvoll und ohne jede Vorwarnung meine Bürotür aufgerissen. Vor lauter Schreck hätte ich mich beinahe neben meinen Stuhl gesetzt.

»Schon mal was von Anklopfen gehört?«

»Ja, jeden Morgen. Von dir«, antwortete mein Arbeitskollege Uwe ungerührt und rückte mir auf seine typisch indiskrete

Art auf die Pelle. »Warum muss man bei dir denn anklopfen? Hast du etwa was zu verbergen?«

»Ich wollte gerade mein Passwort eingeben«, sagte ich etwas oberlehrerhaft.

»Dein Passwort ist ›Minka‹. Jeder hier weiß das.«

»Na und?« Ich fühlte mich ertappt. »›Minka‹ ist ein gutes Passwort. Wusstest du, dass der Abschusscode für die US-Atomwaffen über zwanzig Jahre lang ›00000000‹ lautete?«

Misstrauisch starrte mein Kollege mich an, entschied sich dann aber offenbar dafür, sich auf keine weitere Diskussion einzulassen.

»Okay. Wenn *das* der Maßstab ist, dann ist ›Minka‹ super! Eigentlich wollte ich dir auch nur sagen, dass wir eine neue Kollegin haben. Sie hilft dir bei der Archivierung. Du sollst sie anlernen. Sie wartet vorn und sie ist *heiß!*« Mit einem frechen Grinsen schlüpfte Uwe aus meinem Büro und schloss geräuschvoll die Tür hinter sich.

Gedankenverloren tippte ich mein kreatives Passwort ein und ahnte Fürchterliches. Eine neue Kollegin. Eine *heiße* neue Kollegin. Wenn das mal nicht Miss Rostlaube war. Etwas widerwillig machte ich mich auf den Weg zum Empfang und hörte schon von Weitem das ausgelassene Gelächter. Wie pubertierende Jungs hatten sich wohl alle männlichen Kollegen der Abteilung um die einzige Frau im Raum versammelt und buhlten um ihre Aufmerksamkeit. Die Neue stand mit dem Rücken zu mir und sprach mit einem charmanten Akzent, der ihr die Herzen aller Anwesenden nur so zufliegen ließ. Ich musste ihr Gesicht nicht erst sehen, um zu wissen, dass es tatsächlich die gut gelaunte Parkplatzdiebin war.

»Da ist sie ja!«, rief Uwe mit geröteten Wangen, als er mich erblickte. »Das ist unsere Frau Mustermann. Sie wird dich in den nächsten Tagen unter ihre Fittiche nehmen.«

Graziös drehte sich die neue Kollegin zu mir um.

»Ach, du bist das!«, sagte sie erfreut und wandte sich erklärend an ihre männlichen Verehrer. »Wir haben uns schon eben auf dem Parkplatz angefreundet.«

*Haben wir das?*, dachte ich entgeistert.

»Habt ihr das?«, fragte Uwe erstaunt.

Seine offenkundige Ungläubigkeit ärgerte mich. Als ob man sich mit mir nicht anfreunden könnte. Wenn man mich nicht ärgerte, war ich eigentlich wirklich nett!

»Maria Ignacia Garcia Fernandez«, sagte Miss Rostlaube herzlich und streckte mir ihre zierliche Hand entgegen.

Allein der Name klang wie ein rauschendes Fest am Meer. Im Sonnenuntergang. Mit Lagerfeuer, Cocktails und Salsa. Sie wurde mir immer unsympathischer.

»Erika Mustermann.«

Etwas steif schüttelte ich ihre Hand und wandte mich zum Gehen.

»Können wir dann? Wir haben viel zu tun.«

Mit rasender Geschwindigkeit hatte sich mein heiliger Freutag in einen spanischen Alptraum verwandelt. Maria Das-Leben-ist-schön-und-ich-bin-es-auch heftete sich an meine Fersen und hatte sich offenbar vorgenommen, mich noch an diesem Tag in den Wahnsinn zu treiben.

»Soll ich dich Eri nennen?«, fragte die neue Kollegin unbekümmert, während ich ihr schnellen Schrittes den Weg zu meinem – nun wohl unserem – Büro wies. »Oder E-Mu! So wie in Erika Mustermann. Ja, das ist klasse! Was meinst du, Emu?«

»Ich meine, Sie nennen mich am besten Frau Mustermann.«

Für einen kurzen Augenblick wirkte Maria verwirrt. Taxierend sah sie mich an – und entschied sich scheinbar dafür, sich nicht von meiner demonstrativen Distanziertheit beeindrucken zu lassen.

»Du bist lustig!«, sagte sie, als wäre das Ganze für sie ein einziger Witz.

Ich ignorierte sie gekonnt. Endlich waren wir an meinem Büro angekommen.

»Dann mal herein in die gute Stube!«

Galant öffnete ich ihr die Tür und ließ sie in den kleinen, quadratischen Raum eintreten.

»Schön hast du's hier.«

Maria ließ ihren Blick durch das Büro streifen, das selbst für den wohlwollendsten Betrachter alles andere als schön war. *Zweckmäßig* war das Wort, das Hotels meiner Erfahrung nach für die schlechtesten Zimmer mit der lieblosesten Einrichtung verwendeten.

»Nun ja, es ist auf jeden Fall zweckmäßig«, hörte ich mich prompt sagen.

*Ehrlich jetzt?* Wieso in aller Welt schafften es eigentlich immer genau die Leute, die ich am wenigsten mochte, dass ich mich aufführte wie ein Idiot?

Die spanische Schönheit war noch immer damit beschäftigt, sich an meinem Arbeitsplatz umzusehen. Etwas widerwillig folgte ich ihrem Blick von dem kränkelnden Ficus über die illustre Runde fröhlicher Miniatur-Gartenzwerge auf der

Fensterbank bis hin zu Minkas Porträtfoto neben dem Computerbildschirm.

*Und ich hätte doch das Musterfoto des Herstellers im Rahmen lassen sollen*, dachte ich mit einem plötzlichen Anflug von Bedauern. Statt der schwarz-weißen Katzenfreundin einer einsamen Singlefrau würde nun der attraktive Vorzeigemann samt zuckersüßer Bilderbuchkinder den silbernen Rahmen auf dem aufgeräumten Schreibtisch zieren. So allerdings hatte ich mich gleich geoutet. Auch wenn es sich wie ein Verrat an meiner haarigen besten Freundin anfühlte: *Niemand, der ein* echtes *Leben hat, stellt sich ein Katzenfoto neben den Bildschirm.*

Nüchtern setzte ich mich an meinen Schreibtisch und zog für Frau Garcia Fernandez den Besucherstuhl heran: »Dann wollen wir mal.«

Die nächste Stunde verbrachte ich damit, die neue Kollegin in die Gepflogenheiten des Ordnungsamtes einzuweihen. Stolz präsentierte ich mein selbst entwickeltes Ablagesystem, das die Kollegen zur Weißglut und mich selbst zum Titel »Mitarbeiterin des Jahres 2015« gebracht hatte. Mit geröteten Wangen erläuterte ich Miss Rostlaube die Vorzüge der dreifachen Ablage und hatte mich fast schon mit der unerwarteten Wendung meines Arbeitstages versöhnt, als sie mir mit einem theatralischen Seufzer ins Wort fiel.

»Ui«, sagte sie mit dem strahlendsten Lächeln, das je mein Büro erhellt hatte, »das klingt aber schrecklich langweilig. Wann zeigst du mir denn die Sachen, die Spaß machen?«

»Liebe Frau Garcia Fernandez«, antwortete ich pikiert, »das *sind* die Sachen, die Spaß machen. Wenn Sie das anders sehen, ist das Ordnungsamt vielleicht nicht der richtige Arbeitsplatz für Sie!«

»Ich mach doch nur Spaß!« Die neue Kollegin lachte schon wieder. »Hast du nicht manchmal Lust, die ganzen Akten durch den Schredder zu jagen und mit Sekt und Erdbeeren an den See zu fahren?«

»Hier geht es nicht um Lust! Hier geht es um Ordnung. Um Disziplin und Pflichtbewusstsein und Zuverlässigkeit.«

Ich holte tief Luft und funkelte Frau Ich-mach-mir-die-Welt-widde-widde-wie-sie-mir-gefällt wütend an. Sie grinste immer noch.

»Und da soll mal einer sagen, ihr Deutschen hättet kein Temperament!«

Fieberhaft suchte ich nach einer schlauen Erwiderung, doch Schlagfertigkeit gehörte einfach nicht zu meinen hervorstechendsten Charaktereigenschaften. Genau in diesem Moment kam mir wie so oft der Zufall zur Hilfe. Mit einem schrillen Kreischen, das selbst die neue Kollegin erschreckt zusammenzucken ließ, unterbrach der Feueralarm unseren Schlagabtausch.

»Was ist das?«, stotterte Maria irritiert.

»Das ist die Willkommenssirene. So begrüßen wir neue Kollegen.«

»Feueralarm! Alle raus hier!«, schallte es durch den Flur. »Das ist keine Übung.«

Zielstrebig zog ich den Notfallordner aus dem überquellenden Aktenschrank und fand unter »E« wie »Evakuierung«, was ich gesucht hatte. *Bloß gut, dass* ich *nicht an den See fuhr, sondern meine Unterlagen in Ordnung hielt!* Triumphierend fischte ich den offiziellen Fluchtplan aus seiner Klarsichthülle. Und erwischte Frau Garcia Fernandez dabei, wie sie völlig unorganisiert durch die Tür verschwinden wollte.

»Halt, wo wollen Sie denn hin? Ich hab hier den Evakuierungsplan!«

»Ich brauche keinen Plan!« Zum ersten Mal an diesem Tag klang Maria verstimmt. »Ich finde den Ausgang wohl noch allein.«

»Ich finde den Ausgang auch allein!« Was bildete sie sich eigentlich ein? »Aber zu einer echten Evakuierung gehört ja wohl etwas mehr als das!«

Unschlüssig stand die neue Kollegin in der geöffneten Bürotür. Der Alarm schrillte noch immer ohrenbetäubend. Durch die geöffneten Lamellen sah ich, wie sich die Kollegen nach und nach auf dem Hof neben den Müllcontainern einfanden. *Typisch!* Der offizielle Versammlungspunkt befand sich gut zwanzig Meter weiter in Richtung Parkplatz. Aber darum würde ich mich später kümmern. Jetzt konsultierte ich erst einmal den Evakuierungsplan.

»Erstens: Ruhe bewahren!«, las ich laut vor.

Ruhig war ich. Also weiter mit Punkt zwei: »Prüfen Sie mit dem Handrücken die Temperatur der Bürotür, um sicherzustellen, dass der Flur feuerfrei und das Öffnen der Tür ungefährlich ist.«

Ein schneller Blick auf die immer ungeduldiger wirkende Maria und die längst geöffnete Tür verriet mir, dass unmittelbar vor meinem Büro derzeit keine Feuersbrünste wüteten.

»Können wir jetzt endlich gehen?« Miss Rostlaube scharrte buchstäblich mit ihren hochhackigen Hufen.

»Sie haben Glück!«, verkündete ich feierlich. »Das ist der nächste Punkt auf der Liste. ›Verlassen Sie ruhig, aber zügig das

Gebäude und begeben Sie sich auf dem kürzesten Wege zum nächstgelegenen Versammlungspunkt.‹«

»Na endlich!«

Wie ein junges Pferd stob Maria davon. Betont lässig stellte ich den Notfallordner zurück an seinen Platz, fuhr den Computer herunter und schaltete das Licht aus. 1836 Kilowattstunden pro Kopf und Jahr – die systematische Stromverschwendung des Durchschnittsdeutschen war mir schon lange ein Dorn im Auge. Prüfend ließ ich meinen Blick durch den Raum schweifen und zögerte. Von Miniatur-Gartenzwergen und Katzenfotos war im Notfallplan nicht direkt die Rede gewesen. Andererseits war weit und breit niemand mehr im Gebäude, der mich für die illegale Evakuierung nutzloser Dekogegenstände hätte belangen können. Kurzentschlossen packte ich also die arglosen Zwergenfiguren und das Minka-Bild in meine Handtasche, in deren Untiefen der zusätzliche Ballast ohnehin nicht weiter auffallen würde. Dann griff ich nach meiner Jacke, die ich wohl weder im brennenden Haus noch auf dem sommerlichen Hof besonders dringend brauchen würde, und verließ endlich das Büro. Ich schloss sorgfältig die Tür hinter mir. Im Flur sog ich witternd die Luft ein – von Rauch keine Spur. Schon jetzt bereute ich, mir keine Arbeit mitgenommen zu haben. Untätig auf dem Hof zu stehen, während drinnen die Aktenberge wuchsen, war nun wirklich nicht meine Art.

Im Innenhof der Stadtverwaltung empfingen mich gleißender Sonnenschein und fröhliches Vogelgezwitscher, das an Pietätlosigkeit nur noch von der ausgelassenen Stimmung der versammelten Kollegen überboten wurde. *Hauptsache, ihr habt Spaß*, dachte ich bissig. *Wen kümmert's schon, dass wir gerade abbrennen?* Stur stapfte ich an der aufgeregten Menschentraube vorbei, die sich bereits wieder um Frau Ich-finde-den-Ausgang-allein geschart hatte, und stellte mich vorbildlich direkt neben das grün-weiße Schild des Versammlungspunktes. *Ordnung muss sein!* Ich hoffte inständig, dass die Feuerwehrleute das auch so sahen und nur mich retten würden, wenn es hart auf hart kam. Meine ungeliebte Stimme der Vernunft, die an diesem Tag unerklärlicherweise mit spanischem Akzent sprach, erklärte mich einmal mehr für verrückt.

»Komm doch rüber!«, rief Uwe kopfschüttelnd. »Wir sind alle hier!«

»Das sehe ich. Ihr steht da falsch!«

»Emu hat recht«, sagte ausgerechnet Maria und gesellte sich zu mir neben das Schild.

Kichernd folgten ihr die Kollegen. Wie willenlose Zombies. Was so ein bisschen Akzent und ein kurzer Rock alles ausmachten!

»Emu ist gut!«, lobte Herr Krause aus dem ersten Stock, der auf seinem Weg durchs Gebäude sonst nicht einmal grüßen konnte. »Wie diese unförmigen Vögel mit dem dümmlichen Gesichtsausdruck.« *Ob es wohl als Notwehr durchgeht, wenn ich ihn jetzt würge?*, dachte ich boshaft.

Drinnen verstummte endlich der schrille Alarmton, der bis auf den Hof hörbar gewesen war. Die Vögel sangen gleich noch lauter, als wollten sie um jeden Preis die plötzliche Stille ausfüllen. Selbst die Sonne schien an Kraft zuzulegen. Sie sollte das Einzige bleiben, was an diesem Tag bei der Stadtverwaltung brannte.

»Fehlalarm!«, verkündete ein Feuerwehrmann in voller Montur, nachdem wir noch eine Weile unschlüssig am Versammlungspunkt gewartet hatten. »Sie können wieder zurück in Ihre Büros gehen.«

»Na endlich!«

Ich widerstand dem Drang, den Mann in Uniform nach seiner Einstellung zu ungemachten Betten zu fragen, und machte mich auf den Weg zu meinem Arbeitsplatz. Vielleicht würde ich die geretteten Mini-Zwerge zurück auf ihren Platz auf der Fensterbank stellen können, bevor ihr unerlaubtes Fehlen einem der Kollegen auffallen würde.

Schnell war in meinem Büro wieder Normalität eingekehrt. Maria, deren Anwesenheit ich schon fast verdrängt hatte, stieß zu mir, als ich gerade meine To-do-Liste für die kommende Woche auf den neuesten Stand brachte.

»Das war ja aufregend!«, stöhnte sie theatralisch und rieb sich, meinen vorwurfsvollen Blick gekonnt ignorierend, die nackten Füße. Ihr so verführerisches wie unpassendes Schuhwerk hatte sie auf dem Weg zum Schreibtisch lässig von sich gekickt und mitten in meinem Büro seinem Schicksal überlassen. Schon toll, wie schnell sie sich eingelebt hatte.

»Mm-hm«, brummte ich zustimmend, den Blick demonstrativ auf meine Unterlagen geheftet.

Unbeirrt griff die neue Kollegin nach ihrer Handtasche, um minutenlang geräuschvoll darin zu wühlen. Endlich hatte sie gefunden, wonach sie gesucht hatte. Unter dem nervtötendsten Geknister der Weltgeschichte riss sie eine Tüte auf, griff hinein und stopfte sich gleich eine ganze Handvoll des Inhalts in den Mund.

»Gummibärchen?«, fragte sie kauend und stieß mir die geöffnete Tüte so tief ins Gesicht, dass ich die Süßigkeit genauso gut direkt hätte inhalieren können.

Ich zog meine Nase aus der Tüte, murmelte ein bewusst unfreundliches »Dankeschön« – nicht, dass sie sich einbildete, wir wären jetzt Freundinnen – und nahm mir ein gelbes Gummibärchen.

»Ich mag die roten am liebsten«, erklärte sie fröhlich. »Und du?«

Was für ein absurdes Thema! Als ob wir nichts Wichtigeres zu tun hätten.

»Ich mag alle gleich gern.«

Etwas widerwillig nahm ich das nächste gelbe Bärchen aus der angebotenen Tüte. Nur zu gern hätte ich meinem unerwünschten Anhängsel weiter die kalte Schulter gezeigt. Aber wenn Fruchtgummi im Spiel war, konnte ich einfach nicht widerstehen. Schon wanderte Gummibärchen Nummer drei in meinen Mund. Es war ebenfalls gelb und sah seltsam entstellt aus. Ich verstand es als einen Akt der Menschlichkeit, das Bärchen schnell und schmerzlos aufzuessen.

»Wieso isst du dann nur gelbe?«, fragte Frau Garcia Fernandez amüsiert.

Verständnislos sah ich sie an. Ein winziger Rest der weitgehend erlösten Süßigkeit hatte sich hartnäckig an einem meiner Backenzähne festgeklammert.

»Wenn du doch alle gleich gern magst, warum isst du dann doch nur gelbe?«

»Ich esse nicht *nur* gelbe. Ich esse *zuerst* die gelben. Dann kommen die grünen, dann die orangefarbenen und roten und zum Schluss die weißen.«

Maria sah mich an, als wäre ich nicht ganz bei Trost: »Ernsthaft? Und worauf beruht dein Farbkonzept?«

Ungeduldig nahm ich mir ein letztes gelbes Bärchen und wandte mich wieder meiner Arbeit zu.

»Das ist kein Farbkonzept, ich gehe da nach dem Alphabet. Irgendeine Reihenfolge muss man schließlich befolgen. Und jetzt muss ich noch was tun!«

Dass für meine Bürogenossin das Thema noch lange nicht durch war, war ihr deutlich anzumerken. Doch sie war klug genug, sich jede weitere Bemerkung zu verkneifen und sich endlich wieder auf den eigentlichen Zweck ihrer Anwesenheit zu besinnen. So hangelten wir uns zielstrebig in Richtung Feierabend. Erst als ich den Computer heruntergefahren hatte und mit einem letzten Blick auf die sonnenbadenden Müllcontainer den Lamellenvorhang schloss, meldete Maria sich wieder zu Wort.

»Und, was machst du am Wochenende? Hast du was Schönes vor?«

»Allerdings!«, prahlte ich. »Jede Menge. Ich putze meine Fenster, mache den Schrebergarten schön und dann wasche ich mein Auto ...«

»Ich meinte ›was Schönes‹«, unterbrach mich die Neue mit Nachdruck, während sie endlich wieder in ihre vernachlässigten Stöckelschuhe schlüpfte. »Etwas, was Spaß macht. Irgendwas Verrücktes. Man muss doch auch mal über die Stränge schlagen!«

Wie von der Tarantel gestochen fuhr ich herum. Was wollten die eigentlich alle von mir?

»Kennen Sie einen Mittel-Mann namens Dr. Blödmann? Sieht aus wie eine Echse und guckt beim Denken wie ein Hund.«

»Ich verstehe nicht ...«

Maria wirkte sichtlich verwirrt.

»Ach nichts«, sagte ich leichthin und zwängte mich an ihr vorbei in Richtung Tür. »Ich dachte nur. Weil ihr beide ähnlich tolle Ratschläge gebt.«

Ich schlüpfte aus meinem Büro, schlug der sprachlosen Frohnatur die Tür vor der Nase zu und genoss das Gefühl, einen – für meine Verhältnisse – dramatischen Abgang hingelegt zu haben. Mann, was hatte ich wieder viel Spaß!

# Männer – und was alles schiefgehen kann

Minka empfing mich divamäßig im Bett. Mit elegant übereinandergeschlagenen Vorderpfötchen ließ sie voller Gnade meine Streicheleinheiten über sich ergehen. Dass sie nicht den ganzen Tag untätig in den Federn gelegen hatte, bewies die abgewickelte Rolle Toilettenpapier, die auf mysteriöse Weise vom Bad durch den gesamten Flur bis ins Wohnzimmer gerollt war. Auch die Katze konnte sich die mal mehr, mal weniger zerfetzte Papierspur nicht erklären und nahm schon meine harmlose Nachfrage zum Anlass für einen beleidigten Augenaufschlag. Zähneknirschend beseitigte ich das Klopapiermassaker und hängte unter den aufmerksamen Blicken meiner Mitbewohnerin eine frische Rolle in die Halterung. Erst kürzlich hatte ich gelesen, dass jeder Deutsche in seinem Leben im Schnitt 3651 Rollen Toilettenpapier verbraucht. Falls es nicht zusätzlich eine Statistik für den Pro-Kopf-Verbrauch einer durchschnittlichen Bundeskatze gab, von der ich nichts wusste, wagte ich zu bezweifeln, dass unsere kleine WG damit auskommen würde.

Um Punkt 14 Uhr nahm ich das schnurlose Telefon in die Hand und machte es mir auf dem Sofa bequem. Minki bewies einmal mehr, dass auch sie die Uhr lesen konnte. Gähnend torkelte sie aus dem Schlafzimmer, nur um sich am Fußende meiner Couch erneut zu einem trägen Bündel Süßheit zusammenzurollen. Kein Zweifel, wer von uns beiden da wohl den härteren Arbeitstag hinter sich hatte.

Es wurde eine Minute nach zwei. *Komisch.* Wie gebannt starrten Minka und ich zwischen dem Sekundenzeiger der Wanduhr und dem schweigenden Telefon hin und her. Schon war die nächste Minute verstrichen. Ich fing bereits an, mir Sorgen zu machen, als der Apparat endlich klingelte.

»Mensch Tine, wo bleibst du denn? Ich dachte schon, es wär was passiert!«, rief ich in den Hörer.

Meine beste Freundin klang gehetzt: »Tut mir leid. Lina hat sich Kaugummi in die Haare geklebt und ihr Bruder wollte ihr gerade den Kopf mit Reinigungsbenzin waschen.«

»Die wissen doch, dass wir jeden Freitag um 14 Uhr telefonieren«, sagte ich verständnislos.

»Erika, das sind Kinder!«

Ich fand das eine äußerst schlechte Ausrede. Schließlich war ich auch mal ein Kind gewesen.

»Ich hätte so was nie gemacht!«

»Nein, du nicht. Normale Kinder schon.«

Ob die siebenjährige Lina und der fünfjährige Lukas *normale* Kinder waren, hing wahrscheinlich von der Definition des Wortes ab. Ich hatte da so meine Zweifel – und ich war der mit Abstand *normalste* Mensch, den ich je kennengelernt hatte. Dankbar kraulte ich meinem Kätzchen den Kopf und wurde mit einem rhythmischen Schnurren belohnt. Bloß gut, dass *mein* Kind da mehr nach seiner Mutter kam. Die Klopapieraffäre ignorierte ich in diesem Moment voller positiver Schwingungen wohlwollend.

»Und, bist du schon aufgeregt?«, unterbrach Christine meine Gedanken.

»Ich sterbe vor Aufregung«, gestand ich. »Weiß gar nicht, welcher Teufel mich da geritten hat. Ich und ein Date. Mit dem Thema Partnersuche sollte ich ja wohl endlich durch sein, oder?«

»Hier wird nicht gestorben!«, bestimmte meine Freundin resolut. »Und suchen muss man eben so lange, bis man was gefunden hat.«

Sie hatte leicht reden. Tine war quasi schon als Ehefrau auf die Welt gekommen. Zumindest war sie mit ihrem Holger, den sie während ihrer Ausbildung zur Arzthelferin kennengelernt hatte, nun schon mehr als die Hälfte ihres Lebens zusammen. Sie hatte seinen gebrochenen Arm versorgt und er ihr gebrochenes Herz: Nur einen Abend vor ihrem ersten Zusammentreffen hatte Christines Jugendliebe sie wegen einer acht Jahre älteren Gewichtheberin verlassen. In zwei Jahren würden Herr und Frau Wie-füreinander-geschaffen ihre Silberhochzeit feiern – der Saal war bereits gemietet.

Und so kam es, dass Tine ihre ganze unverbrauchte Zeit und Energie in Sachen Partnersuche auf mich projizierte. Immer wieder schaffte sie es, mich zu den abstrusesten Aktionen und Dates zu überreden. Nur einmal hatte ich bisher gestreikt. Die Idee, eine Castingaktion mit dem Titel »DSDMM« – Deutschland sucht den Mustermann – ins Leben zu rufen, schien mir dann doch etwas übertrieben. Wobei ich bis heute die Hoffnung hege, dass der Vorschlag ohnehin nur ein schlechter Scherz gewesen war.

Ein leiser Nieser meiner Katze holte mich zurück in die Gegenwart.

»Als ob du außer deiner Brille schon jemals etwas hättest suchen müssen«, wies ich meine Freundin am anderen Ende der Leitung zurecht.

Minka erhob sich gähnend vom Fußende der Couch, streckte sich so hingebungsvoll, dass ihr fast die Augen aus dem Kopf traten, drehte sich fünfmal um die eigene Achse – und rollte sich genüsslich wieder ein. Von ihr war offensichtlich keine Unterstützung zu erwarten. Dann musste Tine jetzt ran.

»Du kannst mir helfen. Bei der Liste.«

»Welche Liste?«

Christine klang argwöhnisch. Ich wusste schon jetzt, wie sie reagieren würde, und schämte mich etwas.

»Na ja, ich mach mir ja manchmal Listen ...«, begann ich etwas unbeholfen.

»Was du nicht sagst!«, kommentierte meine Freundin.

»... und da habe ich gedacht, es könnte nicht schaden, mich etwas auf heute Abend vorzubereiten. Also habe ich eine Liste mit möglichen Gesprächsthemen erstellt. Nur für den Fall ...«

Ich fühlte mich seltsam angestarrt und blickte irritiert zur Seite. Minka fixierte mich herausfordernd mit ihren grünen Katzenaugen. *Es lebe die Spontaneität*, sagte ihr Blick.

»Ich bin eben nicht besonders unterhaltsam, wenn ich nervös bin«, sagte ich entschuldigend halb zu meiner Katze, halb zu meiner Freundin am anderen Ende der Leitung.

»Ach was, das meinst du nur!«, widersprach Letztere tröstend. Sie war eine schlechte Lügnerin.

»Was steht denn so auf deiner Liste?«

Geräuschvoll kramte ich einen handgeschriebenen Zettel unter den Frauenzeitschriften auf dem Wohnzimmertisch hervor. Queen Minka fühlte sich sichtlich gestört und schnaufte vielsagend.

»Punkt eins: Schönheitsoperationen«, las ich laut vor.

Christine hüstelte. Das Kätzchen stand unvermittelt auf, sprang vom Sofa und verschwand durch die angelehnte Wohnzimmertür in Richtung Küche. *Hatte sie etwa gerade die Augen verdreht?*

»Wie kommst du denn auf das Thema?«, fragte meine Freundin entgeistert.

»Darüber habe ich gerade etwas in einer Illustrierten gelesen. Das ist wirklich spannend!«

»Du verbringst zu viel Zeit mit diesen Frauenblättern.«

»37 Minuten am Tag. Das ist ganz normal«, stellte ich fest.

»Stoppst du etwa die Zeit?«

»Punkt zwei: Organspenden.«

»Ich fühle mich ignoriert.«

»Das bildest du dir ein. Punkt drei: Globale Erwärmung.«

»Meine Güte. Wird bestimmt ein fröhlicher Abend.«

»Das muss er abkönnen. Über das Wetter kann ich auch mit Minka sprechen.«

»Wenn du meinst ...«

»Punkt vier: Patientenverfügungen.«

»Also wirklich!«

»Was denn? Ich rede gern über Patientenverfügungen.«

»Du wolltest doch meinen Rat, oder? Dann rate ich dir eines: Wenn er nach *dem* Gespräch nicht schreiend wegläuft, schlepp ihn nach Las Vegas und heirate ihn!«

»Ernsthaft?«

»Ernsthaft.«

»Vielleicht sollte ich nicht gehen. Ich hab schon den ganzen Tag so ein Kratzen im Hals ...«

»Gib mir Minka mal!«

»Die ist nicht da.«

»Sag ihr, ich komme und nehme ihr das Futter weg, wenn sie dich nicht zu deinem Date zwingt.«

»Das ist Erpressung. Sie könnte dich anzeigen.«

»Ich lass es darauf angekommen! Sie ist eine Katze. Die haben weder Ahnung von Gesetzen noch Geld für einen Anwalt.«

»Gutes Argument«, gab ich widerwillig zu.

»Mal im Ernst: Du gehst da hin und hast Spaß! Sonst bin ich nicht mehr deine Freundin.«

»Du bist so erwachsen«, sagte ich sarkastisch, »das mag ich am liebsten an dir.«

»Ich weiß. Und jetzt wirf die Liste weg und lass es auf dich zukommen. Du bist doch nicht blöd. Dir wird schon ein spannendes Thema einfallen.«

»Wusstest du, dass es eine Spinnenart gibt, deren männliche Exemplare beim Sex ihren Penis abwerfen?«

»Erika!«

»Siehst du? Ich rede nur Quatsch.«

»Tust du nicht. Sei einfach du selbst. Und jetzt muss ich weitermachen. Genieß den Abend. Was soll denn schon passieren?«

»Was da passieren soll? Leidest du an Gedächtnisverlust?«, fragte ich mit sich überschlagender Stimme.

Doch Christine hatte schon aufgelegt. Typisch.

Aufgewühlt legte ich das Telefon auf den Couchtisch und wollte gerade nach meiner Katze rufen, als sie sich wieder zu mir ins Wohnzimmer gesellte. Zielstrebig hielt sie auf das Sofa zu, sprang lautlos ab und schaltete noch im Flug den Motor an. Laut schnurrend landete sie auf meinem Schoß.

»Hast du das gehört?«, fragte ich sie fassungslos. »Christine meint, bei meinem Date könnte gar nichts passieren.«

Minka grinste albern. Glaube ich. So genau konnte ich das von meiner Position aus nicht sehen. Auf jeden Fall hatte sie recht. Wenn *ich* mich auf Partnersuche begab, konnte *alles* passieren. Etwas hektisch streichelte ich ihr schwarz-weißes Fell, während sich die Erinnerungen aus dem Exil-Bereich meines Gedächtnisses ihren Weg in mein Bewusstsein drängten.

Da war Hannes, den ich auf dem Oktoberfest kennengelernt hatte. Er hatte den jährlichen Bier-pro-Kopf-Verbrauch des Bundesbürgers von 115,8 Litern mühelos bei unserem ersten und einzigen Date verzehrt. Zumindest war er nicht weit davon weg gewesen. Mit jedem Glas hatte sich der schüchterne Verwaltungsfachangestellte weiter in einen grölenden, lallenden Grobian verwandelt. Er erinnerte mich an den Artikel über Fruchtfliegen, den ich kürzlich gelesen hatte: Studien zufolge trinken männliche Fruchtfliegen mehr Alkohol, wenn sie keinen Erfolg bei den Weibchen haben.

Als die Konzentration an Fremdschämen endgültig ein Maß jenseits des Erträglichen erreicht hatte, war ich beim Nasepudern durch die Hintertür verschwunden und mit dem Taxi in die männerlose Sicherheit meiner Singlewohnung geflüchtet. Es hatte Wochen gedauert, bis Hoch-die-Tassen-Hannes aufhörte, mir allabendlich die Mailbox vollzuheulen.

Der nächste Anwärter auf den – gar nicht *so* heiß begehrten – Titel »Mustermann des Jahres« war Tobias gewesen. Nach dem Reinfall mit meiner bierseligen Wiesn-Bekanntschaft hatte ich dazugelernt und mir ein Date mit etwas mehr Niveau angelacht. Monatelang waren Christine und ich, gemeinsam mit den 54 kulturliebenden Prozent der Deutschen, an jedem freien Abend zu Vernissagen, Konzerten und Museumsnächten getingelt. Von wegen Zielgruppe und so ... Schließlich, das war mir irgendwann aufgegangen, war es wohl ziemlich naiv, den intellektuellen Traummann jeder Musterfrau ausgerechnet an der Bierbude des größten Saufgelages der Nation zu vermuten. Frei nach dem Motto »Wenn der Prophet nicht zum Berg kommt ...« hatten wir uns also bei der Suche nach einem gebildeten, gut aussehenden, redegewandten Mann auf unbekanntes Terrain begeben – und Tobias gefunden. Als Professor für Philosophie hatte er mich am Abend unseres Kennenlernens restlos begeistert. Mit einer Leidenschaft, die ich mir selbst ebenso wenig zugetraut hätte wie einem Universitätsprofessor, diskutierten wir über das Leben, die Liebe und andere Dinge, an die ich mich schon am nächsten Morgen nicht mehr genau erinnern konnte. Ob das an der Macht der Emotionen oder am Prosecco lag, den ich mir aus Angst vor einer sofortigen Enttarnung als biertrinkende Durchschnittsfrau hatte aufschwatzen lassen, war mir nicht ganz klar. Jedenfalls hatte es sich angefühlt wie ein Lottogewinn, als Tobias mich für das kommende Wochenende in ein teures französisches Restaurant in der Innenstadt einlud.

Ich kaufte mir ein neues Kleid und legte das sündhaft teure Schmuckset an, das ich mir als Trost für die Pleite mit Hannes gekauft hatte. Da Minka darauf bestand, mein Outfit mit ihrer obligatorischen Haar-Panade abzurunden – und ich mir ebenso fest vorgenommen hatte, zur Abwechslung darauf zu verzichten –, hatte ich unmittelbar nach Anlegen meines Kleides fluchtartig die Wohnung verlassen. Schon lange vor der vereinbarten Uhrzeit war ich zu dem Treffpunkt gelaufen, an dem mein Date mich abholen wollte. Es war Winter. Bei Temperaturen um den Gefrierpunkt wartete ich bibbernd auf Tobias. Der Wind war so eisig, dass ich mir ernsthafte Sorgen um meine frisch getuschten Wimpern machte. Meine neue Mascara war zwar wasserfest, aber allem Anschein nach nicht frostsicher. Mit jedem Augenzwinkern schienen die feuchten Wimpern stärker miteinander zu verkleben. Ich stellte mir gerade vor, wie sie bei der kleinsten Berührung in Tausende Eiskristalle zerspringen würden, als der attraktive Mittvierziger mit seinem schwarzen Audi vorfuhr. Auf dem Fahrersitz prangte ein Schonbezug. Darauf lag, Sie ahnen es sicher bereits, ein sorgfältig ausgebreitetes Handtuch. Es war, als hätte ich ein Date mit meinem Vater.

*Sei nicht so voreilig!*, ermahnte ich mich selbst. *Er ist eben sehr ordentlich. Und Ordnung ist das halbe Leben.* Jetzt klang ich auch noch wie meine Mutter. *Grandios.*

Bevor ich auch nur den Griff der Autotür berührt hatte, war Tobias schon aus dem Wagen gesprungen und um das Fahrzeug herumgelaufen, um mir schwungvoll die Beifahrertür zu öffnen.

»Du siehst bezaubernd aus«, sagte er und küsste mich auf die Wange.

*Bezaubernd.* So hatte mich nun wirklich noch nie jemand genannt. Ich spürte, wie mir das Blut ins Gesicht stieg und die gefrorenen Wimpern auftaute. Beschwingt stieg ich ins Auto. Selbst der Schonbezug war für den Moment vergessen.

Wir fuhren schweigend durch den Winterabend. Am Restaurant angekommen, sprang mein Begleiter aus dem Auto, öffnete mir galant die Beifahrertür und führte mich zu dem von prachtvollen Kerzenleuchtern flankierten Eingang. Ich fühlte mich wie eine Königin. Bis wir an unserem festlich gedeckten Tisch Platz genommen hatten.

Die Speisekarte war auf Französisch und hatte keine Preisangaben. Gut, wir waren in einem französischen Restaurant – aber musste das wirklich automatisch heißen, dass man sein Essen nach dem Zufallsprinzip auswählte und beim Bezahlen ein Sauerstoffzelt benötigte? Verstohlen schielte ich über den Rand meiner Speisekarte hinweg auf Tobias, der nicht im Geringsten verunsichert schien. Der Kellner, ein befrackter Pinguin mit Halbglatze, brachte Champagner. *Wann hatten wir den denn bestellt?* Ich sehnte mich nach einem ordentlichen Weißbier. *Oder von mir aus auch 'ner Cola!*

»Nun denn«, sagte mein Gegenüber.

Feierlich ergriff er sein Glas, um mit mir anzustoßen. Ich hüstelte, während ich ebenfalls die Hand nach meinem Champagner ausstreckte. Wer sagte denn schon »Nun denn«? Mit einem stimmungsvollen Klirren trafen sich unsere Gläser.

»Auf uns«, hauchte Tobias.

Ich lächelte gekünstelt. *Was für ein Uns?*, dachte ich irritiert. Das ging mir jetzt alles irgendwie zu schnell. Tapfer nippte ich an meinem Champagner. Er schmeckte wie Essig. Ich hoffte inständig, dass man von außen nicht sehen konnte, wie sich das Innere meines Mundes bei dem trockenen Gesöff zusammenzog, und konzentrierte mich wieder auf die Speisekarte. Ob es wohl Schweinsbraten mit Knödeln gab? Ich hatte keine Ahnung, was

Schweinsbraten auf Französisch hieß. Oder Haxe. Oder zur Not ein paar schnöde Nudeln mit Tomatensauce. Ich beschloss, Google zu Rate zu ziehen.

»Ich geh mich mal etwas frischmachen«, murmelte ich entschuldigend.

Ich griff nach meiner Handtasche und verschwand fluchtartig auf die Toilette. Untermalt von den feinperligen Klängen eines klassischen Klavierkonzertes zückte ich mein sonst so hilfsbereites Smartphone. *Kein Empfang.* »Nur Notruf möglich«, sagte das Display. Genau genommen *war* das ja ein Notfall! Aber ob das die Notrufzentrale auch so sehen würde? Frustriert steckte ich das Handy zurück in meine Tasche. Den Notruf, das hatte Mama mir oft genug eingebläut, wählte man nur, wenn man mindestens kurz vorm Abkratzen war. Ich kontrollierte meine Frisur, legte etwas Lippenstift nach und wusch mir die Hände. Genauso ratlos wie vorher begab ich mich zurück an unseren Tisch.

»Ich habe uns einen Châteauneuf-du-Pape bestellt«, berichtete Tobias.

Messerscharf kombinierte ich, dass es sich um den Wein handelte, der bereits serviert worden war. Ich ahnte Böses. *Châteauneuf-du-Pape* – das klang nicht nur sehr französisch und sehr teuer, sondern auch furztrocken. Ich hasste trockenen Wein. Unter den forschenden Blicken meines Begleiters kostete ich einen Schluck des edlen Tropfens. Er war pipiwarm, schmeckte nach Seife und hinterließ ein unangenehm pelziges Gefühl auf meiner Zunge. Als wäre etwas Flauschiges in meinem Mund gestorben.

»Und?«, fragte Tobias selbstzufrieden, als hätte er den Wein eigenhändig hergestellt.

Die deutliche Entgleisung meiner Gesichtszüge war ihm offenbar entgangen.

»Schöne rote Farbe«, lobte ich unbeholfen.

Etwas anderes Positives wollte mir zu seinem sauren *Châteauneuf-du-Spülwasser* beim besten Willen nicht einfallen. Bitte wie kam der Durchschnittsdeutsche bei so einer Brühe auf einen Jahresverzehr von 24,3 Litern Wein?

»Brauchen Sie etwas?«, fragte der glatzköpfige Pinguin. Vielleicht war ihm im Gegensatz zu meinem Begleiter mein unglücklicher Gesichtsausdruck aufgefallen.

*Etwas Zucker und ein Eiswürfel wären toll!*, dachte ich sarkastisch.

»Wir würden nun gern unser Essen bestellen«, antwortete Tobias.

*Würden wir das?* Ich hatte noch immer keine Ahnung, was ich essen sollte.

»Sehr gern«, bestätigte der Befrackte mit einer kleinen Verbeugung und sah mich fragend an.

»Die Dame isst dasselbe wie ich.«

Mit offenem Mund starrte ich meinen Begleiter an. *Die Dame* sprach eigentlich ganz gern für sich selbst. Unbeirrt bestellte Tobias einige hochtrabend klingende Gerichte, die mir nicht das Geringste sagten.

»Nun denn«, sagte mein Date wieder, als der Kellner schnellen Schrittes in Richtung Küche entschwand. »Wonach steht dir der Sinn?«

*Häh? Hat der bei unserem ersten Treffen eigentlich auch so geklungen, als hätte er einen Stock im Arsch?*, dachte ich unfein.

»Schön hier«, sagte ich wenig geistreich.

»Ich weiß«, bestätigte Tobias, »das hat bisher noch allen gefallen.«

Fassungslos japste ich nach Luft. Das wurde ja immer besser.

Herr Professor war ganz in seinem Element. Mit einem Lächeln, das wahrscheinlich verführerisch wirken sollte, lehnte er sich vor und griff nach meiner Hand. Seine Haut war kalt und fühlte sich an wie ein toter Fisch. Was war nur aus meinem attraktiven Lottogewinn geworden? *Mann, was musste ich betrunken gewesen sein.*

»Du erinnerst mich an etwas«, säuselte Prince Gar-nicht-mehr-so-Charming gerade.

*Jetzt kam das wieder.* Doch er wollte auf etwas anderes hinaus.

»An ein Gefühl. Sommermorgen. Oder warte ... es ist Frühlingserwachen. Das ist es! Du fühlst dich an wie Frühlingserwachen.«

*Ehrlich?*, dachte ich böse. *Du fühlst dich an wie Zahnschmerzen. Oder warte ... es ist Magen-Darm!* Der Gedanke, mit dem Gesicht über der Kloschüssel zu hängen, fühlte sich im Vergleich zu diesem Date plötzlich regelrecht erstrebenswert an. Da wusste ich, dass ich gehen musste. Sofort. Ich brauchte eine Ausrede!

»Ich muss dir etwas gestehen«, platzte ich heraus, ohne viel nachzudenken. »Ich bin verheiratet.«

»Das macht doch nichts.« Der tote Fisch legte sich noch enger um meine Hand. »Ich auch.«

Mein Gott. Wo war eine Ohnmacht, wenn man sie brauchte?

»Stimmt was nicht, Zuckerchen?«

»Mit *mir* ist alles Ordnung«, sagte ich bedeutungsschwer und stand so abrupt auf, dass mein Stuhl laut scheppernd zu Boden fiel.

Genau in diesem Moment brachte der Pinguin die Vorspeise. Blasse, kunstvoll in einem Kreis angeordnete Leichenteile, die aussahen wie die unteren Körperhälften von Synchronschwimmerinnen. *Froschschenkel!* Gut, dass ich sowieso gerade gehen wollte.

»Packen Sie die Kröten doch bitte ein. Für seine Frau. Mrs. Charming hat bestimmt auch noch nichts gegessen«, wies ich den verdutzten Kellner an.

Und dann, an Tobias gerichtet: »Danke für das Spülwasser. Zuckerchen muss jetzt los.«

Bevor er etwas erwidern konnte, hatte ich mich auf dem Absatz umgedreht und die Flucht ergriffen.

»Nun denn«, hörte ich ihn noch sagen, bevor ich durch die Ausgangstür verschwand, »zahlen, bitte!«

Ich war mir nicht sicher, ob ich lachen oder weinen sollte.

Während ich im Geiste eines der schlimmsten Dates meines Lebens noch einmal erlebt hatte, war Minka selig auf meinem Schoß eingeschlafen. Um sie herum hatten sich ausgestreichelte Fellberge in der Größe eines Meerschweinchens angesammelt. Ein Blick auf die Uhr zeigte mir, dass noch genügend Zeit blieb, um das eine oder andere Fenster zu putzen. Sanft schob ich die Katze von meinem Schoß, um aufzustehen. Minka kommentierte die erzwungene Positionsveränderung mit einem genervten Blick aus halb geöffneten Augen, bevor sie es sich in meiner vorgewärmten Sitzkuhle auf dem Sofa bequem machte und genüsslich zurück ins Reich der Träume abtauchte.

Nach exakt 62 Minuten Hausarbeit hatte ich mein statistisches Tagessoll erfüllt und war bereit, mich anderen Dingen zu widmen. Ich holte mein Strickzeug hervor, das noch von meiner Oma stammte, und arbeitete eine Weile an meinen Weihnachtsgeschenken für Tines Kinder Lina und Lukas. Eigentlich hatte ich ihnen Topflappen häkeln wollen. Für meine berühmten Klopapierrollenhüte mit Bommeln waren sie wohl noch zu jung, das sah ich ein. Doch mit Topflappen konnte man nicht früh genug anfangen.

»Jugend schützt vor Hitze nicht!«, hatte ich argumentiert, als Christine meinen Vorschlag etwas unsanft abgeschmettert hatte.

»Was sollen Kinder denn mit Topflappen?«, hatte sie gefragt.

Ich fand die Frage an sich schon relativ einfältig und ließ mich nur zu einer Antwort herab, weil sie es wahrscheinlich nicht besser wissen konnte. In ihrem Elternhaus hatte es eine Haushaltshilfe gegeben, die auch fürs Kochen zuständig gewesen war. Kein Wunder also, dass meine Freundin sich mit Kinderhänden und heißen Töpfen nur mäßig auskannte.

»Warte nur ab. Sie werden ihre Topflappen lieben. Und so haben sie auch gleich etwas für ihre Aussteuer.«

Tine war nicht überzeugt gewesen.

»Mützen und Schals können sie immer gebrauchen«, schlug sie stattdessen vor. »Warum strickst du ihnen nicht einfach etwas Schönes?«

Obwohl ich mich unter keinen Umständen von der essenziellen Bedeutung selbst gehäkelter Topflappen abbringen ließ, hatte ich mich schließlich ihrem Wunsch gebeugt. Und so strickte ich in meiner Freizeit flauschige Schals und passende Mützen für die Kinder: die rosafarbene Prinzessin-Lillifee-Variante für Lina und die blau-gelbe Bob-der-Baumeister-Ausführung für Lukas. Beide Mützen bekamen natürlich einen prächtigen Bommel und würden sich auch als Klorollenhüte gut machen, wenn sie den Kids nicht mehr passen würden. Der Gedanke versöhnte mich etwas.

Solange Minka geschlafen hatte, war ich mit meinen Handarbeiten gut vorangekommen. Doch jetzt war das Raubtier erwacht und hatte sich dazu entschlossen, mich mit seiner Anwesenheit zu beglücken. Mit wachsender Begeisterung wickelte meine haarige Mitbewohnerin die Wollknäuel ab, verhakte sich mit ihren messerscharfen Krallen in Linas halbfertigem Schal und riss mir schließlich bei dem Versuch, den winterlichen Accessoires ihre ganz eigene Note zu verpassen, die frisch gestrickten Maschen von der langen Holznadel. Entnervt gab ich auf und räumte die Stricksachen weg. Es war ohnehin an der Zeit, mich für mein Date fertigzumachen.

Ich legte meine Lieblings-Kuschelrock-CD auf, leerte den restlichen – lieblichen! – Rotwein vom Vortag in ein bauchiges Glas und nahm es mit ins Badezimmer. Dort kramte ich die Tuben, Tiegel und Tinkturen hervor, die ich mir als Durchschnittsdeutsche angeblich 61 Euro im Monat kosten ließ – nur um mich doch wieder für das Standardprogramm zu entscheiden.

Unter Minkas kritischen Blicken trug ich ein leichtes Abend-Make-up auf, gönnte mir einen Hauch Parfüm und legte mein nun schon traditionelles Rendezvous-Outfit aus Schmuckset und elegantem Kleid an. Nach einem letzten prüfenden Blick stellte ich mich dem unbarmherzigen Urteil meiner härtesten Kritikerin.

»Na, wie seh ich aus?«, fragte ich die Katze des Hauses.

Minka musterte mich streng vom Scheitel bis zur Sohle. Dann sah sie mir direkt in die Augen – und schüttelte fast unmerklich resigniert den Kopf.

»Das hab ich gesehen, Fräulein!«, schimpfte ich.

Unbeteiligt ließ sich das Kätzchen auf die Seite fallen und widmete sich ohne jegliche Anzeichen von Schamgefühl der Pflege ihrer intimsten Körperstellen. Ich wertete das als einen weiteren Affront.

»Sag mal, geht's noch?«, fragte ich vorwurfsvoll. »Ein bisschen mehr Unterstützung könnte wirklich nicht schaden.«

Mit einem letzten genervten Blick stand die Katze auf und überließ mich meinem gnadenlos realistischen Spiegelbild.

»Darüber sprechen wir noch!«, rief ich ihr hinterher.

Dann schnappte ich Mantel und Handtasche und nutzte die Gelegenheit, um ein weiteres Mal ganz ohne Katzenhaar-Deko zu einem vielversprechenden Date aufzubrechen.

Michael und ich hatten uns bei einem Singlekochkurs in der Volkshochschule kennengelernt. Christine, die die Idee zu der ganzen Aktion gehabt hatte und mich eigentlich begleiten wollte, hatte sich kurzfristig den Magen verdorben und mich in letzter Minute versetzt. Da ihr das vor unseren gemeinsamen »DSDMM«-Maßnahmen erstaunlich oft passierte, war ich nicht weiter überrascht gewesen. Tapfer hatte ich mich allein in den

Kochkurs gewagt – und mich zwischen lauter fachsimpelnden männlichen Möchtegern-Köchen wiedergefunden. Die anfängliche Freude darüber, hier buchstäblich die freie Auswahl zu haben, war schnell in Verzweiflung umgeschlagen. Im viel zu hellen Neonlicht der Lehrküche, das jede Problemzone – meine ebenso wie die der anwesenden Männer – gnadenlos zum Vorschein brachte, hatten sich von Anfang an zwei Gruppen gebildet.

Die attraktivere und altersmäßig eher zu meiner Zielgruppe zählende Hälfte der Teilnehmer hatte sich in einer Ecke des Raumes zusammengerottet, ohne mich auch nur eines Blickes zu würdigen. Wild entschlossen, mich nicht so schnell entmutigen zu lassen, hatte ich mich zu den Männern gesellt. Auf der langen Ablage vor ihnen hatten sie ihre mitgebrachten Profimesser ausgebreitet – und widmeten sich hingebungsvoll einer etwas abgewandelten Form des männlichen Penisvergleichs. Nach rund zwanzig Minuten Langeweile hatte die Konzentration an Profilneurosen in meiner unmittelbaren Nähe einen für mich kritischen Wert erreicht und die sofortige Flucht erforderlich gemacht. Wer nun tatsächlich den größten, stärksten, kostbarsten oder schärfsten Damaststahl besaß, bekam ich zu meinem Bedauern nicht mehr mit.

Etwas enttäuscht versuchte ich mein Glück bei der zweiten Teilnehmerhälfte. Diese bestand aus einer traurigen Ansammlung alter, ungepflegter Männer – und Michael. Michael war Anfang fünfzig, arbeitete als Industrieschlosser und entpuppte sich im Laufe des Abends als zweitschlechtester Koch der Welt. Nur mein Vater wäre wohl noch in der Lage gewesen, seine Quiche Lorraine an Ungenießbarkeit zu überbieten. So waren Michael und ich am Ende eines doch noch sehr unterhaltsamen

Abends in der nächstgelegenen Pizzeria gelandet und hatten uns vorgenommen, uns wiederzutreffen.

Entgegen meiner eigentlichen Prinzipien hatte ich Michael erlaubt, mich zu Hause abzuholen. Irgendwie erinnerte er mich an einen Hundewelpen und erschien mir als solcher harmlos genug, um meine Adresse erfahren zu dürfen. Ich hatte es mir gerade auf der kleinen Mauer vorm Haus gemütlich gemacht, wo ich auf ihn warten wollte, als er auch schon mit seinem roten Opel vorfuhr. Kein schwarzer Audi. Kein Schonbezug. Der Abend begann vielversprechend.

Gut gelaunt winkte Michael mir vom Fahrersitz aus zu. Die Mühe, auszusteigen und mir die Tür zu öffnen, machte er sich nicht. Nach der Erfahrung mit Prince Du-fühlst-dich-an-wie-Frühlingserwachen-Charming hätte er mir zur Begrüßung keine größere Freude machen können. Beschwingt ließ ich mich auf den Beifahrersitz fallen und hielt meinem Begleiter die ausgestreckte Hand hin. Mit einem schiefen Lächeln ergriff er sie und schüttelte sie steif. Dann reihte er sich in den dichten Verkehr ein.

»Ganz schön warm heute«, sagte er beiläufig.

Ich dachte an Minka und daran, was ich zu Tine gesagt hatte. Um ehrlich zu sein, sprach ich selbst mit meiner Katze nicht besonders oft über das Wetter. Da nun aber einer aktuellen Studie zufolge 34 Prozent der Unterhaltungen beim ersten Date aus Small Talk bestehen und Michael außerdem mindestens genauso nervös wie ich wirkte, verzieh ich ihm den holprigen Einstieg.

»Stimmt«, antwortete ich also brav, »morgen soll's noch wärmer werden.«

»Hab ich auch gehört«, antwortete er.

»Übermorgen wird es dann aber wieder kälter.«

Toll! Ich war auch nicht geistreicher als er.

»Ja. Stimmt.«

*Das lief ja blendend.*

»Was machst du denn so bei der Wärme?«, versuchte ich es noch einmal.

»Ich schwitze sehr schnell«, berichtete Michael und lachte gerade noch rechtzeitig, bevor ich ihn blöd finden konnte. »Aber das wolltest du jetzt wahrscheinlich nicht wissen, oder?«

»Nicht unbedingt. Ich dachte eher an Freizeitaktivitäten. Zu den Körperfunktionen komme ich in der Regel erst beim zweiten Date.«

Er lachte wieder.

»Ich wasche samstags immer mein Auto. Das klingt vielleicht komisch, aber ich kenne nichts Entspannenderes.«

»Das klingt überhaupt nicht komisch. Das ist das Vernünftigste, was ich seit Langem gehört habe«, erwiderte ich feierlich.

Als er auf den Parkplatz des neuen gutbürgerlichen Restaurants abbog, in dem er einen Tisch reserviert hatte, vergaß Michael das Blinken. Ich runzelte die Stirn und sagte nichts. *Er wusch samstags sein Auto!* Ein so toller Mann durfte auch mal eine Verkehrsregel missachten.

In der Gaststube ging es hektisch zu. Verschwitzte Bedienungen schleppten volle Bierkrüge an die rustikalen Holztische. Geschirr klapperte, ein bunt gemischtes Publikum lachte und redete wild durcheinander und an der Theke beschwerten sich die ersten Betrunkenen über zu viel Luft in ihren Gläsern.

»Bist du sicher, dass du hier essen möchtest?«, fragte mein Begleiter verunsichert.

»Gibt es hier Froschschenkel?«

»Nicht dass ich wüsste.«

»Klaviermusik auf dem Klo?«

»Eher nicht.«

»Glatzköpfige Pinguine?«

»Nein.«

»Dann ist es perfekt!«

Entschlossen schlängelte ich mich an dem verdutzen Michael vorbei zur Theke, um mich zu unserem Tisch durchzufragen. Im Laufschritt folgten wir einer drallen Blondine im Dirndl, die uns zu einem relativ ruhigen Tisch in der hintersten Ecke des Restaurants führte und uns die dicke, von einem ledernen Einband umschlossene Speisekarte reichte.

»Weißt du schon, was du trinken möchtest?«, fragte Michael.

*Ich durfte selbst entscheiden, was ich trinken wollte!* Fast hätte ich ihn geknutscht.

»Ich nehme ein großes Weißbier«, verkündete ich glücklich.

»Im Ernst? So was Normales? Ich kann uns auch einen Wein bestellen.«

»Bloß nicht!«, protestierte ich ein wenig zu vehement. »Je normaler, desto besser.«

Es war ihm deutlich anzusehen, dass er nicht so recht schlau aus mir wurde.

»Also zwei große Weißbier, bitte«, bestellte Michael.

Ich vertiefte mich in die Lektüre der Speisekarte und hatte schnell gefunden, was ich essen wollte. Entschlossen klappte ich den dicken Ledereinband zu.

»Ich nehm die Schweinshaxe.«

»Du bist echt ’ne Marke!«, lachte mein Gegenüber, als hätte ich mir einen kleinen Spaß erlaubt. »Und zum Nachtisch einen Germknödel, was?«

»Wenn dann noch was reinpasst.«

Michael musterte mich prüfend.

»Das ist dein Ernst, oder?«

»Natürlich. Ist das ein Problem?«

»Nein, nein. Es ist nur …«

»Ja?«

»Na ja. Niemand isst beim ersten Date Schweinshaxe.«

»Ach nein? Ist das gesetzlich festgelegt?«

Über den blanken Holztisch hinweg starrten wir uns an. Er verunsichert. Ich wachsam. *Jetzt schrieb mir doch schon wieder jemand vor, was ich essen sollte.*

»Ich mag Schweinshaxe.«

»Ich auch. Ich mein ja nur. Ist halt nicht gerade das romantischste aller Gerichte.«

»Mir war nicht klar, dass mein Essen romantisch sein muss.«

Etwas unsanft knallte die üppige Blondine zwei große Biergläser auf den Tisch vor uns und verschwand ebenso schnell, wie sie gekommen war. Dankbar griffen wir nach unseren Getränken, prosteten uns etwas gezwungen zu und tranken gierig. Trinken war auf alle Fälle besser als streiten. Michael vertiefte sich wieder in seine Speisekarte.

»Die haben auch Steak«, berichtete er vielsagend.

*Wie romantisch*, dachte ich sarkastisch. *Kein Vergleich zu meinem schnöden Schweinebein.*

»Schön«, kommentierte ich einsilbig.

»Und Geflügel.«

»Herzlichen Glückwunsch.«

Es war Freitag. Freitags aß ich Schweinshaxe. So einfach war das. Ich würde mich ganz sicher nicht dafür rechtfertigen, dass ich typisch deutsches Essen mochte. Im Übrigen hatte ich gerade erst gelesen, dass jeder Deutsche im Schnitt 86,6 Kilo Fleisch im Jahr verspeist. 54,5 Kilo davon sind Schweinefleisch. Ende der Statistik. Kein Wort über Romantik oder das passende Essen beim ersten Date. Ich las Frauenzeitschriften. Hätte jemand ein Schweinshaxenverbot für Singles erlassen – ich wäre die Erste gewesen, die davon erfahren hätte.

Wir nippten synchron an unserem Bier. Irgendwie hatten wir uns beim letzten Mal besser verstanden. Ich dachte an meine Liste möglicher Gesprächsthemen. Schlechter konnte es ja eigentlich nicht mehr laufen. Doch Michael war scheinbar noch nicht durch mit dem Thema »stimmungsvolles Essen«.

»Es gibt auch Fisch«, nuschelte er über den Rand der großen Speisekarte hinweg.

»Es gibt auch Schweinshaxe«, sagte ich eisig.

Resigniert klappte mein Date die Karte zu und winkte die Bedienung heran.

»Ich hätte gern das Filetsteak mit Ofenkartoffel und die Dame nimmt die Schweinshaxe.«

Das letzte Wort spie er mit einem strafenden Seitenblick auf mich förmlich aus. Ich atmete tief durch. Es war definitiv Zeit für einen Themawechsel.

»Hast du eigentlich schon dein Testament gemacht?«, fragte ich mit meinem strahlendsten Lächeln.

Hustend setzte Michael sein Bierglas ab.

»Warum? Willst du mich umbringen, weil ich Schweinshaxe unromantisch finde?«

»Nein. Ich will nur Konversation machen. Ich habe mein Testament mit 16 aufgesetzt. Zusammen mit meinem Organspenderausweis, der Patientenverfügung und meiner Lebensversicherung.«

»Das nenne ich mal pessimistisch.«

»Ich nenne das Vorsorge.«

»Verstehe. Ich habe keine Lebensversicherung. Und auch kein Testament.«

»Echt nicht?«

»Nein. Wenn ich tot bin, ist mir das alles egal.«

»Aber du bist doch Organspender, oder?«, fragte ich beinahe flehend.

»Wieso? Brauchst du eine Niere?«

»Nein, danke. Ich dachte nur. Bei deiner Fahrweise.«

Letzteres war mir so rausgerutscht. »Erst denken, dann sprechen«, hörte ich die schneidende Stimme meiner Mutter irgendwo tief in meinen Erinnerungen. *Zu spät.*

»Was ist denn mit meiner Fahrweise?«, fragte Michael erwartungsgemäß.

»Ach nichts.«

»Jetzt sag schon!«

»Mir ist nur aufgefallen, dass du dir nicht besonders viel aus deinem Blinker machst.«

»Ich wusste nicht, dass ich die Blinkerpolizei an Bord hatte.«

Irgendwie lief das Gespräch so gar nicht wie erhofft. Auf der Suche nach Ablenkung sah ich mich in der überfüllten Gaststube um. *Eine Schlägerei wär jetzt hilfreich.* Wo waren die ganzen besoffenen Vollidioten, wenn man sie mal brauchte?

Der kahlköpfige Mann am Nachbartisch starrte mich mit offenem Mund an. Irritiert blickte ich weg. Als ich das nächste Mal in seine Richtung sah, stierte er noch immer. Ob ich wohl etwas im Gesicht hatte? Verstohlen wischte ich mir mit der flachen Hand über den Mund. Michael schmollte über seinem Bierglas. Der Glatzkopf schob geräuschvoll seinen schweren Stuhl zurück und hielt entschlossen auf mich zu.

»Mensch, Susanne!«, rief er glücklich und fiel mir um den Hals, bevor ich ihn daran hindern konnte. »Was machst du denn in München?«

»Ich wohne hier ...« Weiter kam ich nicht.

»Seit wann? Warum hast du nicht Bescheid gesagt? Ich hätte dir doch die Stadt zeigen können.«

Michaels schmollender Blick war offenem Misstrauen gewichen. Dachte er ernsthaft, ich hätte ihm einen falschen Namen genannt und ihn die ganze Zeit belogen?

»Ich kenne die Stadt«, sagte ich eisig und an den fremden Mann ebenso wie an meinen Begleiter adressiert. »Ich bin hier geboren und aufgewachsen. Außerdem heiße ich Erika. Nicht Susanne, nicht Kerstin und auch nicht Sonja. Ich spiele kein Hockey und wohne nicht neben dem Spielplatz. Ich kenne weder den Schulleiter noch Sie. Sie verwechseln mich. Sie sind nicht der Erste und werden vermutlich nicht der Letzte bleiben. Ich seh eben aus wie Lieschen Müller. Bin ich aber nicht. Und jetzt wären wir gern wieder unter uns. Wir hatten gerade so viel Spaß.«

Um uns herum war es still geworden. Sensationsgierig hatten die Gäste an den Nachbartischen ihre Unterhaltungen unterbrochen, um meinen kleinen Ausraster zu verfolgen. Ich feuerte böse meinen vernichtendsten Blick in die Runde. Enttäuscht nahmen die Schaulustigen ihre Gespräche wieder auf. Nur der Glatzkopf und Michael starrten mich immer noch an. Schließlich wandte sich der Fremde zum Gehen. Achselzuckend. Er wirkte nicht überzeugt.

»Einen Hund habe ich auch nicht!«, rief ich ihm hinterher.

Erschöpft lehnte ich mich zurück und nahm einen großen Schluck aus meinem Bierglas. Ganz so hatte ich mir die gewünschte Ablenkung dann doch nicht vorgestellt.

»Und was machst du sonst so?«

Michaels Stimme klang seltsam tonlos.

»Wenn ich nicht gerade fremde Männer anschreie?«

»Genau. Wenn du nicht gerade fremde Männer anschreist. Oder die Einhaltung von Verkehrsregeln sicherstellst.«

»Nicht viel«, antwortete ich herausfordernd. »Damit bin ich meist schon ziemlich ausgelastet.«

*Was denkt der eigentlich von mir?* Genau im richtigen Moment erschien die Kellnerin mit zwei riesigen Tellern und bewahrte uns vor weiteren unüberlegten Äußerungen. Die Schweinshaxe sah köstlich aus und dampfte in ihrem Bett aus Weißkraut und Knödeln versöhnlich vor sich hin.

Mit einem verächtlichen Blick auf meinen Teller widmete sich Michael seinem Filetsteak, das nicht weniger gut aussah. Missbilligend schob er die Salatgarnitur zur Seite.

»Wer isst denn so ein Grünzeug?«

»Ich. Und jeder andere normale Mensch.«

»Ich hab keinen Salat bestellt.«

»Dann lass ihn liegen.«

»Was meinst du, was ich hier mache?«

*Was ich meine? Bist du ganz sicher, dass du das wissen willst?*, dachte ich finster.

Mein Date fuhr fort, lustlos in seinem Essen herumzustochern.

»Vielleicht probierst du es erst mal«, schlug ich vor.

»Da fehlt Pfeffer!«, quengelte er wie ein unzufriedenes Kind.

Wortlos schob ich die Pfeffermühle über den Tisch.

»Meine Mutter macht immer groben Pfeffer aufs Steak.«

»Das ist grober Pfeffer.«

»Aber er ist nicht auf meinem Steak.«

Mühsam beherrscht griff ich nach der Mühle und ließ groben Pfeffer auf sein Steak rieseln, bis es von einer dicken schwarzen Schicht bedeckt war.

»Jetzt ist er drauf.«

Michael reagierte nicht und nahm sich stattdessen die Kräuterbutter vor. Argwöhnisch stieß er den Finger in die sich langsam verflüssigende Butter und probierte sie so vorsichtig, als würde er mit Säure experimentieren. Ein angeekeltes Schnaufen war alles, was er von sich gab.

»Was?«, fragte ich genervt.

»Meine Mutter macht die Kräuterbutter selbst. Mit frischen Kräutern«, antwortete er bedeutungsschwer und inspizierte als Nächstes die Ofenkartoffel.

Resigniert machte ich mich über meine Haxe her. Sie schmeckte so gut, wie sie aussah. Meckermann Michael rollte seine Kartoffel über den Teller. Ich schob mir eine Gabel voll

Weißkraut in den Mund. *Lecker!* Mit spitzen Fingern puhlte mein Begleiter die Schale von seiner Beilage.

»Meine Mutter macht die Schale immer ab, bevor sie die Kartoffeln serviert«, motzte er.

Mir reichte es endgültig. Klirrend warf ich mein Besteck auf meine kaum angerührte Leibspeise und schob den Teller von mir.

»Warum isst du dann nicht einfach bei deiner Mutter?«, zischte ich wütend.

»Weil sie tot ist«, sagte Michael ruhig.

Das war ein Grund. Verlegen biss ich mir auf die Unterlippe. *Grüß Gott, liebes Fettnäpfchen.*

»Tut mir leid.«

»Muss es nicht.«

Ein kleiner schnauzbärtiger Mann in Lederhosen bahnte sich den Weg durch die Menge und hielt zielsicher auf mein Date zu.

»Willst du Rose kaufen?«, fragte er im mit Abstand unromantischsten Moment eines ohnehin wenig stimmungsvollen Abends.

Die Blumen auf seinem Arm ließen traurig die Köpfe hängen. Als ahnten sie die Dramen, die sich hier gerade abspielten.

»Geh weg mit dem Gestrüpp!«, fauchte Michael.

Der Mann und seine deprimierten Rosen zogen von dannen, um ihr Glück woanders zu versuchen.

*Schönheitsoperationen oder globale Erwärmung?* Die Liste meiner Notfallthemen war bereits merklich geschrumpft – und wir waren noch nicht einmal mit dem Essen durch. Mit erzwungener Ruhe nahm ich mein Besteck auf und widmete mich wieder meiner Haxe, die inzwischen kalt geworden war. Der Appetit war mir ohnehin vergangen.

»Was soll denn schon passieren?«, klang Christines Stimme in meinen Ohren. Wenn die wüsste.

Stocksteif und stumm wie ein Fisch saß Michael vor seinem Teller.

»Bist du schon fertig?«, fragte ich, krampfhaft um so etwas wie ein normales Gespräch bemüht.

»Sozusagen. Mir schmeckt's nicht.«

Er hatte sein Essen kaum angerührt. Zu meinem schlechten Gewissen wegen des Tote-Mutter-Fauxpas gesellte sich trotzige Verärgerung. *Was ist denn das auch für ein Typ, der sein Essen nur bestellt, um sein Date zu nerven?*, dachte ich böse. *Der über seine verstorbene Mutter im Präsens spricht und sich dann wundert, dass ich mich mit vollem Körpereinsatz im bereitgestellten Fettnäpfchen suhle? Und der noch dazu weder Testament noch Organspenderausweis hat und beim Abbiegen nicht einmal blinkt?*

Ich leerte mein Bierglas, schob mit einem bedauernden Blick endgültig die vernachlässigte Haxe von mir und erhob mich entschlossen.

»Wir können dann auch los!«

Michael widersprach nicht. Wir bezahlten an der Theke unsere Rechnung – jeder seinen Teil natürlich – und verließen das Restaurant. Ich nahm mir vor, noch mal herzukommen. Mit dem nächsten Kandidaten. Oder allein. Alles würde besser sein als dieser Abend!

»War irgendwie der Wurm drin, was?«, nuschelte mein Begleiter, während er den Wagen vom Parkplatz lenkte.

»Stimmt«, bestätigte ich einsilbig.

»Wollen wir noch mal einen zweiten Versuch wagen?«

Ohne den Blinker zu betätigen, fädelte er sich in den zäh dahinfließenden Abendverkehr ein.

»Mal sehen«, antwortete ich vage und war froh, als der Wagen vor meinem Haus zum Stehen kam.

Minka saß hinter dem Fenster. Wartend. Auch sie hatte kein Testament, keinen Organspenderausweis und benutzte niemals einen Blinker. Und doch konnte ich es plötzlich gar nicht abwarten, wieder bei ihr in der Wohnung zu sein.

»Und, war's schön?«

»Für einen Masochisten bestimmt!«

Ich hatte mein Ausgeh-Outfit gegen einen geblümten Hausanzug eingetauscht und mich samt Katze und Telefon aufs Sofa zurückgezogen, um Christine von meinem grandios gescheiterten Date zu berichten.

»So schlimm wird es schon nicht gewesen sein!«

»Warst du dabei? Ich hab dich gar nicht gesehen!«

Zugegeben, ich war auf Krawall gebürstet. Aber war das ein Wunder? Der potenzielle Mustermann hatte sich als Meckermann entpuppt. Statt Schmetterlingen im Bauch hatte ich Chips im Magen – die drei Bissen Haxe hatten meinen Appetit eher angeregt als gestillt. Wie es andere deutsche Singlefrauen da schafften, im Durchschnitt schlanker als ihre verheirateten Mitbürgerinnen zu sein, war mir ein Rätsel.

»Sollen wir später noch mal telefonieren?«, fragte Tine zaghaft.

»Das hättest du wohl gern! Da musst du jetzt durch.«

So einfach würde ich sie nicht davonkommen lassen. Schließlich war meine Freundin genau genommen schuld an der Misere. Wenn Sie mich nicht ständig zu irgendwelchen hirnrissigen Dates ermutigen würde …

»Ausreden!«, meinte ich deutlich aus Minkas Richtung zu vernehmen.

»Wie bitte!?«

»Ich habe nichts gesagt«, antwortete Christine.

»Nein, du nicht. Ach, vergiss es. Es war eine Katastrophe. Ich konnte noch nicht einmal meine Haxe essen.«

»Und das, wo heute Freitag ist«, kommentierte Tine mitfühlend.

»Willst du mich auf den Arm nehmen?«

»Natürlich nicht. Ich weiß doch, wie wichtig dir deine Freitagshaxe ist.«

Ich war noch immer misstrauisch, doch ich hatte Wichtigeres zu tun, als mich über den Spott meiner besten Freundin zu ärgern. Heute Abend widmete ich mich ganz dem Selbstmitleid.

»Weißt du, dass die deutsche Durchschnittsfrau rund acht Minuten am Tag lacht?«, fragte ich anklagend.

»Äh – nein.«

»Ist aber so. Und weißt du, wie lange ich heute gelacht habe?«

»Hast du die Zeit gestoppt?«

»Da gab es nichts zu stoppen! Nada. Niente. Gar nix. Ein einziges Trauerspiel!«

»Also *acht Minuten* habe ich heute auch nicht gelacht …«

»Dann lachst du morgen halt sechzehn! Ich mach mich in der Zwischenzeit daran, den Heul-Durchschnitt anzuheben.«

»Was für einen Heul-Durchschnitt?«

»64 Mal im Jahr. So oft weinen deutsche Frauen.«

»Du und deine Statistiken.«

»Das sind nicht *meine* Statistiken. Das sage ich doch gerade. Das sind *eure* Statistiken. Lieschen Müller lacht jeden Tag acht Minuten lang. Was meinst du, was die für Bauchmuskeln hat? Ich krieg nur dicke Augen vom vielen Weinen.«

»Jetzt reicht's aber! Meinst du, wir hätten keine Probleme?«

Tine klang wirklich verstimmt – und das kam nicht oft vor. Vielleicht hatte ich etwas übertrieben.

»Doch, natürlich«, gab ich zu. »Entschuldige.«

Zum Glück war meine Freundin nicht nachtragend.

»Schon gut. Jetzt erzähl erst mal. Was ist denn eigentlich passiert?«

Ich berichtete haarklein. Von Michael und seiner Fahrweise. Von romantischem und weniger romantischem Essen, verschmähten Leibspeisen, toten Müttern, fehlender Vorsorge und Männern mit traurigen Rosen. Am anderen Ende der Leitung blieb es still.

»Hallo?«, fragte ich gereizt in den Hörer. »Ich bin fertig. Eine Reaktion wäre schön.«

Ein Glucksen drang an mein Ohr. Erst leise, dann immer lauter. Was klang wie der Schrei des altersschwachen Esels, an den ich als Kind meine verschmähten Pausenbrote verfüttert hatte, war in Wirklichkeit Christines Lache.

»Siehst du?«, japste sie zwischen zwei Lachsalven. Ich konnte förmlich vor mir sehen, wie sie rot anlief und die Tränen über ihre Wangen kullerten. »Schon sind die acht

Minuten in greifbare Nähe gerückt. Was wär ich nur ohne deine Dates?«

»Findest du das etwa lustig?«, fragte ich beleidigt.

Dann musste auch ich grinsen. Sie hatte recht. Im Nachhinein war das Ganze irgendwie doch ganz witzig.

# Familie – und noch mehr Wahnsinn

Samstagmorgen. Gleich nach dem Frühstück war traditionell mein Auto an der Reihe. Ich ignorierte die unliebsame Feststellung, dass der Golf klinisch sauber und vollkommen vogelkackefrei in der Sonne glänzte, und zückte Eimer, Schwamm und Lappen. *So weit kommt es noch, dass ich mir von ein paar fehlenden Vogelexkrementen den Tag verderben lasse*, dachte ich grimmig. Schon bald waren die trüben Erinnerungen an das misslungene Date gemeinsam mit dem gar nicht so trüben Putzwasser gluckernd im Abfluss verschwunden. Fröhlich summend wischte, putzte und saugte ich den imaginären Schmutz der vergangenen Woche weg – und mit ihm alles, was mich belastet hatte. Wer brauchte schon einen Dr. Blödmann, wenn man genauso gut einfach sein Auto waschen konnte?

Beschwingt stieg ich die Treppe herauf in meine Wohnung. Minka, die mein Samstagsprogramm zur Genüge kannte und längst wusste, dass Katzen, Sofas und Futternäpfe in näherer Zukunft keine größere Rolle darin spielen würden, würdigte mich kaum eines Blickes. Ich zog meine nassen Putzklamotten aus, legte mein flauschigstes Handtuch zurecht und stieg pfeifend unter die Dusche. Wie fast siebzig Prozent der Deutschen duschte ich täglich. Was machte es da schon aus, dass ich an diesem Samstag ähnlich sauber und garantiert noch vogelkackefreier als mein Auto daherkam? Viel zu schnell waren die mir statistisch zustehenden 7,7 Duschminuten vorbei und die staubtrockene Realität hatte mich eingeholt. Höchste Zeit, mich auf den Weg zu meiner Mutter zu machen.

Mama sah aus wie aus dem Ei gepellt, als sie mir um Punkt zwölf Uhr die Tür öffnete. Seit Sabines und meinem Auszug bewohnte sie den einstigen Familiensitz am Münchner Stadtrand allein. Mit ihren 69 Jahren erinnerte sie mich dabei mehr und mehr an Fräulein Rottenmeier, die ordnungsliebende Nachbarin meiner Kindertage. Von ihrer größten Anhängerin war Mama längst zur würdigen Nachfolgerin der alten Dame aufgestiegen, die bereits vor vielen Jahren verstorben war. Sie führte ein strenges Regiment: Als Taktstock des nachbarschaftlichen Putzensembles war sie es nun, die den Startschuss zu den groß angelegten Reinigungsaktionen gab, mit denen sie Haus und Garten perfekt in Schuss hielt. Dass die meisten Nachbarn heutzutage erstaunlich resistent gegen Gruppenzwang und Mamas Erwartungshaltung in Sachen Ordnung und Sauberkeit waren, schockierte sie dabei stets aufs Neue.

Vier Jahre waren seit ihrer Pensionierung vergangen. Das taubengraue Kostüm, das Mutter sich für ihre letzte Arbeitsstelle als Sekretärin gekauft hatte, passte noch immer wie angegossen. Dass sie an einem Samstagmittag zu Hause ihr bestes Kostüm trug, wunderte mich schon längst nicht mehr. Es war in etwa so wie mit den ausgeleierten Schlüpfergummis und den feuerwehrtauglich dekorierten Betten: Wenn Mama jemals etwas zustoßen sollte, würde sie dabei wenigstens blendend aussehen.

Ich küsste sie flüchtig auf die erstaunlich faltenfreie Wange und schob mich an ihr vorbei ins Haus. In der Küche empfing mich der unverkennbare Duft frisch gebratener Rinderrouladen. In zwei weiteren Töpfen fieberten hausgemachter Rotkohl und Salzkartoffeln ihrem großen Auftritt entgegen. Es war eine ungerade Woche. Nächsten Samstag würde es Schweinsbraten geben. Dann wieder Rouladen. Mamas Speiseplan war so zuverlässig wie Ebbe und Flut.

Gemeinsam füllten wir das dampfende Essen in große Schüsseln und setzten uns an den fertig gedeckten Tisch.

»Und, wie war deine Woche?«, fragte ich, während ich die Rouladen verteilte.

»Wie immer«, antwortete meine Mutter.

Mit ruhiger Hand nahm sie sich Rotkohl und Kartoffeln und schob die Schüsseln zu mir herüber. Seit Mama nicht mehr arbeitete, sonnte sie sich voll und ganz in der Rolle der einsamen alten Frau. Was mich zwangsläufig in die Position der egoistischen, undankbaren Tochter drängte, die ihre arme Mutter aufs Schändlichste vernachlässigte. Und es hatte gewirkt. Als das schlechte Gewissen eines Tages einen für mich nicht mehr auszuhaltenden Level erreicht hatte, war ich spontan in meinen Golf gesprungen, um meiner bemitleidenswerten Mutter einen Besuch abzustatten. An einem Mittwochnachmittag. Außer der Reihe. Mittwochs besuchte ich sie nie. Ein Überraschungsbesuch also, der für mich weitaus überraschender werden sollte als für sie. Denn statt der traurigen Melancholie einer einsamen Frau erwartete mich ein munteres Kaffeekränzchen aus fröhlichen Weibern, die offenbar schon zu tief in die bereitstehenden Sektgläser geguckt hatten. Mama thronte wie die Oberglucke am

Tischende und war sichtlich wenig erfreut über meine Anwesenheit. Eine kleine Dame im gelben Rüschenblüschen, die sich als Frau Weber vorstellte, winkte mich unbekümmert heran und zwang mich förmlich, auf dem freien Stuhl neben ihr Platz zu nehmen. Ihre Ähnlichkeit mit Bibo war nicht von der Hand zu weisen.

»Wie schön, dass wir Sie mal kennenlernen!«, rief sie etwas schleppend.

Ob das auf ihr Alter oder den Alkoholkonsum zurückzuführen war, konnte ich zu diesem Zeitpunkt noch nicht endgültig einschätzen.

»Welche Tochter sind Sie denn? Die Verrückte, die sich nicht mehr blicken lässt, oder die Normale, die nicht mal einen Mann hat und sich trotzdem kaum um ihre Mutter kümmert?«

»Wer will noch Kuchen?«, fragte Mama in einem Ton, der keinen Widerspruch zuließ.

Brav streckten die Damen ihr die Teller entgegen. Über die prächtige Torte hinweg beschoss ich meine Mutter mit Blicken, die wohl selbst die Polarkappen zum Schmelzen gebracht hätten.

»Ich bin die Normale. Die, die jeden Samstag zum Mittagessen kommt«, klärte ich Frau Weber auf.

Doch die alte Dame war längst schon wieder mit ihrem Kuchen beschäftigt. Im Laufe des Nachmittags machte ich sie mit Eierlikör in der Farbe ihres Oberteils gefügig und erfuhr so, dass die muntere Runde sich seit Jahren viermal wöchentlich zu den unterschiedlichsten Aktivitäten traf. Sie gingen tanzen und schwimmen, zur Gymnastik und ins Theater; eben alles, wofür einem im Berufsleben immer die Zeit gefehlt hatte. Und mittwochs kam man dann zum Kaffeeklatsch bei meiner Mutter zusammen. Ob Frau Weber nach ihren bereitwilligen Informationen auch am nächsten Mittwoch noch in den Genuss der gemütlichen Runde kam, sollte ich nie erfahren.

»Du musst mehr Kartoffeln essen!«

Mamas strenge Stimme riss mich unsanft aus meinen Gedanken. Ich sah auf meinen Teller, auf den ich die obligatorischen zwei Kartoffeln gelegt hatte.

»Muss ich nicht«, widersprach ich etwas aufmüpfig. »Das reicht mir.«

»Jeder Deutsche isst im Jahr 68,6 Kilo Kartoffeln.«

»Das heißt nicht, dass man verhungert, wenn man weniger isst.«

»Aber normal ist das nicht«, beharrte meine Mutter stur.

»Nein«, bestätigte ich seufzend, »normal ist das nicht.«

Um des lieben Friedens willen griff ich zu Kartoffel Nummer drei und wechselte gekonnt das Thema.

»Ich habe eine neue Kollegin. Sie heißt Maria.«

»Schöner, alter deutscher Name«, lobte Mama kauend.

»Sie kommt aus Spanien.«

»Isst sie viel Knoblauch?«

»Was? Keine Ahnung!«

»In Spanien essen sie doch jeden Tag Knoblauch und trinken Sangria. Und abends wird getanzt. Mit diesen ... Eicheletten.«

»Du meinst Kastagnetten. Und ich glaube nicht, dass sie das jeden Tag machen.«

»Natürlich machen sie das!«, behauptete Mama starrköpfig. »Das weiß doch jeder!«

»Wie viele Spanier kennst du denn so?«, fragte ich herausfordernd.

»Bist du fertig?«

Mit einer ungeduldigen Handbewegung riss meine Mutter mir den gerade geleerten Teller unter der Gabel weg und erhob sich energisch. Noch immer kauend räumte ich das restliche Geschirr zusammen. Typisch Mama! Wann immer sie nicht weiterwusste, wurde das Gespräch eben für beendet erklärt. Schicksalsergeben nahm ich meinen Platz neben dem Waschbecken ein, um das frisch gespülte Geschirr abzutrocknen.

»Ich habe dich gestern Abend angerufen. Du warst nicht zu Hause.«

Mit einem flüchtigen Gedanken an die eierlikörfarbene Frau Weber und ihre Freundinnen überhörte ich gekonnt den Vorwurf, der sich geschickt hinter Mamas harmloser Bemerkung verschanzt hatte.

»Stimmt«, bestätigte ich einsilbig.

»Warst du aus?«

»Ja.«

»Tines Mann spielt freitags Tischtennis. Da kann sie zu Hause nicht weg. Du hattest eine Verabredung!«

»Messerscharf kombiniert, Sherlock Mama!«

»Übertreib es nur nicht mit den Männern!«

Hatte sie das jetzt wirklich gesagt? *Als wär ich irgendso'n Flittchen, das ständig einen Neuen hat.*

»Die deutsche Durchschnittsfrau hat in ihrem Leben 6,7 Geschlechtspartner«, belehrte Mama mich streng.

»Das ist toll! Dann hab ich ja noch ein paar frei!«

»Pass bloß auf, dass du dir nicht eine dieser Krankheiten abholst. Einen Flipper oder so.«

Sherlock Mama war in Sekundenschnelle zu Dr. Mama mutiert – und die rangierte auf meiner persönlichen Beliebtheitsskala gleich hinter Dr. Blödmann.

»Es heißt Tripper!«, korrigierte ich wütend. »Flipper ist der Delfin.«

»Wie kommt es, dass du dich damit so gut auskennst? Gibt es etwas, das ich wissen müsste?«

»Um Himmels willen, Mama! Ich lese. Was denkst du denn, woher ich solche Sachen weiß? Learning by doing oder was?«

»Man hört ja so einiges von euch jungen Leuten …«

»Ich bin's, Erika. Die Normale.«

»Wenn du so normal wärst, hättest du mit 29,4 Jahren geheiratet. Und jetzt hol die Tassen raus, es ist Zeit für unseren Kaffee.«

*Wie kommt es eigentlich, dass 35 Prozent der Deutschen ihre Mutter als ihr größtes Vorbild ansehen?*, fragte ich mich auf der Heimfahrt flüchtig.

Mit dem nervtötendsten Geräusch seit Erfindung der Zeit bahnte sich der Sekundenzeiger meiner Wanduhr den Weg über das Ziffernblatt. Tick-tack-tick-tack. Die ganze Zeit ging das schon so. Es war, als würde meine eigene Uhr mich verhöhnen – und es machte mich wahnsinnig.

»Langeweile ist was für Faule.« Das sagte meine Mutter immer. Ich war nicht faul. Ergo hatte ich keine Langeweile. Ich hatte Muße. Endlich einmal Zeit für mich. Und für Minka natürlich, die auf meinem Schoß eingeschlafen war und im Traum mit den Beinen ruderte. Ich hatte alle Statistiken gebrochen. 57 Minuten pro Woche verbringt Lieschen Müller erwiesenermaßen mit einem Buch. Erika Mustermann konnte darüber nur müde lachen: Seit dem gestrigen Samstag hatte ich in etwa die Dauer eines Arbeitstages auf die Lektüre meiner Liebesschnulze vergeudet, nur um am Ende zu erfahren, dass der Traumprinz ein Betrüger und seine Prinzessin in Wirklichkeit lesbisch war. Der Fernseher hatte eine Nachtschicht einlegen müssen und mit Leichtigkeit die 14 Stunden und elf Minuten übertroffen, die ein »normaler« deutscher Haushalt ihm in dieser Woche abverlangt hätte. Mein mühsam wiederhergerichteter Schrebergarten und die Wohnung waren nicht nur sauber und ordentlich, sondern klinisch rein. Ich ebenfalls. In meiner Verzweiflung hatte ich sogar versucht, meine Schwester zu erreichen. Ihr für meinen Geschmack ziemlich ungehobelter Anrufbeantworter hatte mich mit süffisantem Unterton darauf hingewiesen, dass Sabine entweder schlief, feierte oder dabei war, in ihrem Tätowierladen willige Opfer mit dicken Nadeln zu quälen, und – was auch immer gerade der Fall war – nicht damit aufhören würde, nur weil jetzt das Telefon klingelte. Hoffnungsvoll hatte ich trotzdem eine Nachricht nach dem Piep hinterlassen.

»Ich bin's, deine Schwester. Erika. Aber das weißt du wohl. Du hast ja nur eine Schwester. Zumindest glaube ich das. Bei Papa weiß man ja nie. Also, falls du mehr weißt als ich, sag Bescheid. Ich würde jetzt gern mit meiner Schwester telefonieren. Ruf mich doch einfach zurück. Ich bin hier. Ich schlafe nicht, feier nicht und stecke auch keine Nadeln in Leute. Ich warte einfach nur auf deinen Anruf.«

Der Sekundenzeiger tickte immer noch. Sabine hatte nicht zurückgerufen. Ich hatte nichts anderes erwartet und schämte mich mittlerweile etwas für die Nachricht, die ich auf ihrem AB hinterlassen hatte. Nicht dass sie jetzt noch dachte, ich hätte Langeweile. Langeweile ist schließlich was für ... Sie wissen schon. Auf meinem Schoß knurrte Minka bedrohlich und zuckte im Halbschlaf mit dem Kiefer. Was auch immer sie träumte – es wurde langsam ernst. Tick-tack-tick-tack machte die Uhr. Dass die Katze bei dem Lärm überhaupt schlafen konnte. Mit einem letzten lauten Knurren setzte das schlummernde Tier zum finalen Biss an – und wurde beim Geräusch ihrer ins Leere klappenden Zähne endlich wach. Träge gähnend streckte Minka ihre Beine von sich und sprang behände von meinem Schoß, um in der Küche einen kleinen Snack zu sich zu nehmen. Ich wurde das Gefühl nicht los, dass selbst die Träume meiner Katze aufregender waren als meine eigene Realität.

So sehr der aufmüpfige Sekundenzeiger sich auch bemüht hatte: Die Zeit hatte er nicht anhalten können. Endlich war es 15 Uhr. Mithilfe meiner heiß geliebten Fusselrolle entfernte ich die Katzenhaar-Panade von Jeans und Oberteil und machte mich auf den Weg zu Christine. Noch nie war ich so dankbar für unsere Sonntagnachmittags-Tradition gewesen wie an diesem Wochenende. Um Punkt halb vier kamen Kaffee und Kuchen auf den Tisch – und zwar immer abwechselnd bei mir oder bei meiner Freundin zu Hause. Heute war Christine an der Reihe. Und da sie ihren Mann Holger dazu verdammt hatte, nach dem gemeinsamen Kaffeetrinken Lina und Lukas für etwas »Papa-Zeit« aus dem Haus zu schaffen, erwartete uns ein entspannter Nachmittag.

Es gab Erdbeerkuchen mit Sahne.

»Ich liebe Erdbeerkuchen mit Sahne«, lobte ich und streckte Tine ausgehungert meinen Teller entgegen.

»Jeder liebt Erdbeerkuchen mit Sahne«, behauptete die siebenjährige Lina etwas überheblich.

»Ich nicht«, widersprach ihr kleiner Bruder.

»Alles klar. Für Lukas also keinen Kuchen«, stellte Holger fest.

Zeitgleich zuckten Tine und ich zusammen, doch es war schon zu spät, um den Schaden noch abzuwenden. Lukas holte tief Luft, kniff beide Augen zusammen, öffnete den Mund ... und machte die Heulboje. So jedenfalls nannte Lina es, wenn der Fünfjährige zu einem seiner berüchtigten Wutanfälle ansetzte.

»Natürlich kriegt Lukas Kuchen!«, sagte Christine mit einem vernichtenden Blick in Richtung Holger. »Hier, du kriegst das größte Stück.«

»Toll. Nur weil er immer so laut schreit«, meckerte die Schwester-Boje.

»Du kriegst das zweite größte Stück.«

Versöhnlich schob ich Lina meinen Teller herüber, auf dem ein riesiges Stück Erdbeerkuchen thronte.

»Das gibt es nicht. Es gibt entweder *ein* größtes Stück oder *mehrere* gleich große«, quengelte die Tochter meiner Freundin neunmalklug.

»Dann gib es Erika zurück«, mischte sich jetzt auch die Vater-Boje ein.

Schnell wie der Blitz hob Lina den Teller vor ihr Gesicht und leckte mit der Zunge über das Kuchenstück. Die Original-Boje hörte auf zu kreischen und lachte. Tine schüttelte resigniert den Kopf und setzte sich an den Tisch, um endlich ihren nur noch lauwarmen Kaffee zu trinken. Ich zog den Kuchenteller heran, der eigentlich für die Tochter des Hauses bestimmt gewesen war. Es war höchste Zeit für einen Themawechsel.

»Ich war gestern bei meiner Mutter«, erzählte ich, den Mund voller Erdbeerkuchen.

Vorwurfsvoll ließ Holger seinen Blick zwischen mir und den Kindern hin und her wandern.

»Du bist jeden Samstag bei deiner Mutter«, entgegnete er mit vorbildlich geleertem Mund.

»Das stimmt. Aber gestern war es besonders lustig.«

Christine hüstelte.

»Lustig war's? Da bin ich ja mal gespannt!«

»Wir haben über meine Verabredung gesprochen. Mama hatte Angst, ich könnte mir etwas ... *abholen.*«

»Was solltest du dir denn holen?«, fragte Lina mit großen Augen.

»Ach, nichts Besonderes.«

Ich Trottel! Wie konnte man so ein Thema denn auch vor den Kindern ansprechen? Minka stellte solche Fragen nicht – da war ich es einfach nicht gewohnt, jedes meiner Worte auf die Goldwaage zu legen.

»Was solltest du dir denn holen?«, beharrte Lina unbarmherzig.

»Iss deinen Kuchen!«, ermahnte Christine ihre Tochter.

»Ich mag nicht. Da ist Spucke drauf.«

»Was solltest du dir denn holen?«, unterstützte nun auch Lukas seine große Schwester.

Er hatte den Kuchen gleichmäßig in seinem Gesicht verteilt und sich gerade daran begeben, dasselbe mit seiner heißen Schokolade zu machen.

»Flipper. Sie hat Angst vor Flipper«, erläuterte ich mit einem bedeutungsschweren Blick in Richtung der anwesenden Erwachsenen.

»Ich mag Flipper«, krähte Lina.

»Ich mag Flipper auch«, bestätigte ich gequält.

Tine und Holger sahen mich an, als hätte ich endgültig den Verstand verloren.

»Warum hat deine Mama denn Angst vor Flipper?«, fragte Lukas verständnislos.

*Hilfe! Bitte hilf mir!*, übermittelte ich meiner Freundin auf telepathischem Wege.

»Das würde mich auch interessieren«, bestätigte Christine arglos.

»Vielleicht mag sie einfach lieber Pferde«, sprang Lina meiner vermeintlich delfinphobisch veranlagten Mutter bei.

»Das ist es!«, rief ich etwas zu euphorisch. »Mama liebt Pferde. Wusstet ihr, dass in Deutschland 549.625 Frauen Mitglied in einem Reitverein sind?«

»Und wie viele haben Angst vor Delfinen?«, fragte Holger interessiert.

Wütend funkelte ich ihn über den Tisch hinweg an.

»Habt ihr alle aufgegessen? Dann raus mit euch! Tante Eri und Mama wollen sich jetzt unterhalten«, unterbrach Christine endlich das angeregte Tischgespräch.

Erleichtert schob ich meinen Stuhl zurück und brachte meinen Teller in die Küche. Die drei Bojen stürzten aus dem Raum und ließen uns Frauen allein zurück.

»Was war das denn für eine schräge Aktion mit den Delfinen«?

Tine war zu mir an die Spüle getreten und ließ heißes Wasser ins Waschbecken einfließen.

»Hör bloß auf! Von dir hatte ich mir wirklich etwas mehr Unterstützung erhofft.«

Ich griff nach dem geblümten Trockentuch.

»Oh, ich bin ein toller Unterstützer. Vorausgesetzt, man verrät mir, worum es eigentlich geht.«

»Das war schwierig. Ich war etwas unsicher, wie ich deinen Kindern den Begriff ›Geschlechtskrankheiten‹ erklären sollte.«

Meine Freundin war endgültig verwirrt.

»Was haben denn jetzt die Delfine mit Geschlechtskrankheiten zu tun?«

Mit gerunzelter Stirn stellte sie die Spüliflasche zurück in den kindergesicherten Schrank unter dem Waschbecken.

»Es ging nicht um Delfine, du Schaf! Es ging um Tripper. Nicht zu verwechseln mit Flipper.«

Endlich fiel bei Christine der Groschen. Pfennigweise zwar, aber immerhin – er fiel.

»Deine Mutter hat Angst, du könntest dir einen Tripper abholen?«, prustete sie fassungslos. »*Du?*«

Das letzte Wort enthielt so viel Ungläubigkeit, dass ich mich fast etwas beleidigt fühlte. Warum sollte *ich* nicht in der Lage sein, mir einen Tripper zu holen? Die Absurdität des Gedankens fiel mir diesmal glücklicherweise schon vor der potenziell peinlichen Erwiderung auf, die mir auf der Zunge lag.

»Ich weiß«, bestätigte ich also nur.

Was Tine offenbar dazu animierte, etwas weiter ins Detail zu gehen.

»Also wirklich, *du?* Das Mädchen mit den Sagrotan-Tüchern? Das Kind, das Türklinken nur mit dem Ellbogen öffnen konnte und die Schultoilette mit Schuhüberziehern betrat?«

Zugegeben, es hatte in meiner Kindheit eine Phase gegeben, in der ich es mit der Reinlichkeit vielleicht etwas übertrieben hatte.

»Das hast du doch wohl nicht vergessen, oder?«, bohrte Christine.

»Leider nein. Aber es erinnert mich daran, warum du für immer meine beste Freundin bleiben wirst. Du weißt einfach zu viel.«

Grinsend räumten wir das saubere Geschirr weg und zogen uns ins Wohnzimmer zurück, das kinder- und Holger-frei zu einem entspannten Schwätzchen unter Freundinnen einlud. Seit vier Jahrzehnten gingen Tine und ich nun gemeinsam durch dick und dünn. Und wenn ich schon keine acht Minuten am Tag lachte, so hatte ich wenigstens eine Freundschaft, die jede Statistik sprengte: vierzig Jahre! Andere Frauen in meiner Altersklasse kannten ihre beste Freundin im Durchschnitt erst seit 25 Jahren. Für den Moment war ich der zufriedenste Mensch der Welt.

Als zwei Kannen Kaffee später schwungvoll die Haustür aufgestoßen wurde, hatten wir die Erlebnisse der vergangenen Woche ausführlich Revue passieren lassen. Die Themen Männer, Kinder, Arbeit und Mütter waren durch und das schnell näherkommende Trappeln, das stark an eine unausgelastete Büffelherde erinnerte, kündigte deutlich das Ende unseres Freundinnen-Nachmittags an. Mit einem Zug leerte ich den letzten, lauwarmen Rest aus meiner Kaffeetasse und erhob mich mit steifen Knien von der obligatorischen beigen Sofagarnitur.

»Bleib doch zum Abendessen«, sagte Christine. »Holger macht seine berühmten Käsemakkaroni.«

Holgers Käsemakkaroni waren so ziemlich das Furchtbarste, was ich je gegessen hatte.

»Klingt verlockend«, grinste ich mit einem Seitenblick auf den Ehemann meiner besten Freundin. »Aber ich habe Minka versprochen, zum Abendbrot zu Hause zu sein.«

»Wie du willst. Aber eins noch: Wie läuft es denn bei Dr. Müller?«

Tine und Holger hatten mich zur Haustür begleitet. Ich fischte meine übergroße Handtasche vom Garderobenhaken und setzte mein unverbindlichstes Lächeln auf.

»Super!«

Schon bevor die letzte Schallwelle meinen Mund verlassen hatte, wusste ich, dass es die falsche Antwort gewesen war. Doch es war zu spät. Christine konnte Lügen und Ausreden wittern wie ein Trüffelschwein die teuren Pilze. Und sie kannte mich. Vierzig Jahre waren eine lange Zeit. So beiläufig wie möglich griff ich nach der Türklinke.

»Stopp!«, sagte Tine streng. »Ich will alles wissen.«

»Das kann ich mir vorstellen.«

»Raus damit. Hast du ihn mit Gartenzwergen beworfen?«

»Natürlich nicht!«

»Als ob das so abwegig wäre. Seid ihr zusammen?«

»Wie bitte? Willst du, dass ich *dich* mit Gartenzwergen bewerfe?«

Holger blickte fasziniert zwischen seiner Frau und mir hin und her und amüsierte sich offenbar prächtig.

»Nicht unbedingt. Was ist denn nun mit Dr. Müller?«

»Dr. Müller ist ein selbstverliebter, arroganter Vollidiot mit dem Feingefühl eines Zaunpfostens.«

»Uiii. Unsere Eri ist verliebt«, grinste Holger.

»So ein Schwachsinn. Und wenn er der letzte Mann auf der Welt wäre: Mit *dem* würde ich ganz sicher nichts anfangen.«

»Was ist denn überhaupt passiert?«, fragte Christine besänftigend.

»Was passiert ist? Dr. Kotzbrocken behauptet, ich hätte vor lauter Tugendhaftigkeit zu wenig Spaß im Leben. Und als ich mich zu diesem Quatsch äußern will, verbietet er mir den Mund, als wär ich ein quengelndes Kleinkind.«

Mit funkelnden Augen sah ich von meiner Freundin zu ihrem Mann und wieder zurück. Niemand sagte ein Wort. Endlich räusperte Tine sich und öffnete widerwillig den Mund, nur um ihn unverrichteter Dinge gleich wieder zu schließen. Hilfesuchend blickte sie zu Holger, der gedankenverloren die kleine Macke in der Tapete neben der Garderobe inspizierte.

»Was? Seid ihr im Stummfilm-Modus?«, herrschte ich meine Freunde ungeduldig an.

Tine räusperte sich erneut.

»Ist das denn wirklich so aus der Luft gegriffen?«, fragte sie vorsichtig.

»Was meinst du?«, zischte ich gereizt.

»Du bist einer der wichtigsten Menschen in meinem Leben. Ich bin dein größter Fan und das weißt du auch. Aber Dr. Müller hat recht. Zaunpfosten hin oder her: Etwas mehr Spontaneität, etwas weniger Ordnung, Pflichtbewusstsein und Pünktlichkeit würden dich vielleicht ein bisschen glücklicher machen.«

»Ich bin glücklich!«

»Acht Minuten«, antwortete Christine schlicht. »Bauchmuskeln vom Lachen. Denk doch mal darüber nach.«

Wütend kramte ich in meiner überquellenden Handtasche nach dem Autoschlüssel. *Und täglich grüßt das Murmeltier.*

»Das spielt jetzt sowieso keine Rolle mehr«, versetzte ich abwehrend. »Der Typ sieht mich nie wieder.«

Mit geradezu aufreizender Ruhe reichte Holger mir meinen Schlüsselbund, der auf der Hutablage der Garderobe gelegen hatte.

»Was sagt der Richter denn dazu?«, fragte er unschuldig.

»Nichts. Er weiß es nicht.« Etwas grob griff ich nach meinem Autoschlüssel und öffnete die Haustür. »Danke für den entspannten Nachmittag.«

»Manchmal bist du echt 'ne Hexe«, murmelte Holger.

»Jetzt warte doch. Sei nicht sauer«, bat Tine verzweifelt.

»Bin ich nicht. Ich ruf dich an«, sagte ich und drückte meine beste Freundin zum Abschied. Und dann, an ihren Mann gerichtet: »Ich muss jetzt los. Mein Besen steht im Halteverbot.«

Ehe noch jemand etwas erwidern konnte, war ich verschwunden.

Wie konnte ein Nachmittag, der mit Erdbeerkuchen begonnen hatte, nur so aus dem Ruder laufen? Es war mir ein Rätsel.

Trübsinnig lenkte ich meinen Golf durch den spärlichen Sonntagabendverkehr. Dass meine beste Freundin mit Dr. Blödmann sympathisierte, grenzte für mich an Hochverrat. *Vielleicht hat sie ja recht,* mischte sich jetzt auch noch meine geradezu unverschämt selbstkritische innere Stimme ein.

»Quatsch!«, sagte ich laut.

Es war ein wunderschöner Sommerabend. Kaum auszuhalten, wie die Welt um mich herum vor Glück nur so strotzte. Zu Hause angekommen, setzte ich mich einen Moment auf die Mauer vor meinem Wohnhaus. Eine Biene summte geschäftig durch den kleinen Vorgarten und verschwand zufrieden im Roten Fingerhut. In der mächtigen Eiche zwitscherten fröhlich die Spatzen. Raschelnd wiegten sich die üppigen Zweige in einer sanften Abendbrise. Wie 44,6 Prozent der Deutschen entspannte ich mich gern in der Natur. Heute jedoch fühlte ich mich von so viel Idylle regelrecht provoziert. Seufzend sprang ich von der Mauer und ging ins Haus.

Minka erwartete mich ausgehungert an der Wohnungstür. Schnurrend rieb sie ihr Köpfchen an meinem Bein. Mit einem Schlag fiel die Anspannung von mir ab. Wenn es ein Wesen auf der Welt gab, das mich bedingungslos und mit all meinen Macken liebte, dann war das definitiv meine Katze! Ich fühlte mich seltsam erschöpft, so als hätte ich einen besonders anstrengenden Arbeitstag hinter mir. Gehorsam folgte ich meinem Schmusetiger in die Küche. Auf dem Weg den Flur entlang entledigte ich mich meiner Schuhe, die sich schwer wie Blei anfühlten. Einer nach dem anderen flog im hohen Bogen durch die Luft und landete wahllos mitten im Durchgang. Als Nächstes war meine leichte Fleecejacke an der Reihe, die sanft auf dem Fußboden neben dem Mülleimer zum Liegen kam. Verwundert registrierte Minka das ungewohnte Chaos.

»Siehst du, wie spontan ich bin?«, fragte ich nicht ohne Stolz.

Mit der gleichmütigen Selbstverständlichkeit Ihrer kätzischen Hoheit ließ sich meine Mitbewohnerin auf der weichen Jacke nieder.

»Siehst du, wie schnell deine Jacke mir gehört?«, übermittelte sie mir grinsend.

Ich ließ mich nicht provozieren. Schicksalsergeben leerte ich den restlichen Thunfisch aus der angebrochenen Dose in den Futternapf und griff nach dem Schwarzbrot. Leberwurst mit Gurke standen auf dem Speiseplan – wie jeden Sonntagabend.

*Acht Minuten*, dachte ich unwillkürlich. *Bauchmuskeln vom Lachen. Was sagt denn der Richter dazu?*

»Das geht den gar nichts an«, sagte ich laut.

Minka ließ sich zu einem mitfühlenden Blick herab, bevor sie sich wieder ganz ihrem Thunfisch widmete.

»Mal Spaß haben, etwas Verrücktes machen, über die Stränge schlagen«, hatte Dr. Ich-will-jetzt-gar-nichts-hören gesagt.

»Ist das denn wirklich so aus der Luft gegriffen?«, mischte sich jetzt auch Christines Stimme ein.

»Miau«, bestätigte Minka, die in den entscheidenden Diskussionen gern das letzte Wort hatte.

Genüsslich leckte sie ein paar verirrte Thunfischfasern aus ihren Schnurrbarthaaren. Den Rest schmierte sie, als Kuschelattacke getarnt, hemmungslos an meiner Hose ab.

»Schönen Dank«, rief ich der Katze hinterher, die auf ihrem Weg durch den Flur auf meine herumliegenden Schuhe aufmerksam geworden war.

Mit gesträubtem Fell und einem Schwanz so dick wie eine Klobürste schlich sie sich an die herrenlosen Ballerinas heran, um sie mit einem gezielten Pfotenhieb niederzustrecken.

»Recht so!«, lobte ich ihr waghalsiges Anti-Schuh-Manöver. »Lass dir nichts gefallen!«

Die Katzenbrust vor Stolz geschwellt, trollte sich Minka ins Wohnzimmer. Den Kampf um den besten Sofaplatz beim sonntäglichen Fernsehabend hatte sie somit ebenfalls gewonnen.

Einer plötzlichen Eingebung folgend, legte ich das Schwarzbrot zurück in den Brotkasten.

»Ihr wollt was Verrücktes sehen?«, fragte ich die Welt hinter meinem streifenfrei sauberen Küchenfenster. »Das könnt ihr haben!«

Entschlossen öffnete ich das Tiefkühlfach, nahm die Familienportion Eis heraus, griff nach einem großen Löffel und trug alles ins Wohnzimmer. Heute Abend gab es Vanilleeis, das Lieblingseis der Deutschen. Direkt aus der Packung. Da sollte noch mal einer sagen, ich würde nie über die Stränge schlagen! Ab heute wehte hier ein anderer Wind.

*Von wegen »Musterfrau«*, dachte ich verächtlich. *Ihr werdet euch noch wundern.*

Einen Moment lang war ich sogar versucht, zugunsten eines Blockbusters auf den Münchner *Tatort* zu verzichten. Die durchschnittlichen Einschaltquoten lieferten mir rund zehn Millionen Argumente dagegen. *So viel* Revolution war vielleicht doch etwas übertrieben.

»Rom wurde auch nicht an einem Tag erbaut«, informierte ich meine haarige Mitbewohnerin.

Minka nickte gelangweilt und rollte sich auf meinen Füßen zusammen. Ich wurde den Eindruck nicht los, dass sie sich für die Baukünste der Römer ebenso wenig interessierte wie für die guten Vorsätze ihres mustergültigen Frauchens.

Am Montagmorgen fühlte ich mich, als hätte ich einen schlimmen Kater.

»Zehn Prozent«, sagte ich gähnend zu Minka, die sich wohlig am Fußende des Bettes zusammengerollt hatte und offensichtlich noch lange nicht ans Aufstehen dachte.

Ich deutete den genervten Blick aus ihren zu winzigen Schlitzen zusammengekniffenen Katzenaugen als Unwissenheit und erklärte bereitwillig, was ich hatte sagen wollen.

»Zehn Prozent der deutschen Arbeitnehmer machen regelmäßig blau. Ich glaube, heute wäre ein guter Tag, um es mal auszuprobieren.«

Allein der Gedanke war so abwegig, dass ich selbst nur müde lächeln konnte. Als ob ich jemals meine Arbeit vernachlässigen würde. Ich, Erika Mustermann, die die 6,8 jährlichen Krankmeldungstage des Durchschnittsdeutschen innerhalb von zehn Jahren noch nicht verbrauchte. Schicksalsergeben schwang ich mich aus dem Bett.

Die Nacht war unruhig gewesen. Ob das an der Familienpackung Vanilleeis oder den Ereignissen des Nachmittags gelegen hatte, war mir schleierhaft. Mit einer Mischung aus Schuldgefühlen und eiserner Selbstbeherrschung ignorierte ich die Schuhe, die noch immer verwaist im Flur lagen. Gut, ich wollte verrückter sein und mehr Spaß haben – aber ob man dazu zwangsläufig sämtliche Kleidungsstücke nachlässig in seiner Wohnung verstreuen musste, würde ich noch herausfinden müssen.

*Was essen spontane Menschen wohl zum Frühstück?* Ratlos ließ ich meinen Blick durch die Küche streifen. Das Eis war alle. Der alphabetisch geordnete Vorratsschrank gab außer Gurken, Nudeln, Reis und Tomatenmark nur noch ein paar Tütensuppen her, die mir fürs Frühstück bei aller Spontaneität gänzlich ungeeignet erschienen. Unter S wie Schokolade klaffte ein großes Loch, das mich an den dringend erforderlichen Großeinkauf erinnerte. Ich würde mir Müsli kaufen. Mal sehen, ob man davon acht Minuten am Tag lachen konnte. Resigniert bereitete ich mangels machbarer Alternativen mein Standardfrühstück aus Brot, Käse und Erdbeermarmelade zu. Nur den Kaffee hatte ich kurzentschlossen durch eine große Tasse kalte Milch ersetzt. Spätestens nach dem dritten sinnlosen Pusten an dem ungewohnten Kaltgetränk und einer nicht enden wollenden Gähnattacke musste ich mir eingestehen, dass das ein Fehler war und nicht unbedingt Teil meines neuen Morgenrituals werden würde. Hundertfünfzig Liter Kaffee trinkt der Durchschnittsdeutsche im Jahr. Und angeblich ganze 92 Liter Milch. An diesem Morgen beschloss ich, dass es sich bei der letzten Info nur um ein Gerücht handeln konnte. Es sei denn, ein Großteil dieser Milch landete in den viel realistischer angesetzten hundertfünfzig Litern Kaffee.

Auch dass Minka sich nicht wie gewohnt zu mir gesellte, sondern sich auf ihrem neuen Liegeplatz auf meiner Fleecejacke neben dem Mülleimer ausgestreckt hatte, erschien mir alles andere als optimal. Lust- und katzenlos schlang ich das unvollkommene

Frühstück herunter, blätterte in meiner Frauenzeitschrift und fühlte mich kein bisschen glücklicher als sonst.

Endlich war es an der Zeit, zur Arbeit zu fahren. Ich räumte den Tisch ab, stellte das Frühstücksgeschirr kurzentschlossen in die Spüle und wandte mich zum Gehen. Einfach so. Ohne den Tisch abzuputzen. Und ohne zu spülen. *Ich Rebell!* Ich kam genau drei Schritte weit. Mit einem Satz war ich zurück am Waschbecken. Wie von einer unsichtbaren Macht gezwungen, spülte ich das schmutzige Geschirr, schrubbte Küchentisch, Arbeitsfläche und Spüle und räumte alles fein säuberlich zurück an seinen Platz. Als Nächstes scheuchte ich die treulose Katze des Hauses von ihrem neuen Lieblingsplatz. Die Fleecejacke wanderte in die Wäsche, meine beleidigte Mitbewohnerin mit einem letzten, vernichtenden Blick in meine Richtung ins Schlafzimmer. Auf dem Weg den Flur entlang räumte ich noch schnell die Ballerinas in den Schuhschrank. Sah ja keiner, dass ich nun doch wieder in alte Verhaltensmuster verfallen war. Außer Minka natürlich, aber die würde schon dichthalten. Schließlich brauchte sie mich zum Öffnen ihrer Thunfischdosen. An der Haustür sah ich mich noch einmal um. Alles wieder ordentlich. Wenn es bei mir jetzt brennen würde, würde sich jeder Feuerwehrmann mit Freuden an die Löscharbeiten machen.

Der dichte Verkehr auf dem Weg zu meiner Arbeitsstelle machte ein schnelles Vorankommen unmöglich. Normalerweise mochte ich die Zeit, die ich morgens allein in meinem Golf verbrachte. Sie war wie eine letzte Galgenfrist vor Arbeitsbeginn, etwas Zeit für mich selbst, in der ich das Radio aufdrehte und wie siebzig

Prozent der Deutschen laut mitsang, bis mir die verstörten Blicke der anderen Autofahrer auffielen. Heute jedoch hinderte mich der im Schneckentempo dahinfließende Verkehr daran, schneller als meine trüben Gedanken zu fahren. Im Wesentlichen waren es genau zwei Dinge, die mir an diesem Montagmorgen aufs Gemüt schlugen. Nummer eins war mein spezieller Freund Dr. Seelenklempner. Auch wenn ich Holger nur ungern recht gab: Ich würde ihn anrufen und einen neuen Termin vereinbaren müssen. Schließlich gab es da eine gewisse richterliche Anordnung, über die ich mich nicht einfach hinwegsetzen konnte. Nummer zwei und nicht weniger belastend war das unvermeidliche Eingeständnis, dass ich überfordert war. Ja, ich wollte etwas ändern in meinem Leben. Ich wollte versuchen, spontaner zu sein, verrückter, fröhlicher. Etwas weniger angepasst, weniger korrekt, weniger tugendhaft. Weniger *deutsch* vielleicht. Weniger Erika Mustermann. Aber die Wahrheit war: Ich hatte keine Ahnung, wie das gehen sollte. Ich kannte mein Leben nur so, wie ich es eben seit 45 Jahren lebte. Von der Musterfrau zum Freigeist – wie sollte das funktionieren? Dass es einen VHS-Kurs zum Thema geben würde, bezweifelte ich stark. *Ich bräuchte einen Mentor*, dachte ich verzweifelt. *Jemanden, der weiß, wie's geht. Das genaue Gegenteil von mir und meinem ordentlichen, geregelten Leben.* Einigermaßen ratlos lenkte ich mein Auto auf den Parkplatz der Stadtverwaltung. Und da war sie. Maria. Im feuerroten Minikleid mit farblich abgestimmten Glitzersandalen. Die andere! Die Unangepasstheit in Person. Die perfekte Mentorin für jemanden, der das Normalsein leid war. Wer hätte gedacht, dass die Lösung zumindest eines meiner Probleme so nah war?

Die plötzliche Erkenntnis traf mich derart unverhofft, dass ich glatt das Bremsen vergaß. Maria, gerade erst zu meiner Retterin auserkoren, brachte sich mit einem beherzten Sprung in Sicherheit und entging nur knapp der Kollision mit meiner blank polierten Kühlerhaube. Welch Ironie des Schicksals. Da hatte ich endlich meine Mentorin gefunden, nur um sie Sekunden später fast plattzufahren! Neben meinem Wagen rappelte Maria sich mühsam wieder auf – und lachte. *Wenn die nicht die acht Minuten toppt, dann weiß ich's auch nicht*, dachte ich zufrieden. Ich parkte mein Auto dicht neben der bekannten Rostlaube, setzte ein strahlendes Lächeln auf und gesellte mich zu meiner wartenden Kollegin.

»Das war knapp!«, rief Maria fröhlich.

Für jemanden, der gerade fast gestorben wäre, war sie erstaunlich gut gelaunt.

»Tut mir leid. Ich war wohl etwas in Gedanken.«

»Ach, das macht doch nichts. Ist ja noch alles dran.«

Seite an Seite gingen wir den kurzen Weg zum Haupteingang der Stadtverwaltung.

»War das nicht ein wunderschönes Wochenende?«, schwärmte die neue Kollegin.

Was auch immer sie unternommen hatte – sie roch nicht nach Knoblauch.

»Ja, ich hatte auch jede Menge Spaß.«

Etwas pikiert registrierte ich Marias kritischen Seitenblick. Traute sie mir etwa nicht zu, dass meine Wochenenden mindestens so umwerfend waren wie ihre eigenen?

»Ach ja, der Wohnungsputz. Und das Auto«, sagte die Frau in Rot grinsend.

»Und was man sonst noch so macht. Dates, Freunde besuchen, lecker essen. Das Übliche eben«, gab ich an.

Wieder spürte ich ihren prüfenden Blick. Am Eingang des großen Betongebäudes angekommen, stießen wir auf Uwe.

»Guten Morgen, die Damen«, rief mein langjähriger Kollege schon von Weitem und strahlte übers ganze Gesicht.

»Guten Morgen«, erwiderte ich beiläufig.

»Uwe!«, quietschte Maria, als wäre er ihr bester Freund und gerade von einer monatelangen Weltraummission zurückgekehrt. »Wie schön, dich zu sehen.«

Überschwänglich fiel sie ihm um den Hals und küsste ihn mit ihrem feuerrot bemalten Mund schmatzend auf die Wange. Ich konnte die Keime förmlich sehen, die die beiden bei ihrer herzlichen Begrüßung austauschten. Wie 67 Prozent der Deutschen war ich der Meinung, dass Begrüßungsformen mit Berührung nicht unerheblich für die Ausbreitung von Infektionen verantwortlich waren. Und doch hatte ich nicht den Eindruck, dass Uwe in seiner gegenwärtigen Verfassung Interesse an einem meiner Sagrotan-Tücher haben würde.

Gemeinsam stiegen wir die wenigen Stufen zum Eingang hinauf. Etwas atemlos riss Uwe die Tür auf und ließ Maria galant den Vortritt. Dann schwebte auch er über die Schwelle – und ließ die Tür hinter sich zufallen, als wäre ich gar nicht da. *Macht nichts, ich kann mir die Tür auch selbst öffnen*, dachte ich grimmig. Dafür würde ich den liebestollen Kollegen vor der morgendlichen Teamsitzung auch nicht auf die Lippenstiftreste auf seiner Wange hinweisen.

»Emu wollte mir gerade von ihrem Date erzählen«, berichtete Maria verschmitzt.

»Erika hatte ein Date?«, fragte Uwe, für meinen Geschmack eine Spur zu überrascht.

Ich ignorierte ihn gekonnt und hakte mich bei meiner neuen Freundin ein.

»Lass uns in unser Büro gehen. Dann erzähle ich dir alles, was du wissen willst!«

Schnellen Schrittes verschwanden wir in den Gängen der Stadtverwaltung und ließen den verdutzten Kollegen allein zurück.

Als wir uns am Ende dieses Arbeitstages voneinander verabschiedeten, hielt Maria mich für cool. Dass das nicht durch einen reinen Tatsachenbericht über mein verkorkstes Date zustande gekommen war, hatten Sie wohl schon vermutet. Zugegeben: Um für jemanden wie meine neue Kollegin interessant zu wirken, war von einer Musterfrau wie mir etwas Kreativität gefragt. Und so kam Maria in den Genuss einer leicht modifizierten Version meiner Wochenendaktivitäten, die ich hier nur ungern wiedergeben möchte. Auf jeden Fall hatte es funktioniert: Nach der überraschenden Feststellung, dass wir beide ähnlich rauschende Feste feierten, war es bis zu unserer ersten Verabredung nur ein kurzer Weg gewesen. Am Freitag sollte es so weit sein. Bei einem gemeinsamen Abendessen wollten wir uns besser kennenlernen und sehen, welche spannenden Unternehmungen wir künftig zusammen in Angriff nehmen könnten. Alles Weitere würde im Laufe der Woche besprochen werden.

Beschwingt fuhr ich an diesem Montagnachmittag nach Hause. Herausforderung Nummer eins war gemeistert. Jetzt galt es nur noch, mich nicht sofort beim ersten Treffen mit meiner »Mentorin« als Langweilerin zu outen – aber mit dem Problem würde ich mich beschäftigen, wenn es so weit war.

Immer zwei Stufen auf einmal nehmend, stürzte ich die Treppe hinauf. *Jetzt bloß keine Zeit verlieren!* Schwungvoll stieß ich die Tür zu meiner Wohnung auf. Das Kätzchen, das mich bereits auf der Türschwelle erwartet hatte, stob erschrocken davon.

»Entschuldige, Minki!«, rief ich zerknirscht. »Ich muss ganz schnell telefonieren. Bevor mich der Mut verlässt.«

Herausforderung Nummer zwei sollte nun auch nicht länger auf ihre Erledigung warten. Mit zitternden Fingern hämmerte ich Dr. Blödmanns Nummer ins Telefon. Vielleicht ging ja nur der Anrufbeantworter ran. Dann allerdings würde ich noch mal anrufen müssen. Was die Sache auch nicht besser machte. Oder ich würde ihm einfach auf den AB sprechen, dass ...

»Dr. Müller, guten Tag«, klang seine markante Stimme durch den Hörer.

Einen Moment lang war ich irritiert. Richtig – der hieß in Wirklichkeit ja gar nicht Dr. Blödmann. Ich kicherte.

»Hallo? Ich kann Sie kaum hören.«

»Äh, ja, ich hab auch nichts gesagt«, stammelte ich unbeholfen.

»Frau Mustermann? Sind Sie das?«

Ob ich wohl seine einzige Patientin war? Oder warum wusste der so schnell, wer am Telefon war?

»Frau Mustermann?«

»Ja doch, ich bin's. Ich habe ganz vergessen, einen neuen Termin auszumachen«, log ich.

»Ist mir auch schon aufgefallen. Vielleicht lag das daran, dass Sie letztes Mal etwas überstürzt aufgebrochen sind«, stellte der Seelenklempner fest.

Ob und was er dabei dachte, war seinem Tonfall nicht zu entnehmen. Womöglich war er doch gar kein so schlechter Psychologe.

»Finden Sie?«, fragte ich unschuldig. »Daran kann ich mich gar nicht erinnern.«

Minka stand neben mir und formte das Daumen-oben-Zeichen. Sah zumindest so aus. Auch ich war ein bisschen stolz auf meine Souveränität. Dem würde ich mit Sicherheit nicht auf die Nase binden, wie sehr ich mich über ihn geärgert hatte.

»Wie auch immer. Kann ich am Donnerstag kommen? Gleiche Zeit?«

»Gern. Ich freu mich.«

»Ich mich auch«, antwortete ich automatisch und beendete das Gespräch.

*Ich mich auch?* Was sollte das denn? Fassungslos starrte ich auf das Telefon in meiner Hand. Hatte ich das wirklich gesagt? *Ich mich auch?* Zu Dr. Kotzbrocken? Ich war wohl ein noch viel schwererer Fall, als ich bisher angenommen hatte. Minka verschwand kopfschüttelnd ins Wohnzimmer. Wo sie mich doch eben noch so bewundert hatte. Aber ich konnte es ihr nicht verübeln. *Ich mich auch!* Gar nicht freute ich mich! Kein bisschen! Nix! Negativ! Am liebsten hätte ich Dr. Müller direkt noch mal angerufen. Nur um ihm zu sagen, dass ich mich *nicht* freute.

»Nur dass das klar ist«, würde ich sagen, »auf Sie freu ich mich in etwa so sehr wie auf eine Wurzelbehandlung. Ohne

Narkose. Bei einem besoffenen Zahnarzt. Während eines Erdbebens.«

Etwas kleinlaut legte ich das Telefon zurück in die Ladestation. Und wenn es mir noch so sehr widerstrebte: Dass dieser Anruf die ganze Sache nur noch peinlicher machen würde, musste auch ich mir eingestehen.

# Veränderungen – und wie die Welt sich weiterdreht

Die Woche verging wie im Flug. Ich aß Müsli zum Frühstück, trank abends Espresso und legte am Mittwochmorgen eine Spur Parfüm auf. Da mir sonst nichts Bahnbrechendes einfiel, um meinen Alltag zu revolutionieren, vertraute ich ganz auf Maria und den Freitagabend. Das einzige Manko an der Sache war, dass jedem Freitagabend in der Regel ein Donnerstagabend vorausgeht. So auch in dieser Woche. Und der Donnerstag war nun einmal für einen Besuch bei meinem Lieblings-Chamäleon reserviert.

Widerwillig machte ich mich auf den Weg in die Praxis des Grauens. Warum hatte ich eigentlich keine Migräne? 18 Millionen Deutsche leiden darunter. Das sind 18 Millionen Menschen, die jetzt einen guten Grund für eine spontane Terminabsage gehabt hätten. Bloß ich nicht. Oder ein Hexenschuss. 85 Prozent der Bundesbürger erleiden mindestens einmal im Leben einen Hexenschuss. Wo blieb meiner? Entmutigt von der Ungerechtigkeit des Lebens bahnte ich mir vollkommen kopf- und rückengesund den Weg durch den Feierabendverkehr und parkte mein Auto in derselben Parkbucht wie eine Woche zuvor. Seit meinem letzten Besuch bei Dr. Müller hatte es nicht mehr geregnet. Schlecht gelaunt schwang ich die Beine aus dem Wagen – und trat direkt auf einen ausgetrockneten Farbfleck in der Nuance »Politely Pink«. Mein einstiger Lieblingslippenstift war auf dem Asphalt meines Seelendoktors einen qualvollen Tod gestorben. Wenn das kein schlechtes Omen war.

Noch bevor ich den Klingelknopf betätigen konnte, wurde die Praxistür schwungvoll geöffnet.

»Ich hab Sie schon gesehen«, sagte Dr. Müller fröhlich. »Kommen Sie rein!«

»Bleibt mir ja auch nichts anderes übrig!«, murmelte ich spitz.

»Was haben Sie gesagt?«

»Nichts.«

Schicksalsergeben folgte ich dem Therapeuten in sein Behandlungszimmer. Er sah verändert aus. Das schöne Wetter der vergangenen Woche hatte seinem Teint gutgetan. In seinem sonnengebräunten Gesicht tummelten sich kleine Lachfältchen. Das hellblaue Hemd brachte die Farbe seiner Augen zur Geltung. Statt der obligatorischen beigen Hose trug er Jeans. Ich hatte mir vorgenommen, es ihm nicht zu leicht zu machen. Nun sah er plötzlich aus wie Daniel Craig und war drauf und dran, mir die Tour zu vermasseln: Für den Moment war ich voll und ganz damit ausgelastet, ihn nicht attraktiv zu finden.

»Schön, dass Sie da sind«, sagte Dr. Craig und wies auf meinen angestammten Platz in der Sitzkuhle seines Sofas.

»Mmh«, machte ich zurückhaltend.

Solange ich ihn nicht ansah, war es leichter, böse auf ihn zu sein.

»Ich dachte schon, Sie würden nicht wiederkommen.«

»Ich auch. Aber ich bin ja nicht freiwillig hier.«

»Dann sollten Sie jetzt gehen.«

»Was?«

Überrascht löste ich den Blick von dem Bild hinter Dr. Müllers Sessel und sah ihm direkt in die Augen.

»Sie haben mich verstanden. Ich möchte Ihnen helfen. Ich *kann* Ihnen helfen und wenn Sie mich lassen, *werde* ich Ihnen helfen. Aber wenn Sie nur hier sind, weil irgendein Richter das von Ihnen verlangt, vergeuden Sie meine Zeit.«

»*Ich* vergeude *Ihre* Zeit? Haben Sie schon mal daran gedacht, dass es umgekehrt sein könnte? Sie behandeln mich wie ein aufmüpfiges Kind und verbieten mir den Mund, wie es Ihnen gerade gefällt. Und da denken Sie allen Ernstes, das würde mir irgendwie weiterhelfen?«

»Ja«, sagte er schlicht.

Wutentbrannt starrte ich ihn an. Er starrte zurück. Es war ein bisschen wie im Kindergarten. Wer zuerst blinzelt. Ich grinste und fand mich im gleichen Moment doof. Ich wollte doch sauer sein! Sein Mund zuckte verräterisch. Und dann begann er zu lachen. So laut und herzhaft, wie ich es ihm niemals zugetraut hätte. Einen Moment lang sah er aus wie ein übermütiges Kind. Ein alberner halbwüchsiger Junge mit zerzausten Haaren und braun gebranntem Gesicht. Dann war er wieder der seriöse Therapeut, als den ich ihn kennengelernt hatte. Nur Dr. Blödmann war er nicht mehr. Der hatte sich davongemacht und sollte nie wieder gesehen werden.

Knapp eine Stunde später war unsere Sitzung beendet. Ich hatte ihm alles erzählt. Von meinem Date mit Michael und dem

Treffen mit meiner Mutter. Von Christine und Holger und davon, dass sie mit ihm sympathisiert hatten. Von dem Vanilleeis. Und allem voran von Maria. Er hatte schon wieder gelacht und ich hatte mich geschämt.

»Finden Sie das lächerlich?«, hatte ich verzweifelt gefragt.

Vollkommen ernst hatte er mich angesehen – kein bisschen kleiner Junge diesmal, dafür ganz viel erfahrener Therapeut.

»Überhaupt nicht!«, hatte er geantwortet. »Sie haben sich auf den Weg gemacht und ich bin stolz auf Sie. Schauen Sie einfach, wohin es Sie führt. Und wenn es Ihnen dort nicht gefällt, dann gehen Sie halt weiter.«

Für den Bruchteil einer Sekunde hatte ich gedacht, er würde meine Hand nehmen. Doch der Moment verstrich. Ob ich erleichtert oder enttäuscht war, konnte ich nicht sicher sagen.

»Wir sehen uns nächste Woche«, sagte Dr. Müller auf dem Weg zur Haustür. »Ich freu mich.«

»Ich mich auch«, bestätigte ich.

Verlegen biss ich mir auf die Unterlippe und schloss die Tür hinter mir. Jetzt hatte ich es schon wieder gesagt. Ich war doch wirklich unverbesserlich. Das Irritierendste aber war, dass ich es diesmal ernst gemeint hatte.

Der Freitag ließ von Anfang an keinerlei Zweifel daran aufkommen, dass er ein waschechter Freutag werden würde. Ausgeruht und gut gelaunt erwachte ich noch vor dem ersten Weckton durch das Schnurren meiner Katze. Minka hatte sich illegalerweise einen Großteil meines Kissens erschlichen und ihren warmen, sanft vibrierenden Körper dicht an mein rechtes Ohr geschmiegt. Mit einem glücklichen Lächeln und dem wohligen

Gefühl, geliebt zu werden, blieb ich so lange wie möglich still liegen und genoss den Moment. Erst als sich mein eingeschlafener Arm und die kitzelnden Schnurrhaare in meinem Gesicht nicht länger ignorieren ließen, schwang ich die Beine aus dem Bett und überließ auch den Rest des Kopfkissens dem einnehmenden Wesen meines Lieblingskätzchens.

In der Nacht hatte ich von Daniel Craig geträumt. Dem echten natürlich. Braun gebrannt und mit zerzausten Haaren hatte er mir in einem Wohnzimmer, das dann doch wieder den Praxisräumen eines gewissen Psychodoktors ähnelte, Vanilleeis und Müsli serviert. Begleitet von einer wild die Kastagnetten schwingenden Maria hatten wir getanzt, bis wir uns atemlos in die Sitzkuhle des durchschnittsdeutschen Standardsofas sinken ließen. Gerade als er mich küssen wollte, hatte sich Daniel Craig in ein bleiches Chamäleon mit Kulleraugen verwandelt, das zu allem Überfluss auch noch sprechen konnte.

»Ich will jetzt gar nichts hören!«, hatte die schuppige Echse mit erstaunlich sonorer Stimme verkündet und weiter versucht, mich zu küssen.

Doch ich hatte es mir anders überlegt und war mit Maria von dannen gezogen, um die Clubs der Stadt unsicher zu machen. Wie das Chamäleon mit der unerwarteten Zurückweisung umgegangen war, hatte ich vorsichtshalber nicht mehr geträumt.

Grinsend taperte ich in die Küche. Ich nahm ein frisches Glas aus dem Schrank, füllte es mit Leitungswasser und trank gierig. In Sachen Wasser hielt ich es wie 30,2 Prozent der Bundesbürger: Wenn das am strengsten kontrollierte Lebensmittel überhaupt aus der Wasserleitung kam, dann sollte man ruhig regelmäßig darauf zurückgreifen.

Die Vögel auf dem großen Kirschbaum vorm Küchenfenster zwitscherten, als würde ihr Überleben davon abhängen. Selbst Minka hatte sich mit kleinen Augen aus dem Bett geschält, um sich auf der Fensterbank des Küchenfensters ihrem persönlichen Lieblingsunterhaltungsprogramm zu widmen. Ich ließ sie mit ihren kleinen gefiederten Freunden allein und stieg pfeifend unter die Dusche. Was war das Leben doch schön!

»Du siehst irgendwie anders aus. Bist du verliebt?«

Mit einer Mischung aus Neugier und Belustigung blickte Maria mich über unsere Computerbildschirme hinweg an. Ihr smaragdgrünes Sommerkleid glich dem Outfit, das sie in meinem Traum getragen hatte. Gedankenverloren musterte ich meine neue Kollegin.

»Stimmt was nicht?«

»Besitzt du eigentlich Kastagnetten?«, fragte ich unvermittelt.

»Ob ich – was?«

»Schon gut.«

Angestrengt starrte ich auf meinen Monitor. Nie zuvor war es mir so schwergefallen, mich auf meine Arbeit zu konzentrieren.

»Also?«, fragte Maria.

»Also was?«

»Das weißt du genau. Wer ist denn der Glückliche?«

»Da ist niemand. Und jetzt lass uns arbeiten. Wir wollen doch schließlich pünktlich Feierabend machen.«

»Ich glaub dir kein Wort. Aber wir können ja heute Abend weiterquatschen.«

»Wo gehen wir denn eigentlich essen?«, fragte ich, dankbar den Themawechsel aufgreifend. »Ich kenne da ein tolles gutbürgerliches Restaurant, das eine grandiose Schweinshaxe anbietet.«

Maria lachte schallend: »Du bist so witzig! Ich falle jedes Mal fast auf dich rein!«

Tapfer stimmte ich in ihr Gelächter ein. *War wohl schon wieder nichts mit meiner Freitags-Haxe.*

»Ich dachte, wir gehen zum Perser«, schlug meine neue Freundin vor.

»Super«, lobte ich mit dem ganzen Enthusiasmus meines neuen Selbsts. »Ich liebe persisches Essen!«

»Perfekt«, strahlte Maria. »Ich hol dich um halb sieben ab.«

Der restliche Arbeitstag war wie im Flug vergangen und auch der traditionelle Freitagnachmittagswohnungsputz war längst erledigt. Das 14-Uhr-Telefonat mit Tine war Linas neuer Leidenschaft für den Nagellack ihrer Mutter zum Opfer gefallen. Wir hatten uns kaum begrüßt, als auf der anderen Seite der Leitung auch schon das Chaos ausbrach. Aus den wenigen Brocken, die ich aus dem folgenden Mutter-Tochter-Gespräch aufschnappte – darunter Ausdrücke wie »bester Pulli«, »das ganze Sofa« und »nie wieder Taschengeld« –, kombinierte ich messerscharf, dass bei meiner Freundin demnächst einige Neuanschaffungen anstehen würden. Auf jeden Fall wurde das Telefonat so abrupt beendet, dass ich nicht einmal dazu gekommen war, Christine von meinen Plänen für den Abend zu berichten. Sei's drum. Wir würden unser gegenseitiges Update am Sonntag bei Kaffee und Kuchen in meiner Wohnung nachholen.

Ein paar Stunden später hatte ich mein obligatorisches Ausgeh-Outfit aus Kleid, Schmuckset, Make-up und Duftwässerchen aufgelegt und war nervös wie ein Schulmädchen vorm Abschlussball. Erst als ich auf der kleinen Mauer vor unserem Mietshaus Platz genommen hatte, um auf Miss Rostlaube und ihre Rostlaube zu warten, fiel mir siedend heiß auf, dass ich etwas Wichtiges vergessen hatte. *Ich liebe persisches Essen!* Die Wahrheit war, dass ich nie zuvor persisch gegessen hatte. Und nun hatte ich nicht einmal daran gedacht, rechtzeitig Dr. Google zu Rate zu ziehen. Während ich mit zitternden Fingern mein Smartphone aus der Tasche zog, spürte ich, wie mir das Blut ins Gesicht schoss. *Erythrophobie*, dachte ich flüchtig. Mehrere Tausend Deutsche leiden laut aktuellen Schätzungen unter der Angst vorm Erröten. Das macht sie zu einer der häufigsten sozialen Phobien bundesweit. Was ich alles wusste. Mama wäre sicher stolz auf mich.

Kaum hatte ich das Handy aus seiner bruch- und kratzfesten Schutzhülle entfernt, da kündigte das unerkennbare Geräusch eines sterbenden Auspuffs die Ankunft meines Taxis an. Resigniert schob ich das Telefon zurück in meine Tasche. Zu spät! Lachend und winkend hielt Maria auf dem Bordstein vorm Haus. Pünktlich. Vielleicht hatte sie doch deutsche Wurzeln.

Mit einem mitleiderregenden Quietschen und nur unter Aufbringung meines vollen Körpereinsatzes ließ sich die Beifahrertür öffnen. Ich plumpste in den zerschlissenen Sitz, schnallte mich an und harrte, fassungslos über meinen eigenen Leichtsinn, der Dinge, die da kamen. Mit quietschenden Reifen und unter Missachtung sämtlicher Verkehrsregeln reihte Maria sich in den zu dieser Zeit regen Verkehr ein. Bevor die Welt um mich herum zu einer beängstigenden Collage aus schnell dahinfliegenden Lichtern, Farben und Formen verschwamm, nahm ich noch die Köpfe der Nachbarn hinter ihren verdächtig wackelnden Gardinen wahr.

»Ist das etwa die Mustermann, die da gerade in diesen Zustand auf vier Rädern gestiegen ist?«, hörte ich ihre Stimmen in meinem Kopf. »Arme Frau. Von der Sache mit den Gartenzwergen hat sie sich nie wieder ganz erholt.«

Beklommen sah ich mich in der wenig vertrauenerweckenden Blechkiste um und kam nicht umhin, ihnen beizupflichten. *Normal* war das nicht, was ich hier machte.

»Also, wer ist es?«, fragte Maria unvermittelt.

»Wow. Das nenne ich mal ein Elefantengedächtnis.«

Grinsend und ohne jegliche Konsultation von Hilfsmitteln wie Blinker oder Spiegel wechselte sie die Fahrspur. Der Bullifahrer, den sie dabei fast von der Straße gedrängt hätte, hupte böse. Die Spanierin warf ihm eine Kusshand zu und drängelte sich unbeirrt weiter voran.

»Na klar. So etwas vergesse ich nicht.«

Was hätte ich jetzt darum gegeben, einfach nur über das Wetter zu sprechen.

»Es gibt wirklich niemanden«, beteuerte ich. »Und wenn du nicht langsam mal deinen Blinker benutzt, werde ich wohl auch als Single sterben müssen.«

»Ach, der Blinker ist schon lange kaputt. Ich weiß gar nicht mehr genau, wie man den betätigt«, lachte die Kollegin unbekümmert. »Wenn ich daran denke, halte ich einfach den Arm aus dem Fenster.«

Ich fand das gar nicht witzig. Angestrengt modifizierte ich mein in Panik verzerrtes Gesicht dennoch so, dass es im Eifer des Gefechts vielleicht als angedeutetes Lächeln durchgehen würde. Schließlich wollte ich es mir nicht direkt mit meiner neuen Freundin verderben.

»Dass ihr Deutschen immer solche Angst um eure Autos habt.«

»Bei 44 Millionen Pkw auf deutschen Straßen haben die Verkehrsregeln durchaus einen Sinn«, dozierte ich streng. »Im Übrigen sehen nur 35 Prozent der Deutschen das Auto als Statussymbol. Der Rest von uns hat weniger Angst um sein Auto als vielmehr um sein Leben.«

»Ach so. Und dass dein Auto immer aussieht wie frisch gebadet, liegt auch nur an deinem Überlebensinstinkt, ja?«

*Touché.* Nur vier Prozent der Deutschen waschen ihr Auto so oft wie ich, nämlich häufiger als 48-mal im Jahr. Zu behaupten, dass ich keine besondere Beziehung zu meinem Golf hatte, klang wohl eher unglaubwürdig. Ich entschied mich statt einer Antwort zum Gegenangriff.

»Hast du eigentlich einen Organspenderausweis?«, fragte ich provozierend. Hatte schließlich bei Michael auch ganz gut funktioniert.

»Na klar. Bei meiner Fahrweise macht das doch Sinn, oder?«

Ich warf einen schnellen Blick auf Maria, um festzustellen, ob sie mich aufziehen wollte.

»Ist das dein Ernst?«

»Natürlich!«, bestätigte sie leichthin, während sie ihre Klapperkiste zielsicher auf den letzten freien Parkplatz vor einem heruntergekommenen Gebäudekomplex lenkte. »Ich verstehe gar nicht, warum das nicht jeder macht. Wenn ich meine Organe nicht mehr brauche, könnt ihr sie gern haben.«

Etwas versöhnt schnallte ich mich ab und folgte Maria ins Freie. Frau Unangepasst war scheinbar vielschichtiger als erwartet.

Das persische Restaurant empfing uns mit einer farbenfrohen Deko, fremdartigen Klängen und mindestens ebenso exotischen Gerüchen. Meine Hoffnung, hier wenigstens ein schönes Schnitzel Wiener Art zu bekommen, schwand dahin. Eingeschüchtert schlich ich hinter Maria in den Gastraum.

»Willkommen!«, rief der schwarz gelockte Kellner herzlich. »Wie schön, Sie mal wieder zu sehen. Wir dachten schon, Sie kommen gar nicht mehr zu uns.«

*Auch das noch*, dachte ich unbehaglich, während der attraktive Mann mit weit ausgebreiteten Armen hinter seinem Tresen hervorschoss. Maria war hier offenbar Stammkundin. Wie sollte ich es da schaffen, meine eigene Jungfräulichkeit in Sachen persisches Essen zu verheimlichen? Mit einem strahlenden Lächeln schlängelte der Kellner sich an meiner Begleiterin vorbei und schloss mich überschwänglich in seine Arme. Verdutzt ließ ich mich auf beide Wangen küssen, bevor er mich endlich auf Armlänge von sich schob und einen leicht vorwurfsvollen Gesichtsausdruck aufsetzte.

»Waren Sie krank? Mal ehrlich: Es ist viel zu lange her.«

»Das stimmt«, bestätigte ich zerknirscht. »War viel los in letzter Zeit.«

Ich hatte den Mann nie zuvor gesehen. Doch egal, für wen er mich hielt – Kerstin oder Sonja, das Mädchen mit dem Hund oder die Bekannte vom Schulleiter –, ich würde mich hüten, ihn auf die

Verwechslung hinzuweisen. Einmal im Leben würde ich nun von meinem durchschnittsdeutschen Allerweltsgesicht profitieren.

Zufrieden machten wir es uns an dem Tisch bequem, der angeblich mein Lieblingsplatz war.

»Ich wusste ja gar nicht, dass du hier Stammkundin bist«, wisperte Maria.

Sie klang überrascht – und irgendwie beeindruckt.

»Es gibt vieles, was du nicht über mich weißt. Ich stecke voller Überraschungen«, prahlte ich übermütig.

Lächelnd öffnete meine Mentorin-wider-Willen ihre Karte.

»Was kannst du denn empfehlen?«

Ich hüstelte.

»Alles«, antwortete ich schließlich großspurig. »Ich habe hier noch nie etwas gegessen, was mir nicht geschmeckt hat.«

In Anbetracht der Tatsache, dass ich hier noch nie *irgendetwas* gegessen hatte, stimmte das sogar.

»Ich nehme Nummer 14«, verkündete Maria und klappte entschlossen die Karte zu.

»Was ist Nummer 14?«

Nur weil ich Stammkundin war, konnte man ja wohl kaum von mir erwarten, dass ich die gesamte Karte auswendig kannte.

»Keine Ahnung. Ich mag die Zahl. Ich lass mich einfach überraschen.«

Perplex starrte ich sie an.

»Und was machst du, wenn du etwas bekommst, was du überhaupt nicht magst?«

»Dann bestelle ich beim nächsten Mal was anderes.«

So einfach war das für sie. Nun war es an mir, ein klein wenig beeindruckt zu sein. Ich selbst hatte noch immer keine

Idee, für welchen der undefinierbaren Zungenbrecher ich mich entscheiden sollte.

»Und, was darf ich Ihnen bringen?«, fragte der Kellner strahlend.

»Für mich die 14, bitte«, säuselte Maria mit ihrem hinreißenden Dialekt und einem wohldosierten Augenaufschlag.

Flirtete die etwa gerade mit *meinem* Stammkellner? *Jetzt mach mal 'nen Punkt!*, wies mich meine innere Stimme zurecht. *In Wahrheit hast du den Mann nie zuvor gesehen.* Recht hatte sie. Und im Übrigen stand ich eher auf blonde, blauäugige Männer. So wie Dr. Craig. Daniel. Ich meinte natürlich Daniel Craig. Schon wieder spürte ich, wie mir das Blut ins Gesicht schoss. Dass mir plötzlich klar wurde, dass der Kellner und Maria mich erwartungsvoll anstarrten, machte die Sache auch nicht besser.

»Wie bitte?«, fragte ich verwirrt.

»Was Sie essen möchten. Wie immer?«

»Äh, ja, wie immer.«

Ich war vollkommen überrumpelt.

»Mezze?«

»Gesundheit!«, murmelte ich abwesend.

Maria und der Kellner brachen in schallendes Gelächter aus.

»Sie sind ja heute lustig drauf!«

»Ich glaube, das wird zu viel«, schaltete sich meine Begleiterin ein. »Oder was meinst du, Emu?«

»Das sehe ich auch so.«

Ich hatte keine Ahnung, wovon wir gerade sprachen.

»Also heute keine Mezze.«

Immer noch lächelnd klappte der Kellner seinen Notizblock zusammen und machte sich endlich davon. Was auch immer ich gerade bestellt hatte: Ich würde es essen müssen, um nicht als Hochstaplerin entlarvt zu werden. Ich hoffte inständig, dass es keine Froschschenkel waren.

»Jetzt haben wir gar keine Getränke bestellt.«

Suchend blickte ich mich nach der Bedienung um. Es war immer noch sehr warm und meine Zunge fühlte sich in meinem ausgetrockneten Mund an wie eine tote Qualle.

»Doch, haben wir«, grinste Maria. »Du warst nur gerade etwas abgelenkt.«

»Was hast du denn bestellt? Keinen Champagner, oder?«

»Sehe ich so aus?«

Sie hatte recht. Wenn ich mir eine Person nicht mit Champagnerkelch oder einem Glas *Châteauneuf-du-Spülwasser* vorstellen konnte, dann Maria. Noch während ich darüber nachdachte, was genau eine Frau wie sie wohl trinken würde, brachte der Kellner die Bestellung. Tequila und Bier. Das passte.

»Hast du noch was vor?«, fragte ich etwas missbilligend. »Es ist noch früh am Tag.«

»Irgendwo auf der Welt ist immer gerade Zeit für einen Tequila. Im Übrigen ist es nach sechs Uhr. Ab wann ist es für dich denn moralisch vertretbar, Alkohol zu trinken?«

Sie hielt mich für eine Spießerin. Ich war keine Spießerin! Nun ja. Zumindest wollte ich nicht, dass sie mich für eine hielt.

»Ab jetzt!«

Ich griff nach meinem Tequila, verzichtete aus dramaturgischen Gründen auf Salz und Zitrone und kippte die klare Flüssigkeit in einer schnellen Bewegung herunter.

»Prost!«, keuchte ich, das Brennen in meinem Hals ignorierend, und stellte das leere Glas vor mir ab.

Einen Moment lang befürchtete ich fast, ich würde mit meiner alkoholgeschwängerten Atemluft die brennende Kerze in einen Flammenwerfer verwandeln. Doch das Lichtlein flackerte weiter harmlos vor sich hin.

Grinsend widmete Maria sich den von mir verschmähten Utensilien, setzte ihren Tequila an die Lippen und knallte das leere Glas genau in dem Moment lässig auf den Tisch, als der Kellner sich mit einem einsamen vollen Schnapsglas zu uns gesellte. Enttäuscht registrierte er unsere leeren Gläser.

»Na, Sie haben's ja eilig. Jetzt wollte ich eigentlich mit Ihnen anstoßen.«

»Das trifft sich gut. Wir wollten ohnehin gerade Nachschub bestellen.«

Grinsend hielt Maria dem Kellner das Leergut entgegen.

»Wollten wir das?«, zischte ich mit seltsam erstickter Stimme.

Ein Teil meines Schnapses war offenbar auf seinem Weg in den Magen falsch abgebogen und hatte sich direkt in den kleinen Blutgefäßen meines Gesichts abgelagert. Anders konnte ich mir die plötzlichen Hitzewallungen jedenfalls nicht erklären. Ein großer Schluck des eiskalten Bieres machte zumindest das Brennen in meiner Speiseröhre etwas erträglicher. Unwillkürlich dachte ich an die neueste Statistik zum Thema Alkohol, die ich gerade an diesem Nachmittag gelesen hatte: In Sachsen wird angeblich mehr Bier getrunken als bei uns in Bayern. Wie lange das wohl noch zutreffen würde, wenn ich weiter Tequila in mich hineingoss?

»Klar wollten wir Nachschub bestellen«, beantwortete Maria meine gequälte Frage und unterbrach damit meine

Gedanken. »Ihr sagt doch immer, auf einem Bein könne man nicht stehen.«

Ich wurde das Gefühl nicht los, dass ich in diesem speziellem Fall auf einem Bein deutlich besser stehen könnte als auf mehreren.

»Ich kann auch gleich die Flasche holen!«

Beschwingt verschwand der Kellner hinter seinem Tresen.

»Das wird nicht nötig sein«, rief ich ihm hinterher.

»Gute Idee«, kommentierte Maria.

»Wer fährt denn dann?«, fragte ich streng.

»Ach, mein Auto kennt den Weg.«

»Ich nehme ein Taxi.«

»Super, da fahr ich mit!«

»Willst du mich veräppeln?«

»Na klar! Wir kommen schon nach Hause. Entspann dich!«

Der Kellner brachte eine große Flasche Tequila und eine Familienportion Zitronenscheiben. So wie es aussah, hatten wir noch viel vor. Und das alles nur, weil ich meine Brieftaube mit Zwergen beworfen hatte.

Als rund zwanzig Minuten später das Essen kam, war die Flasche fast leer – und ich fast voll. Der Kellner, der sich mittlerweile als Mehdi vorgestellt hatte, hatte uns tatkräftig unterstützt.

»Der muss doch arbeiten«, zischte ich vorwurfsvoll, als er sich kurz entschuldigte, um das junge Pärchen am Nachbartisch zu bedienen. »Jede Arbeitsstunde kostet in Deutschland rund 29,10 Euro.«

Wortlos griff Maria zur Flasche und verteilte den restlichen Schnaps in die drei Gläser. Ich fühlte mich ignoriert.

»Was wird das denn jetzt?«, fragte ich genervt.

»Subvention!«, strahlte Maria und leerte ihr Glas mit einem Zug. »Ich unterstütze die Tequila-Industrie und finanziere damit Mehdis Arbeitsplatz.«

»Das ist ein ernstes Thema.« Nur mit einem Höchstmaß an Konzentration gelang es mir, meine erstaunlich schwere Zunge in den Griff zu bekommen. »Experten schätzen den volkswirtschaftlichen Schaden von Alkohol und Drogen am Arbeitsplatz in Deutschland auf jährlich dreihundert Milliarden Euro. Macht dir das keine Sorgen?«

»Das Sorgenmachen überlasse ich euch Deutschen. Das könnt ihr besser als ich.«

Immer noch grinsend griff Maria zu ihrem Besteck und machte sich über ihr Essen her. Nummer 14. Was auch immer das war. Irgendwie hatte sie ja recht. Ich beschloss, mich ab sofort weniger zu sorgen, und stürzte mich ausgehungert auf mein angebliches Leibgericht. Es schmeckte nach Abenteuer, Freiheit, Leidenschaft und ... Hühnchen. Meine unbekannte Doppelgängerin schien einen guten Geschmack zu haben. Bestimmt mochte sie auch Haxe.

»Warst du eigentlich schon mal in Spanien?«

Maria hatte sich Nummer 14 einverleibt und hielt Ausschau nach Mehdi, der in der Küche gebraucht wurde.

»Noch nie«, sagte ich und fühlte mich wie eine Versagerin. »Aber ich war schon mal an der Ostsee.«

Als ob das irgendetwas ändern würde. Wie zwei Drittel der Deutschen hatte ich bisher am liebsten Urlaub im eigenen

Land gemacht. Und in Österreich, aber das war ja fast dasselbe. Als Kinder hatten wir früh von Mama und Papa gelernt, dass es zu Hause am schönsten ist. Denn im Ausland gibt es Mücken so groß wie Hubschrauber, vom Essen bekommt man Durchfall und die Ärzte operieren noch mit Fleischermessern. Noch dazu, und das schien für meinen Vater am schwerwiegendsten zu sein, gibt es außerhalb von Deutschland nun einmal kein deutsches Reinheitsgebot. Auch wenn ich die wahre Bedeutung dieser Tatsache erst viel später begriff, stand eines außer Frage: Die Mustermänner blieben, wo sie hingehörten. In Deutschland.

»Hast du Lust, mal hinzufliegen?«, riss Maria mich aus meinen Gedanken.

»Und wie!«, stimmte ich begeistert zu.

Was war nur los mit mir? Ich hatte nicht einmal einen Auslandskrankenschutz. Es musste am Tequila liegen. So leichtsinnig war ich doch sonst nicht.

»Super! Ich fliege in zwei Wochen zu meiner Familie. Ich buche dir einen Flug.«

Ich hustete.

»Ich bin gar nicht geimpft.«

Argwöhnisch musterte meine neue Freundin mich von oben bis unten.

»Wogegen willst du dich denn impfen lassen? Gegen Hysterie und übertriebene Vorsicht?«

»Ich weiß nicht«, entgegnete ich aufmüpfig. »So genau habe ich mich noch nicht informiert. Malaria vielleicht. Und Tollwut. Was man halt so braucht.«

»Meine liebe Emu«, seufzte Maria und nahm über den Tisch hinweg meine Hand. »Ich sage dir, was du brauchst. Du brauchst einen Bikini, Sonnencreme und gute Laune. Versprichst du mir, dass du das schaffst?«

»Natürlich«, bestätigte ich folgsam. Selten hatte ich mich so dumm gefühlt.

»Perfekt!«, lobte Maria und strahlte schon wieder. »Dann verspreche ich dir, dass ich dich nicht mit Tollwut anstecke.«

»Danke.«

»Bitte.«

»Und was ist mit Malaria?«

»Keine Gefahr.«

»Denguefieber?«

»Du weißt schon grob, wo Spanien liegt, oder?«

»Heißt das ja oder nein?«

»Nein. Kein Denguefieber. Keine Cholera, kein Ebola, keine Pest. Der letzte Leprafall ist auch schon Wochen her.«

»Du machst dich über mich lustig, oder?«

»Natürlich. Das liebst du doch so an mir.«

»Willst du Rose kaufen?«, fragte eine männliche Stimme.

Überrascht blickten wir auf. Ein kleiner, schnauzbärtiger Mann in Lederhosen war unbemerkt an unseren Tisch herangetreten, im Arm einen großen Strauß vernachlässigt wirkender Blumen. Derselbe Verkäufer, den Michael in der vergangenen Woche so unsanft in die Flucht geschlagen hatte. Verschmitzt sahen wir uns über den Tisch hinweg an. Wir hielten noch immer Händchen und redeten von Liebe. Kein Wunder, dass die Rosen ihre Chance gewittert hatten.

»Tausche Rose gegen Schnaps.«

Mit einem herzlichen Lächeln schob Maria dem kleinen Mann den verbliebenen Tequila entgegen, der für Mehdi bestimmt gewesen war. Er musterte uns misstrauisch.

»Dann brauchen wir aber dringend Nachschub!«, rief Mehdi, der just im richtigen Moment mit der nächsten Flasche um die Ecke gebogen war.

Fast meinte ich, meine geschundene Leber stöhnen zu hören. Der Rosenmann ließ seinen Blick von seinen desinteressiert dahinwelkenden Blumen zur Tequilaflasche schweifen, kratzte sich denkend am Kopf – und entschied sich für Letzteres. Mit einem Seufzer, der mühelos jede protestierende Leber übertönt hätte, warf er seine dornigen Begleiter auf den frisch abgeräumten Tisch und ließ sich schwer auf den freien Stuhl neben meiner Freundin plumpsen.

»Kennt ihr euch?«, fragte ich verwundert.

»Ich bin Marcello«, verkündete der Blumenverkäufer.

»Maria«, sagte Maria. »Und das sind meine Freunde Erika und Mehdi.«

Sie griff nach der neuen Flasche, schenkte großzügig ein und prostete mir augenzwinkernd über den Tisch hinweg zu: »Jetzt kennen wir uns!«

Mechanisch leerte ich mein Glas. Das Brennen hielt sich in Grenzen. Ob das ein gutes oder schlechtes Zeichen war, konnte ich beim besten Willen nicht einschätzen. Etwas unsicher stand ich auf, um die Toilette zu suchen. Schwankend folgte ich der Beschilderung einen langen Flur entlang bis zu einem dunklen, kleinen Raum, der mit den Buchstaben »MC« gekennzeichnet war. Ich widerstand dem beinahe übermächtigen Verlangen, aus dem verunglückten M durch eine gekonnte Drehung das erforderliche W zu machen, und betrat den Toilettenraum. Die Sagrotan-Tücher in meiner Handtasche fieberten ihrem dringend erforderlichen Einsatz entgegen. *Hunderte von verschiedenen Keimen an jeder Klobrille,* dachte ich träge. Unkoordiniert zerrte ich am Reißverschluss der Tasche, der sich ausgerechnet heute als ernstzunehmender Gegner erwies. Ich konnte nicht länger warten. Resigniert ließ ich die Hose runter und sackte ohne jegliche Desinfektions-Aktion auf den wenig vertrauenerweckenden Toilettensitz. *Scheiß drauf!* Ich kicherte albern. *Welch passende Wortwahl im Angesicht der Umstände.*

Gewissenhaft wusch ich über dem winzigsten und wohl schmutzigsten Waschbecken der Gastronomiewelt meine Hände. Zwanzig Sekunden, so wie ich es gelernt hatte. Ich war vielleicht betrunken – aber ganz sicher nicht lebensmüde.

*Erika Mustermann!*, rief mein Spiegelbild mit unverkennbarem Vorwurf, als ich mich gerade zum Gehen wandte. *Was machst du hier eigentlich?*

»Was ich hier mache?« So entschlossen, wie es mein Tequilaumnebelter Verstand zuließ, sah ich der spaßbefreiten Musterfrau im Spiegel in ihre durchschnittsdeutschen Augen. »Ich schlage über die Stränge. Gewöhn dich dran!«

Ohne sie eines weiteren Blickes zu würdigen, verließ ich die Toilette und ließ die Anstandsdame im Spiegel allein zurück. Im Gastraum herrschte Partystimmung. Jemand hatte die Musik lauter gedreht und die Tische in der Mitte des Restaurants auseinandergeschoben. Maria hatte ihre Schuhe ausgezogen und tanzte eng umschlungen mit Mehdi, der eine von Marcellos Rosen zwischen den Lippen trug. Der Blumenmann selbst verteilte sein »Gestrüpp« an die wenigen verbliebenen

Gäste, die im Takt zu der exotisch anmutenden Musik klatschten. Nachdenklich lehnte ich mich an den rücksichtsvoll näherkommenden Türrahmen. Ich trank nach Spiritus schmeckenden Alkohol, verbrachte die Nacht mit Miss Rostlaube und zwei wildfremden Männern und riskierte auf dem Klo eine nähere Bekanntschaft mit Mamas Erzfeind Flipper. Frau Super-Korrekt war dabei, die Kontrolle zu verlieren. Es fühlte sich großartig an.

Als Marcello ein Taxi für uns rief, dämmerte es bereits.

»Ich fahr nicht nach Hause«, flüsterte Maria in einem unbeobachteten Moment, den Blick vielsagend auf Mehdi gerichtet. »Mehdi wohnt direkt um die Ecke.«

*Ihr kennt euch doch gar nicht!*, rief die alte Erika in meinem Inneren missbilligend.

»Halt die Klappe!«, sagte ich laut. »Ich dachte, dich wär ich auf dem Klo losgeworden.«

»Wie bitte?«, fragte Maria verständnislos.

»Ach nichts. Ich wünsche euch viel Spaß. Vier von zehn europäischen Frauen sind schon einmal beim ersten Date im Bett gelandet. Bei den Deutschen sind es weniger. Aber du bist ja nicht einmal deutsch. Das ist schon okay.«

»Danke. Sehr großzügig von dir.«

Neben dem Bordstein vorm Restaurant kam ein Taxi zum Stehen.

»Ich muss los«, sagte ich und drückte Mehdi und Marcello zum Abschied. »Bis ganz bald.«

Das Sprechen erforderte beinahe ebenso viel Konzentration wie die Aufgabe, meine immerhin zwei Füße beim Gehen zu koordinieren. Maria hatte ihre Schuhe wieder angezogen und hakte sich bei mir ein.

»Ich begleite dich nach Hause und lass mich dann zu Mehdi bringen. Ich muss noch was besorgen«, sagte sie augenzwinkernd.

»Jetzt? Um die Zeit hat doch alles längst zu.«

»Das, was ich jetzt brauche, gibt es im Automaten.«

Widerstandslos ließ ich mich von meiner neuen Freundin zum Taxi führen. *Wozu braucht sie denn jetzt Kaugummis?*, fragte ich mich verwundert. *Oder was sonst will sie als Nichtraucherin aus einem Automaten?*

»Oh«, lallte ich, als der Groschen endlich gefallen war. »Ihr braucht Kondome! Das ist gut. Wegen Flipper. Und schwanger werden kann man auch.«

»Ich hörte davon. Zumindest, was die Bienchen und Blümchen angeht. Was allerdings ein Delfin damit zu tun hat, musst du mir bei Gelegenheit mal erklären.«

Kichernd ließ ich mich auf den zerschlissenen Rücksitz des Kombis fallen.

»Das mache ich. Sobald ihr alle aufgehört habt, euch zu drehen.«

»Kein Problem. Spätestens morgen drehen wir uns nicht mehr«, grinste Maria.

Das Taxi setzte sich in Bewegung. Es war ein wunderschöner Sommermorgen. Die ersten Vögel begrüßten zwitschernd das Tageslicht, das die sonst so emsigen Straßen der bayerischen Hauptstadt in ein sanftes, schmeichelhaftes Licht in den schönsten Pastelltönen tauchte. Nur der schnell verblassende Mann im Mond und ich wirkten zunehmend angeschlagen.

An der nächsten Kreuzung überfuhr der Fahrer eine rote Ampel.

»Die Ampel war rot!«, kommentierte ich den Verstoß vorwurfsvoll.

»Es war alles frei«, antwortete der Mann wegwerfend.

»Die Ampel war trotzdem rot.«

»Es ist früh am Morgen.«

»Und doch war die Ampel rot. Sie sind wohl kein Deutscher, was?«

»Wie bitte?«

»Ach nichts.«

Das Taxi hielt mit einem Ruck.

»Hier wohne ich nicht!«, informierte ich den Fahrer nach einem kurzen Blick aus dem Fenster. »Ich habe eine Singlewohnung. In Deutschland gibt es 13,48 Millionen Singlehaushalte.

»Interessant«, kommentierte der Mann.

»Hier ist ein Kondomautomat«, erklärte Maria und sprang aus dem Auto. »Ich bin sofort wieder da.«

Die Tür hatte sie aufgelassen.

»Was dauert denn da so lange? Meine Katze wartet.«

»Sofort! Ich kann mich nicht entscheiden. Welche Geschmacksrichtung würdest du nehmen, Emu?«

»Stracciatella«, lallte ich sehnsüchtig, »oder Vanille. Vanille ist immer noch die liebste Eissorte der Deutschen.«

»Mensch Emu, ich kaufe hier kein Eis, ich kaufe Kondome!«

»Gibt es Walnuss-Feige? Mehdi mag's bestimmt exotisch.«

»Nein, gibt es nicht. Muss gerade ausverkauft sein.«

»Dann nimm Erdbeer-Balsamico. Das ist das Eis des Jahres 2015.«

Kopfschüttelnd ließ Maria sich neben mir auf die Rückbank fallen und zog die Taxitür zu.

»Du wirst überrascht sein. Es gab nur Erdbeere pur.«

»Vielleicht hat Mehdi Balsamico da. Oder einer der Nachbarn.«

»Ich werde sie fragen.«

»Hauptsache, sie passen auch!«, murmelte ich und schloss erschöpft die Augen.

»Wie bitte?«

»Na ja. Du weißt doch gar nicht, wie gut er bestückt ist. Die durchschnittliche Penislänge beträgt 14,48 Zentimeter im erigierten Zustand.«

Der Taxifahrer hüstelte. Maria lachte laut auf.

»Ich bin sicher, sie werden passen. So ein Kondom ist ja ziemlich dehnbar.«

Unvermittelt fiel mir die Spinnenpenisgeschichte wieder ein.

»Wusstest du, dass es Spinnen gibt ...«

Weiter kam ich nicht. Ich hatte es vergessen. Irgendetwas Kurioses hatte es mit den Spinnen auf sich gehabt. An mehr konnte ich mich in diesem Moment beim besten Willen nicht erinnern.

»Ja«, antwortete Maria, als sie merkte, dass ich nicht weitersprechen würde. »Ich wusste, dass es Spinnen gibt.«

Zu erklären, dass das nicht meine eigentliche Frage hatte sein sollen, erschien mir definitiv zu anstrengend.

Mit quietschenden Reifen hielt das Taxi vor meiner Wohnung. Lag das am Tequila oder wirkte der Fahrer erleichtert? Etwas unbeholfen löste ich die Schnalle meines Anschnallgurtes und suchte nach dem Türgriff. Doch meine Freundin war schon zur Stelle. Schwungvoll öffnete sie von außen die Tür.

»Ich bring dich noch rein.«

»Das musst du nicht. Ich komm zurecht.«

»Das weiß ich, Emu. Ich möchte gern Minka kennenlernen«, erklärte Maria.

Sie bat den Taxifahrer zu warten und schob mich sanft in Richtung Eingangstür. Stolz fischte ich meinen Schlüsselbund aus der unförmigen Handtasche und stieß ihn grob in die Richtung, in der ich das Türschloss vermutete. Mit viel Geduld und Marias Hilfe schloss ich auf, stieg um Fassung bemüht die Stufen herauf und öffnete auch meine Wohnungstür. Endlich zu Hause!

Mein Lieblingskätzchen erwartete mich bereits.

»Minki!«, quietschte ich glücklich.

Irritiert wich meine pelzige Freundin einen Schritt zurück. Vielleicht musste auch sie sich erst an die neue Eri gewöhnen. Oder an die Tequilafahne, die so penetrant war, dass ich sie sogar in meinem Zustand selbst riechen konnte.

»Entschuldigung«, murmelte ich zerknirscht und riss mich zusammen, um meinen Taschentiger nicht zu verunsichern. »Ich möchte dir jemanden vorstellen.«

Ich nahm die Katze auf den Arm und wandte mich Maria zu, die auf der Türschwelle gewartet hatte.

»Das ist Miss Rostlaube. Sie ist ziemlich durchgeknallt und geht gleich noch mit meinem Stammkellner ins Bett. Aber Tollwut hat sie keine. Du wirst sie mögen.«

Maria streckte die Hand aus und kraulte meine Mitbewohnerin sanft unter dem felligen Kinn. Minka schnurrte zustimmend. So schloss man also Freundschaften. Mit Schnaps, Rosen und Streicheleinheiten. Ich hatte für eine Nacht genug gelernt und musste dringend ins Bett.

»Danke für den tollen Abend. Und denk an den Balsamico«, sagte ich zu meiner neuen Freundin.

Die noch immer schnurrende Katze fest an mich gedrückt, verschwand ich im Schlafzimmer und kroch mit letzter Kraft in mein akkurat gemachtes Bett. Ganz ohne Zähneputzen. Wenn ich mal nicht in die Hygienehölle kommen würde!

Am Samstagmorgen erwachte ich mit hämmernden Kopfschmerzen. Die Vögel im Kirschbaum vor dem halb geöffneten Küchenfenster hatten sich offenbar ein Megafon besorgt. Anders konnte ich mir jedenfalls nicht erklären, wie die zierlichen Federbälle plötzlich einen derart nervtötenden Lärm verursachen konnten. Selbst Minka, die sich am Fußende meines Bettes räkelte, sah aus, als hätte sie einen schlimmen Kater. Erneut überkam mich das schlechte Gewissen: Wenn sie tatsächlich die ganze Nacht mit mir und meiner verbrauchten Atemluft in dem kleinen Schlafzimmer verbracht hatte, stand sie mir in Sachen Restalkohol sicher in nichts nach.

»Guten Morgen, Prinzessin«, flüsterte ich einschmeichelnd. »Hast du gut geschlafen?«

*War wohl eher ein Koma!*, sagte ihr vorwurfsvoller Blick. *Zumindest bei einer von uns beiden.*

Das Telefon klingelte. Wer rief denn zu einer solch nachtschlafenden Zeit an? Und, was noch wichtiger war, wer in aller Welt hatte das blöde Telefon so laut gestellt? Ich ignorierte das ohrenbetäubende Schrillen und konzentrierte mich stattdessen darauf, den Schwindel und die nun fast unerträglichen Kopfschmerzen in den Griff zu kriegen. Bestimmt war mir das ungewohnte Essen nicht bekommen.

»Echte Lebensmittelunverträglichkeiten sind ja eher selten«, informierte ich Minka. »Aber rund dreißig Prozent der Deutschen leiden nach dem Verzehr bestimmter Lebensmittel unter Beschwerden.«

Sie musste gar nichts sagen. Dass mit dieser Aussage nicht die Beschwerden gemeint waren, die sich nach dem Verzehr von Schwimmbecken voller Alkohol einstellten, wusste ich selbst nur zu gut. Das Klingeln hatte endlich aufgehört und war dem entfernten Murmeln meiner eigenen Stimme gewichen: Der Anrufbeantworter war angesprungen. Auf den anschließenden Piepton folgte eine sonore Männerstimme. Neugierig lauschend legte ich den Kopf auf die Seite und registrierte mit einem liebevollen Lächeln, dass mein Kätzchen exakt dieselbe Position eingenommen hatte. *Ganz die Mama.* Doch wer da sprach und was er uns zu sagen hatte, konnten wir zu unserem kollektiven Bedauern nicht verstehen. Mein Blick blieb am blassen Display meines Weckers hängen. 11.43 Uhr. Wie elektrisiert schoss ich aus den Federn. Der Presslufthammer in meinem Kopf protestierte empört. Von wegen nachtschlafende Zeit! Ich hatte den halben Samstag verschlafen.

Jetzt brauchte ich erst einmal eine heiße Dusche, einen starken Kaffee und – Schweinsbraten! Der Gedanke traf mich wie ein Schlag. Es war Viertel vor zwölf. Samstagmittag. Mama wartete mit dem Essen auf mich. Und wenn Mama warten musste, wollte wirklich niemand in ihrer Nähe sein. Wie von der Tarantel gestochen sauste ich ins Bad. Ich sah furchtbar aus. Es nützte nichts. Für die Generalüberholung, die nötig gewesen wäre, um mich einigermaßen vorzeigbar zu machen, blieb keine Zeit. Ich machte mich notdürftig frisch, schlüpfte in meine frisch gewaschenen Lieblingsjeans und ein luftiges T-Shirt und war schon fast an der Tür, als ich einen Blick auf den fassungslosen Gesichtsausdruck meiner Mitbewohnerin erhaschte. Was war ich nur für eine Rabenmutter.

»Es tut mir so leid, Minka-Maus! Heute Abend wird gekuschelt. Ich versprech's dir!«

Hastig begleitete ich die ausgehungerte Katze in die Küche, füllte in fliegender Eile ihren erschreckend leeren Futternapf und ignorierte schweren Herzens das empörte Maunzen, mit dem Minki meine Aufmerksamkeit einforderte.

»Wenn dir mein Leben lieb ist, lässt du mich jetzt schnellstens zu meiner Mutter gehen«, rief ich theatralisch über die Schulter.

Auf dem Weg die Treppe hinunter zückte ich das Handy und wählte Mamas Nummer.

»Mustermann!«, bellte sie nach dem zweiten Klingeln in den Hörer.

Zweimal klingeln lassen. Streng nach Vorschrift. Business-Knigge-konform. Einmal Sekretärin, immer Sekretärin. Sie klang verärgert. Natürlich. Sie hatte das Essen auf dem Herd. Jeder ihrer Bekannten wusste, dass man in der Mittagszeit nicht bei ihr anrief. Ich hatte eine goldene Regel gebrochen. Und der zweite Fauxpas folgte auf dem Fuß: Zum ersten Mal in meinem Leben würde ich mich zum heiligen Mittagessen bei meiner Mutter verspäten.

»Ich bin's, Erika«, hauchte ich eingeschüchtert.

»Was ist los? Bist du im Krankenhaus? Hattest du einen Unfall?«

»Nein. Es geht mir gut. Mach dir keine Sorgen.«

»Ich mache mir keine Sorgen. Das Essen ist fertig!«

»Ich weiß. Ich komme etwas später. Mein Auto ist nicht angesprungen.«

73 Prozent der Deutschen sind der Auffassung, dass Notlügen in manchen Situationen in Ordnung sind. Ich hoffte inständig, dass es sich bei der gegenwärtigen Situation um eine solche handelte.

»Pünktlichkeit ist eine Tugend!«, belehrte Mama mich bedeutungsschwer.

»Ich weiß«, bestätigte ich wieder. »Ich bin ein sehr tugendhafter Mensch.«

»Du kommst also pünktlich um zwölf?«

»Nein. Sagte ich doch bereits. Ich bin um zehn nach da. Tut mir leid. Wird nicht wieder vorkommen.«

Ich war mittlerweile auf dem Parkplatz angelangt.

»Wie kommst du denn her?«

»Mit dem Auto.«

»Welchem Auto?«

»Meinem. Ich habe nur eins.«

»Ich dachte, das würde nicht anspringen!«

»Es wollte nicht anspringen. Jetzt ist es doch angesprungen. So was passiert. Dinge verändern sich. Menschen verändern sich. Manchmal ändert man seine Meinung. Das macht einen nicht gleich zu einem schlechten Menschen.«

»Dein Auto hatte sich also eigentlich überlegt, heute nicht anzuspringen. Dann hat es seine Meinung geändert und sich doch starten lassen. Das ist es, was du mir erzählen möchtest, richtig?«

»Ja. Nein. Mensch, Mama! Je länger wir hier diskutieren, desto später komme ich zum Essen. Ich fahre jetzt los.«

»Ist dein Auto denn schon an? Ich kann es gar nicht hören. Vielleicht hat es sich in der Zwischenzeit wieder anders entschieden.«

»Bis gleich.«

Ich beendete das Gespräch und drehte den Zündschlüssel um. Zuverlässig wie eh und je startete der Motor. Jetzt hatte ich nach Minka und meiner Mutter bestimmt auch noch mein Auto gegen mich aufgebracht.

»Tut mir leid, dass ich schlecht über dich geredet habe«, flüsterte ich entschuldigend, während ich den treuen Golf auf die Straße lenkte.

61 Prozent der Deutschen sprechen von Zeit zu Zeit mit ihrem Wagen. Trotzdem fühlte es sich leicht verrückt an. Ich nahm mir vor, es nicht zur Gewohnheit werden zu lassen.

Schwer zu sagen, was mir mehr Übelkeit verursachte: der Gedanke an meinen eigentlich so heiß geliebten Schweinsbraten mit Knödeln und Weißkrautsalat oder die Aussicht auf ein Mittagessen mit meiner offenkundig auf Krawall gebürsteten Mutter. In jedem Fall würde das heutige Treffen kein Zuckerschlecken werden. Entsprechend widerwillig steuerte ich mein Auto in die gepflegte Einfahrt meines Elternhauses. Nach einem prüfenden Blick in den Spiegel, der nicht gerade dabei helfen konnte, mich zuversichtlicher zu stimmen, stieg ich aus und stieg die zwei kleinen Stufen zur Haustür hinauf. Bevor ich auch nur die Hand ausstrecken konnte, wurde die Tür von innen aufgerissen.

»Das Essen ist kalt«, klagte Mama statt einer Begrüßung.

»Schön, dich zu sehen«, antwortete ich betont freundlich.

»Kann ich nicht zurückgeben. Du siehst furchtbar aus.«

»Ich weiß. Ich glaube, ich brüte irgendetwas aus.«

Schon wieder eine Notlüge. Angeblich lügen wir Menschen mindestens fünfzigmal am Tag. Ich hatte also durchaus noch etwas Spielraum. Andersrum war ich ja auch gerade erst aufgestanden.

Verdrießlich folgte ich meiner Mutter in die Küche.

»Oh. Du hast das Essen schon aufgetan«, kommentierte ich überrascht.

»Natürlich. Es sollte ja eigentlich längst gegessen werden.«

»Das stimmt. Im Topf wäre es nur vielleicht etwas wärmer geblieben.«

»Es war warm. Um zwölf Uhr. Ich hatte dir etwas mehr Zuverlässigkeit zugetraut.«

»Schon Wahnsinn, wie man sich irren kann, was?«, antwortete ich bissig.

»Wie bitte?«

»Schon gut. Lass uns essen.«

Schweigend nahmen wir am gedeckten Tisch Platz. Mit eiserner Selbstbeherrschung schob ich einen Bissen nach dem nächsten in meinen ausgedörrten Mund, kaute sorgfältig und spülte das lauwarme Mittagessen mit dem ebenso lauwarmen Mineralwasser hinunter.

»Hast du etwa Nachdurst?«

Den Adleraugen meiner Mutter entging nichts.

»Natürlich nicht. Ich sagte doch, ich werde scheinbar krank.«

»Was hast du denn?«

»Mir ist schlecht. Und Kopfschmerzen habe ich auch.«

»Vielleicht hast du dich bei deinem Auto angesteckt.«

»Wie meinst du das denn?«

»Na ja. Dem scheint es ja auch nicht besonders gut zu gehen.«

Sie glaubte mir kein Wort. Das war zu erwarten gewesen. Und doch war die Wahrheit keine Option. Die unverzeihliche Verspätung ihrer Mustertochter hatte die Welt meiner Mutter schon genug erschüttert. Kaum auszudenken, was passieren würde, wenn sie jetzt noch von meinen Aktivitäten der vergangenen Nacht erfahren würde. »Durchhalten« hieß die Devise. Ich schleppte mich durch die angespannte Unterhaltung des Mittagessens, half mit weichen Knien beim Abwasch und war so glücklich wie nie zuvor, als schließlich auch der Verdauungskaffee in meinem strapazierten Magen gelandet war, ohne größeren Schaden anzurichten. Endlich war es an der Zeit, nach Hause zu fahren.

Mit letzter Kraft schleppte ich mich die Treppe zu meiner Wohnung herauf, schloss die Tür auf und stolperte über die Schwelle. Dankbar registrierte ich das einzige Wesen, das ich jetzt ertragen konnte, am anderen Ende des Flurs: meine Katze. Wie ein nasser Sack fiel ich in mir zusammen. Ich hockte mich im Schneidersitz auf den Fußboden, streifte meine Schuhe ab, lehnte mich an die kühle Wand und rief nach Minka.

»Komm her, meine Süße. Mama ist jetzt wieder normal. Lass uns kuscheln.«

Das Kätzchen war nicht nachtragend. Schnurrend fiel sie über mich her, genoss die längst überfällige Zuwendung und verteilte glücklich ihre Haare auf meinem Schoß. Ich hatte nicht daran gedacht, vor den Schmuseeinheiten in meinen katzentauglichen Hausanzug zu schlüpfen. Es war mir egal. Selbst das Auto hatte ich nicht gewaschen. Es würde warten müssen. Für heute war ich froh, dass ich lebte. Und morgen war Sonntag – da wusch man keine Autos. Sonntags zog man seine besten Sachen an und traf sich zum Kaffeetrinken. Manche Dinge waren eben so heilig, dass selbst die neue Erika davor zurückschreckte, sie zu verändern.

Erst als der Durst und das Kribbeln in den Beinen unerträglich wurden, erhob ich mich schwerfällig vom Fußboden. Auf dem Weg in die Küche kam ich am Telefon vorbei, dessen rote Signalleuchte hektisch blinkend auf die noch nicht abgehörte Nachricht vom Vormittag hinwies. Ich drückte den Wiedergabeknopf und setzte meinen Weg zum Wasserhahn fort.

»Hallo, Frau Mustermann«, dröhnte eine mir unbekannte männliche Stimme durch den Lautsprecher. »Ich wollte nur hören, ob Sie gut nach Hause gekommen sind. Das klang ja sehr ausgelassen bei Ihnen. Tut mir leid, dass ich heute Nacht nicht gesprächiger war. Ich hatte geschlafen. Wir können ja am Donnerstag darüber reden. Ich hoffe, Sie haben den Balsamico noch bekommen. Obwohl ich ehrlich gesagt nicht genau verstanden habe, wozu Sie ihn so dringend brauchten. Also, noch ein schönes Wochenende und bis bald!«

Verwirrt lehnte ich am Türrahmen, das mit einem Zug geleerte Wasserglas vergessen in der rechten Hand. Noch immer hatte ich keine Ahnung, wer mir diese Nachricht hinterlassen hatte. Die Leitung knackte und knirschte, als würde der Anrufer auflegen. Schließlich überlegte er es sich scheinbar anders und nahm den Hörer noch einmal ans Ohr.

»Ach so, ich war das. Max Müller. Viele Grüße.«

Dann ein lautes Knacken, gefolgt von dem charakteristischen Tuten einer getrennten Telefonverbindung. Perplex starrte ich das Telefon an, das schließlich sein vielsagendes Piepen einstellte und wieder in den altbewährten Zustand stummer Erwartung wechselte.

Wieso wollte Dr. Müller wissen, ob ich gut nach Hause gekommen war? Woher wusste er überhaupt von gestern Abend? Und wer in Gottes Namen hatte ihm von dem Balsamico erzählt, dessen Erwähnung mir jetzt, im nüchternen Musterfrau-Modus, die Schamesröte ins Gesicht trieb? Maria, Mehdi und Marcello. Einer der drei Ms musste ihn angerufen haben. Warum machten die so etwas? Ich hatte ernsthaft gedacht, ich hätte neue Freunde gefunden.

Mit klopfendem Herzen füllte ich das Wasserglas auf und sank in die tröstliche Umarmung meiner Sofa-Sitzkuhle. Wie peinlich! Nie wieder würde ich Dr. Müller in die Augen sehen können. Und das, wo ich gerade angefangen hatte, ihn zu mögen und an seinen positiven Einfluss zu glauben. Doch wann hatte ich den anderen eigentlich von ihm erzählt? Ich konnte mich nicht erinnern. Auf der anderen Seite war das auch nicht weiter verwunderlich. Irgendwann zwischen den gefühlt 536 Tequilas hatte ich scheinbar geplaudert.

Einer plötzlichen Eingebung folgend, stand ich auf, schlurfte in den Flur und griff nach meinem Handy, das auf dem kleinen

Schränkchen neben dem Telefon lag. Ich entsperrte den Bildschirm und öffnete meine Anrufprotokolle. Da war er. Ein Anruf in Dr. Müllers Praxis. Um 4.59 Uhr heute Morgen hatte jemand seine Nummer gewählt. Man brauchte kein Genie zu sein, um herauszufinden, wer dieser »Jemand« gewesen sein musste. Ich selbst hatte meinen Psychotherapeuten angerufen. Um fünf Uhr morgens. Sturzbetrunken. Meine Güte. Über die Stränge zu schlagen, war echt nichts für Weicheier.

Ich stand noch immer wie paralysiert neben dem Telefon, als es erneut klingelte. Erschrocken fuhr ich zusammen. War er das etwa schon wieder? Die übermittelte Nummer war eine andere.

»Erika Mustermann?«, hauchte ich fragend in den Hörer.

»Ach, du bist wach! Wie geht es dir, liebe Emu?«, rief Maria mit schon wieder unverschämt fröhlich klingender Stimme.

»Schwer zu sagen. Ich dachte, es geht wieder. Jetzt bin ich da nicht mehr so sicher.«

»Das klingt ja schrecklich«, lachte meine Saufkumpanin der vergangenen Nacht. »Was ist denn passiert?«

Ich musste mich jemandem anvertrauen. Zur Auswahl standen Minka und Maria. Genau im richtigen Moment verrieten mir die frenetischen Kratzgeräusche aus dem Badezimmer, dass Erstere gerade mit einer Neustrukturierung ihres Katzenklos ausgelastet war. Die Entscheidung war also gefallen. Ich holte tief Luft und erzählte Maria von Max. Dass er aussah wie Daniel Craig. Dass ich ihn blöd gefunden hatte. Dass ich erst seit Kurzem wusste, wie nett und klug und attraktiv er eigentlich war. Und dass ich ihn heute Nacht angerufen, ihm weiß Gott was erzählt und ihn nach Balsamico gefragt hatte. Nur eines verschwieg ich meiner Freundin. Dass Dr. Max Müller nicht einfach nur ein potenzieller neuer Partner, sondern genau genommen mein staatlich verordneter Seelenklempner war, behielt ich lieber erst einmal für mich.

Maria war nicht beeindruckt.

»Das ist ja super«, kommentierte sie gut gelaunt. »Wann stellst du ihn mir denn mal vor?«

»Hast du nicht richtig zugehört? Ich habe mich bis auf die Knochen blamiert. Man betrinkt sich nicht und ruft dann seinen ... Bekannten an. Man ruft überhaupt niemanden um so eine unchristliche Zeit an. Und man erzählt schon gar nicht irgendwelche peinlichen Geschichten, die mit Sex und Balsamico zu tun haben!«

»Wer ist denn ›man‹?«

»Na ich. Normale Menschen.«

»Und wer bestimmt, was ›man‹ macht und was nicht?«

»Die anderen. Alle. Was weiß ich.«

Was wollte sie eigentlich von mir?

»Weißt du, was ich an deiner Stelle machen würde?«

Ich war nicht ganz sicher, ob ich das überhaupt wissen wollte, und sagte nichts. Maria redete trotzdem weiter.

»Ich würde ihn anrufen und ihm sagen, dass du die genialste Nacht deines Lebens hattest und es dir schrecklich leidtut, dass er davon nur am Telefon erfahren hat. Und dann würde ich ihm anbieten, ihn nächstes Mal gleich mitzunehmen. Damit er aus erster Hand erfährt, wie charmant, lustig und umwerfend du bist und wie viel Spaß es allen macht, in deiner Nähe zu sein. Ich jedenfalls hab es sehr genossen. Du weißt halt, wie ›man‹ feiert. Ich freu mich schon auf unsere Spanien-Tour. Und übrigens: Ich hatte keinen Zollstock dabei, aber die Kondome haben auf jeden Fall gepasst.«

Mit einem frechen Kichern legte Maria auf. Ich stand noch eine ganze Weile im Flur, den Hörer in der Hand, ein zufriedenes Lächeln im Gesicht. So fühlte es sich also an, wenn »man« Spaß hatte.

# Herausforderungen – man tut, was man kann

Nach einem ereignislosen Restsamstag, in dem meine atemluftverkaterte Katze und ich in erster Linie unserem Nachdurst gefrönt hatten, war ich früh ins Bett gegangen und am Sonntagmorgen einigermaßen wiederhergestellt aufgewacht. Lächelnd blieb ich noch etwas liegen und erfreute mich an den kleinen Dingen, die ich am vergangenen Freitag noch für selbstverständlich gehalten hatte. Das fröhliche Zwitschern der Vögel etwa, das heute in keinster Weise an die Lärmbelästigung des Vortages erinnerte. Oder die Tatsache, dass mein Kopf still und ausgeglichen an seinem Platz saß, ohne bei der geringsten Erschütterung mit Überreaktionen vom Typ Kernschmelze zu drohen. Doch der innere Frieden einer Katzenbesitzerin ohne überzähligen Kater sollte nicht lange anhalten.

*Käsekuchen.* Noch nie zuvor war mir aufgefallen, welch verstörende Wirkung der Gedanke an den drittliebsten Kuchen der Deutschen haben konnte. Dann nämlich, wenn man in wenigen Stunden der besten Freundin einen präsentieren musste – und vor lauter Über-die-Stränge-Schlagen nicht einmal daran gedacht hatte, sich rechtzeitig mit den erforderlichen Zutaten einzudecken.

»Scheiße!«, entfuhr es mir und dann, an die minderjährige Minka gerichtet: »Tut mir leid. Das sagt man nicht. Hörst du? Mama ist böse und geht sich jetzt den Mund ausspülen, weil sie schlimme Wörter sagt.« Gerade erst hatte ich von der »Obsession der Deutschen für fäkale Metaphern« gelesen. Und direkt wieder eine Statistik bestätigt: Während in vielen anderen Sprachen vorwiegend mit sexuellen Begriffen geflucht wird, bedienen wir Deutschen uns am liebsten der Fäkalsprache. Bingo! Was es über mich als Person aussagte, dass ich so etwas überhaupt wusste, wollte ich in diesem Moment wirklich nicht weiter verfolgen.

Mit einem Satz war ich aus dem Bett. Wo gab es an einem Sonntag Quark und Eier zu kaufen? Und was sonst fehlte mir zu einem spontanen Käsekuchengelage? Ohne mich bisher besonders eingehend mit dem Thema beschäftigt zu haben, traute ich dem Kiosk um die Ecke allenfalls Eier*likör* zu – und natürlich Hochprozentigeres. Was war mit der Tankstelle? Wenn 2,98 Millionen Deutsche mehrmals wöchentlich an der Tankstelle einkaufen und gleichzeitig pro Kopf 209 Eier im Jahr verzehren, dann liegt doch die Schlussfolgerung nahe, dass Tankstellen Eier verkaufen. Oder? Ich wusste es nicht. Schlimmer als das Eier-Problem – zur Not könnte ich immer noch ein Huhn überfallen – erschien mir jedoch der fehlende und für Käsekuchen nicht ganz unwichtige Quark. War die Quarklust des Durchschnittsdeutschen tatsächlich ausgeprägt genug, um diesen in das erfahrungsgemäß begrenzte Sortiment einer Tankstelle aufzunehmen? Ich würde es bald erfahren. In fliegender Eile zog ich mich an, aß im Stehen eine Scheibe Schwarzbrot ohne Sonntagsei und machte mich auf den Weg.

Als ich gut zwanzig Minuten später meine Wohnung wieder betrat, war ich um eine Erkenntnis reicher: Ja, die Tankstelle um die Ecke verkaufte Eier und Quark. Wie ich im Vorbeigehen festgestellt hatte, verfügte sie außerdem über eine recht beachtliche Auswahl an Balsamicoessig. Doch dieser Zug war bekanntlich abgefahren.

Minka begrüßte mich so begeistert, als wäre ich eine Ewigkeit weg gewesen. Vielleicht hatte sie auch einfach nur den großen Quarktopf in meiner Hand entdeckt, den sie traditionsgemäß auslecken durfte, wenn er leer war. Ich wusch mir gründlich die Hände und machte mich ans Backen. Fast umgehend stellte sich die übliche Ruhe und Zufriedenheit ein, mit der mich das Backen erfüllte und die nur noch von der meditativen Wirkung des Autowaschens übertroffen wurde. Die Käsemasse wanderte in den rückstandslos sauberen Ofen, in dem sie sich zu einem goldgelben, perfekten Kuchen mauserte. Minki steckte noch immer bis zum Anschlag im leeren Quarktopf, um auch kein Milligramm des kostbaren Inhalts verkommen zu lassen. Als sie endlich wieder aus den Untiefen des Behälters auftauchte, sah sie aus, als hätte sie eine Gesichtsmaske aufgelegt.

»Fehlen nur die Gurkenscheiben auf den Augen!«, lachte ich sie aus und erntete einen beleidigten Blick.

Bei einem deutschlandweiten Marktvolumen von gigantischen 3,7 Milliarden Euro im Bereich Heimtierbedarf und einem ständig wachsenden Wellness-Angebot für Tiere fand ich meine Bemerkung gar nicht so abwegig.

Das Thema »Wellness« und ein schneller Blick auf die Uhr brachten mich auf eine grandiose Idee. Bevor Tine zum Kaffeetrinken auftauchte, würde ich mir ein Bad gönnen. Allein der

Gedanke an heißes Badewasser und mein duftendes Badeöl entlockte mir einen wohligen Seufzer. Wie 85,2 Prozent der Deutschen diente ein Vollbad für mich weniger der Reinigung und Körperpflege als vielmehr der Entspannung. Ich ließ Wasser in die Wanne laufen und legte meine neueste Kuschelrock-CD ein. Nummer 29. Seit mehr als zwanzig Jahren begleitete mich die Reihe nun durch mein Leben – ich besaß jede einzelne Ausgabe. Ein paar Kerzen und der besagte Badezusatz machten das Ambiente perfekt. Auf den Wein, der für mich normalerweise ebenfalls zu einem vollkommenen Badeerlebnis gehörte, verzichtete ich auch an Tag zwei nach der Tequila-Tragödie gern. Glücklich stieg ich in das dampfende Wasser. Die zwanzig Bademinuten, die mir statistisch zustanden, würde ich bis zur letzten Sekunde auskosten.

Um Punkt halb vier stand der Kuchen auf dem Tisch, wo er mit dem frisch aufgebrühten Kaffee und der ebenso frisch gebadeten Erika um die Wette duftete. Wenn ich jemals meinen Job beim Ordnungsamt aufgeben würde – was grundsätzlich eher unwahrscheinlich war –, dann nur um in die Raumspray-Industrie einzusteigen. Die erste Kreation, mit der ich die Welt der Duftsprays revolutionieren würde, versüßte mir selbst schon seit Jahren jeden zweiten Sonntag. Käsekuchen-Kaffee-Aroma. Heute abgerundet durch einen Hauch Vanille-Kokos aus meinem Badeöl. Der Duft würde bei den Kaffee-und-Kuchen-verrückten Deutschen einschlagen wie eine ... *Türklingel.* Christine war da. Der gemütliche Teil des Wochenendes konnte beginnen.

Wenn es eben ging, kam meine Freundin zu unserem Sonntagskaffee in meiner Wohnung ohne Kind und Kegel. Diese zwei

Stunden gehörten nur uns. So auch heute. Schnell noch die farblich auf die Papierservietten abgestimmte mintgrüne Kerze angesteckt und schon konnte es losgehen. Was ging es uns doch gut.

»Lina hat jetzt eine schicke Kurzhaarfrisur«, berichtete Tine zwischen zwei Gabeln Käsekuchen.

»Ernsthaft? *Die* Lina? Blond, etwa ein Meter dreißig groß und total verrückt nach ihrem Pferdeschwanz?«

»Genau die. Sie hat sich mit meinem moosgrünen Nagellack Strähnchen gemacht. Und dem Sofa. Und bei der anschließenden Modenschau auch gleich noch der Hälfte ihrer Pullis.«

»Kinder!«, kommentierte ich kopfschüttelnd. »Aber wenigstens hatte sie Spaß.«

Meine Freundin bedachte mich mit einem misstrauischen Blick.

»Jedenfalls musste ich ihr die Haare abschneiden lassen. Du kannst dir sicher vorstellen, wie groß das Geschrei war. Und als sie sich gerade etwas beruhigt hatte, kam Holger nach Hause.«

»Und dann ging das Geschrei erst richtig los.«

»Allerdings. Du kennst ihn ja. Aber jetzt haben wir genug von mir geredet. Wie war deine Woche denn überhaupt?«

»Spannend«, sagte ich und kicherte aufgekratzt. »Ich hab dir ganz viel zu erzählen.«

Die zweite Kanne Kaffee war längst leer. Der restliche Käsekuchen sah aus, als könnte er langsam einen etwas kühleren Standort vertragen. Ich hatte meiner besten Freundin einen ausführlichen Bericht der vergangenen Woche inklusive des ereignisreichen Freitagabends geliefert und nicht ohne Stolz ihren überraschten Gesichtsausdruck registriert. Es war an der Zeit, die Bombe platzen zu lassen.

»Und in zwei Wochen fliege ich mit Maria nach Spanien«, schloss ich feierlich.

»Tust du nicht!«

»Äh – doch. Tu ich wohl!«

Fast war ich ein bisschen beleidigt über Tines ungläubige Reaktion. Warum sollte ich nicht in der Lage sein, meine neue Freundin nach Spanien zu begleiten?

»Du warst noch nie im Ausland.«

»Ich war schon mal in Österreich. Und in Ostdeutschland.«

»Das zählt beides nicht. Spanien ist ganz anders.«

»Du hast doch selbst gesagt, ich soll mal etwas Neues ausprobieren. Spontan sein. All so etwas.«

»Ich hatte an etwas weniger Großes gedacht. Du könntest dir zum Beispiel mal die Haare färben.«

91 Prozent der deutschen Frauen haben sich schon einmal die Haare gefärbt. Ich gehörte zum kläglichen Rest.

»Was stört dich an meiner Haarfarbe?«

»Gar nichts. Sie ist nur – immer dieselbe.«

»So wie meine Nase.«

»Das ist ja wohl etwas anderes.«

»Rund zehn Millionen Deutsche fliegen jedes Jahr nach Spanien. Was also ist daran plötzlich so ungewöhnlich?«

»Es ist nicht so sehr, *dass* jemand nach Spanien fliegt, sondern vielmehr, dass gerade *du* nach Spanien fliegst. Du warst noch nie im Ausland und bist noch nie geflogen. Du hast Angst vor Mücken und Reisekrankheiten und Flugausfällen und

Keimen und Menschenansammlungen und verlorenem Gepäck und…«

»Das war die alte Erika«, erklärte ich mit feierlichem Unterton. »Die neue Erika ist charmant und lustig und spontan. Und die neue Erika wird in zwei Wochen nach Spanien fliegen. Ob es dir gefällt oder nicht.«

Ich schob meinen Stuhl so abrupt zurück, dass er fast umgefallen wäre, und stellte das gebrauchte Geschirr zusammen. Christine war ebenfalls aufgestanden und griff nach meinen Händen.

»Eri. Natürlich gefällt es mir. Ich freue mich für dich. Ich war nur überrascht. Macht euch eine schöne Zeit. Und schreib mir eine Karte.«

»Auf jeden Fall. Und jetzt lass uns das Geschirr spülen. Ich habe Angst vor Keimen.«

Lächelnd machten wir uns ans Werk. Kaffee, Käsekuchen und beste Freundinnen an einem sonnigen Sonntag. Was könnte es Schöneres geben?

Viel zu schnell war der Nachmittag vorbei. Christine musste nach Hause, um das Abendessen für ihre Familie vorzubereiten und die Kinder ins Bett zu stecken. Minka und ich hatten jede Menge Bügelwäsche – ich fand, dass Bügeln leise und unauffällig genug war, um auch sonntags erlaubt zu sein – und danach ein Date mit dem *Traumschiff*. Mit rund 17 Prozent durchschnittlichem Marktanteil lagen wir bei der Auswahl unseres Sonntagabendprogramms mal wieder voll im Trend.

Der Donnerstag lag in der darauffolgenden Woche direkt zwischen dem Mittwoch und dem Freitag. Was erst einmal nicht weiter ungewöhnlich war. Und doch fühlte er sich anders an als normal. Auf eine seltsam paradoxe Weise war er viel zu schnell da und hatte doch ewig auf sich warten lassen. Selbst Maria war aufgefallen, dass etwas anders war.

»Was ist denn los mit dir?«, fragte sie, als sie mich im Büro zum wiederholten Male beim Blick auf die Uhr erwischte. »Du bist so nervös.«

Ich hatte ihr noch immer nicht verraten, was es mit Max Müller auf sich hatte – und ich hatte auch nicht vor, das in Kürze nachzuholen.

»Ich weiß auch nicht«, log ich also. »Ich bin heute irgendwie nicht gut drauf.«

Endlich war der Arbeitstag vorbei. Ohne auf den üblichen Feierabendtratsch mit den Kollegen zu warten, stieg ich in mein Auto, das nach anderthalb Wochen ohne Wäsche beginnend verwahrlost wirkte, und fuhr nach Hause. Bis zu meinem Termin bei Max – also bei Dr. Müller … – war noch jede Menge Zeit. Aber ich hatte auch noch viel vor. Ich würde eine neue Haarfarbe ausprobieren. *Herbstgold.* Obwohl der Name in meinen Ohren klang wie die direkte Vorstufe von *Altersheim*, hatte mir die Farbe selbst gefallen. Es war ein goldenes Dunkelblond mit warmen, leuchtenden Kupfertönen, das sicher eine schöne Abwechslung zum Straßenköterblond der letzten 45 Jahre bieten würde. Christine hatte mal wieder recht gehabt. Es war Zeit für eine Veränderung. Und da die Nase nicht ohne Weiteres austauschbar war, würde zunächst eine neue Haarfarbe ausreichen müssen.

Ich verteilte die im Urzustand nicht annähernd »herbstgolden« anmutende Coloration in meinem Haar und nutzte die

Einwirkzeit, um meine Augenbrauen in die richtige Form zu zupfen. Bewegungslos saß Minka auf der Türschwelle und beobachtete mich mit einem unergründlichen Blick.

»Was?«, fragte ich etwas gereizt in ihre Richtung.

Die Katze antwortete nicht. Als ich zur Nagelfeile griff, rümpfte sie kaum sichtbar die Nase. Ich hielt es für angebracht, ein Machtwort zu sprechen.

»Eine deutsche Frau verbringt rund ein Jahr ihres Lebens im Badezimmer. Wenn wir von regulären Menschenjahren ausgehen, sind das 365 Tage. Bei einer statistischen Lebenserwartung von 81,3 Jahren macht das pro Jahr rund viereinhalb Tage. Und da ist noch gar nicht berücksichtigt, dass Baby Erika in ihren ersten Lebensjahren deutlich weniger Zeit im Bad verbracht und sich damit einiges für die kommenden Jahre aufgespart hat. Ich liege also voll im Soll. Und diesen Blick kannst du dir sparen!«

Minka sah mir tief in die Augen – und gähnte. *Na super. Das hat gesessen,* dachte ich ironisch. Gelangweilt zog die Katze von dannen.

»Und noch etwas«, rief ich ihr hinterher. »Ich kümmere mich gern um mein Äußeres. Das hat nichts damit zu tun, dass heute Donnerstag ist!«

Mit vom Augenbrauenzupfen rot umrandeten Augen, ein altes Handtuch um die Schultern und die Haare mit einer rostroten Paste verklebt, starrte mein Spiegelbild mich an. *Wem willst du das denn weismachen?*, fragte es spöttisch, ohne die Lippen zu bewegen. Das Rappeln der Eieruhr bewahrte mich vor einer Antwort: Es war Zeit, die Farbe aus den Haaren zu waschen.

Pünktlich zum vereinbarten Termin parkte ich mein Auto vor der Praxis meines Therapeuten und betätigte mit klopfendem Herzen den Klingelknopf. Ein vollkommen derangiert wirkender Dr. Müller öffnete die Tür. Barfuß, mit zerzausten Haaren, schmutzigen Jeans – und einem blutverschmierten, verwaschenen T-Shirt. Überrascht öffnete ich den Mund und schloss ihn direkt wieder, ohne auch nur ein einziges Wort herausgebracht zu haben. In diesem Aufzug wirkte der Psycho*therapeut* eher wie ein Psycho*killer*. Fehlte nur noch das blutige Brotmesser in seiner Hand.

»Komme ich ungelegen?«, erkundigte ich mich verwirrt, als auch Dr. Müller kein Wort von sich gab.

»Ja. Nein. Entschuldigung«, stotterte der sonst so wortgewandte Mann.

Wie in Trance sah er mich an. Dann schüttelte er energisch den Kopf, als wollte er darin für Ordnung sorgen, und hatte sich einen Moment später sichtlich gefangen.

»Bitte entschuldigen Sie meinen Aufzug. Ich bin noch nicht dazu gekommen, mich umzuziehen. Mein Kater wurde angefahren. Ich komme gerade vom Tierarzt.«

»Sie haben einen Kater?«, fragte ich wenig geistreich.

Erika »The Brain« Mustermann. Manchmal war ich aber auch wirklich ein Trottel.

»Was ist denn genau passiert? Wie geht es Ihrem Kater? Kann ich irgendetwas tun?«

Beherzt schob ich Dr. Müller ins Haus und schloss die Tür hinter uns.

»Mein Nachbar hat ihn gefunden. Er war voller Blut. Ich habe ihn in die Klinik gebracht.«

»Was ist denn mit ihm? Ist er sehr schwer verletzt?«

Wie eine Marionette ließ sich der Therapeut in sein Behandlungszimmer führen und fiel schwer in die Sitzkuhle des Patientensofas. Ich schüttete ihm aus der Flasche, die auf einem kleinen Beistelltisch stand, einen Schluck Wasser ein und drückte ihm das Glas in die zitternde Hand.

»Ich weiß nicht. Sie untersuchen ihn noch.«

»Warum sind Sie denn nicht dageblieben?«, fragte ich beinahe vorwurfsvoll.

»Ich hatte einen Termin. Mit Ihnen. Es war zu spät, um abzusagen. Ich wollte Sie nicht vor der Tür stehen lassen.«

*Typisch deutsch!*, dachte ich flüchtig. Die Personifikation des Pflichtbewusstseins. Zuverlässig bis zum Exzess. Und der wollte mir beibringen, weniger ... *Musterfrau* zu sein? Vielleicht sollte ich mir lieber einen neuen Therapeuten suchen. Aber das war jetzt erst mal Nebensache.

»Das wär doch nicht schlimm gewesen. In so einer Situation. Ich fahr Sie in die Klinik.«

Entschlossen stand ich auf, nahm ihm das leere Glas aus der nicht mehr ganz so zittrigen Hand und sah mich nach seinen Schuhen um.

»Sie müssen etwas an die Füße ziehen. Und vielleicht das T-Shirt wechseln. Und dann fahren wir.«

»Das müssen Sie nicht machen. Es geht schon wieder. Ich komme zurecht.«

»Ich weiß. Jetzt sehen Sie zu, dass Sie fertig werden. Ich warte im Auto.«

Mit gekämmten Haaren, sauberer Kleidung und Schuhen sah Max Müller schon fast wieder normal aus.

»Ich hätte Sie da wirklich nicht mit reinziehen sollen«, sagte er zerknirscht, als ich den Golf auf die Hauptstraße lenkte.

»Sie haben mich nirgendwo reingezogen.«

»Eigentlich sollte ich Ihnen helfen, nicht umgekehrt. Entschuldigung.«

Ich rang hörbar nach Atem.

»Wenn Sie nicht sofort aufhören, sich zu entschuldigen, werfe ich Sie aus dem fahrenden Auto. Und jetzt sagen Sie mir lieber, wo ich hinfahren muss.«

»Hier rechts«, wies er mich an und lächelte.

*Minka gähnt, Max grinst. An deinen Wutausbrüchen musst du wohl noch etwas arbeiten*, dachte ich und lächelte ebenfalls. Er hatte Grübchen. Komisch, dass mir das noch nie aufgefallen war.

»Wie heißt Ihr Kater denn?«

»Katerstrophe.«

»Nett«, kommentierte ich lachend. »Und ist er auch eine?«

»Eigentlich nicht. Er ist total verschmust.«

»Meine Katze heißt Minka. Ziemlich fantasielos, ich weiß. Sie sah irgendwie aus wie eine Minka.«

»Wie sehen Minkas denn so im Allgemeinen aus?«

Ich warf einen schnellen Seitenblick auf meinen Beifahrer. Er hatte sich gefangen. Immerhin konnte er mich schon wieder necken.

»Sie wissen schon. Meine Katze ist so wie ich. Die Standardausführung. Schwarz-weiß, grüne Augen, niedlich. Eine Musterkatze. Wir passen gut zusammen.«

»Sie sind ganz sicher keine Standardausführung. Machen Sie mal 'ne Inventur. Ich glaube, Sie würden sich wundern, wie viel Zusatzausstattung Sie bei sich entdecken würden.«

»Ist das Teil der Therapie?«

»Nein. Nur meine Meinung.«

Ich fühlte, wie ich mal wieder rot wurde. Zum Glück waren wir in diesem Moment an unserem Ziel angekommen.

Mit großen Schritten stürmten wir gemeinsam durch den langen Flur der Tierklinik, bis wir an einer hufeisenförmig angeordneten Rezeption angekommen waren. Die junge Frau hinter dem Tresen lächelte freundlich.

»Was kann ich für Sie tun?«, fragte sie zuvorkommend.

»Mein Name ist Max Müller. Mein Kater ist hier. Der Autounfall.«

»Ach ja. Katerstrophe. Wir haben ihn gerade geröntgt. Kommen Sie doch mit durch.«

Die junge Frau ging voran.

»Ich bleibe hier«, sagte ich und zeigte auf das angrenzende Wartezimmer. »Sagen Sie Bescheid, wenn ich etwas tun kann.«

»Das mache ich, danke«, antwortete Dr. Müller schnell.

Dann eilte er der Tierarzthelferin hinterher, die schon fast um die nächste Ecke verschwunden war.

Ich nahm im Warteraum Platz, der zu dieser späten Stunde menschenleer war, und konnte nur die Daumen drücken, dass alles gut ausgehen würde.

Es dauerte eine gute halbe Stunde, bis eine weitere Tierarzthelferin suchend den Kopf ins Wartezimmer steckte. Gespannt hob ich den Blick aus der Frauenzeitschrift, mit der ich mir die Zeit vertrieben hatte.

»Ihr Mann fragt nach Ihnen, Frau Müller«, sagte sie und redete weiter, bevor ich sie auf ihren Fehler hinweisen konnte. »Kommen Sie, ich bringe Sie zu ihm.«

Mit weichen Knien stand ich auf und legte die Illustrierte zurück auf den Büchertisch in der Mitte des Zimmers.

»Gern. Vielen Dank. Wie geht es denn dem Kater?«

»Der wird wieder«, lächelte die junge Frau und eilte voran.

Erleichtert folgte ich ihr in eine Art Aufwachraum, der fast vollständig von einem hohen Behandlungstisch eingenommen wurde. Darauf lag unter einer eingeschalteten Wärmelampe ein riesiger, schlafender roter Kater auf der Seite. Ein grünes Tuch verdeckte einen Großteil seines Körpers. Am äußersten Rand lugte die Ecke eines weißen Pflasters hervor. Von einem Infusionsständer neben dem Tisch aus tropfte eine klare Flüssigkeit in einen langen Schlauch, der in der oben liegenden, mit einer ebenfalls grünen Bandage verbundenen Pfote der Katze endete. Neben dem Ständer saß Dr. Müller. So dicht wie möglich hatte er seinen unbequem aussehenden Plastikstuhl an den Tisch herangeschoben. Eine Hand tätschelte etwas unbeholfen den Kopf des Patienten. Mit der zweiten hielt er die freie Pfote des Schlafenden. Ich schluckte. Es war ein rührender Anblick.

»Erika!«, sagte Dr. Müller, als er mich in der Tür stehen sah. »Danke, dass du gewartet hast.«

»Natürlich«, flüsterte ich, um Katerstrophe und die friedliche Atmosphäre nicht zu stören.

Leise trat ich neben Max. Ob ihm überhaupt aufgefallen war, dass er mich geduzt hatte? Sanft strich ich mit zwei Fingern über die Stirn der narkotisierten Katze.

»Ein schöner Kerl.«

»Er wird wieder gesund. Sie haben ihn nähen müssen, aber er hat keine Brüche und keine inneren Verletzungen.«

»Das ist toll. Ich freu mich. Gott sei Dank.«

Durch das weiche, seidige Fell hindurch berührten sich unsere Finger. Hastig zogen wir gleichzeitig die Hände weg und lächelten uns verlegen an.

»Er kommt über Nacht auf die Krankenstation, aber ich darf bei ihm bleiben, bis er wach ist. Sie müssen nicht warten. Ich nehme mir später ein Taxi.«

Mit einer Handbewegung, die keine weiteren Diskussionen zuließ, erstickte der Psychologe meinen geplanten Widerspruch im Keim: »Sie haben genug getan, Frau Mustermann. Fahren Sie ruhig nach Hause. Wegen eines neuen Termins telefonieren wir dann noch. In Ordnung?«

»In Ordnung«, antwortete ich steif. »Dann bis demnächst, Herr Doktor. Und alles Gute für Ihren Kater.«

Ich drehte mich um, verließ ohne einen weiteren Blick den Raum und ging wie ferngesteuert zu meinem Auto. *Wegen eines neuen Termins telefonieren wir noch, Frau Mustermann.* Natürlich. Er Therapeut, ich Patientin. Was hatte ich denn gedacht? Dass er mich gleich heiraten würde, nur weil ich ihn zu seinem kranken Haustier gebracht hatte? Wohl kaum! Und doch konnte ich nicht bestreiten, dass ich enttäuscht war. Einen kurzen Moment lang waren wir Erika und Max gewesen. Herr und Frau Müller. So wie es aussah, war ich echt etwas verknallt in meinen Dr. Katzenfreund. Aber blöd war ich nicht. Aus mir würde keine Frau Müller werden. Ich war und blieb Frau Mustermann und fuhr unter Einhaltung aller Verkehrsregeln nach Hause.

Seit der Sache mit dem Briefträger und den fliegenden Gartenzwergen hatte ich ein leicht zwiegespaltenes Verhältnis zu meinem Schrebergarten. Das idyllische Fleckchen Erde, das immer mein Rückzugsort gewesen war, erschien mir plötzlich weniger friedlich. Je nach Schweregrad ihrer Verletzungen waren die involvierten Zwerge längst geklebt, entsorgt oder ersetzt worden. Und auch die dahingemetzelten Pflanzen hatten sich von meiner Attacke erholt und mit unerschütterlicher Gelassenheit neuen Trieben und Blüten das Leben geschenkt. Und doch war der Ort nicht mehr derselbe. Das lag zum Teil an der Erinnerung an jenen folgenschweren Tag, die ich einfach nicht abschütteln konnte. Zum anderen, und das war mir erst kürzlich bewusst geworden, lag es an den Blicken, mit denen mich meine langjährigen Nachbarn neuerdings bedachten.

Wochenlang hatte ich mir eingeredet, ich würde überreagieren. Es musste Zufall sein, dass Frau Meier von gegenüber kaum noch aus ihrem Gartenhäuschen kam, wenn ich an der Grundstücksgrenze das Unkraut jätete. Und auch dass die Schneiders von der Nachbarparzelle nie mehr Zeit für einen gemeinsamen Kaffee hatten. Dabei hätte ich mich so gern für ihren geduldigen Postservice revanchiert. Ohne Murren nahmen sie die regelmäßigen Gartenzwergbestellungen für mich entgegen, die der Postbote aus durchaus nachvollziehbaren Gründen nicht mehr direkt bei mir ablieferte. Dass es jedoch keineswegs Zufall oder gar Einbildung war, dass die Leute mich mieden, hatte ich schließlich bei einem äußerst unangenehmen Zwischenfall in der vergangenen Woche erfahren müssen.

Zum ersten Mal seit längerer Zeit hatte ich mal wieder ausgiebig in meinem Garten gewerkelt. Liebevoll hatte ich die verblühten Knospen der Blumen entfernt, den Rasen gestutzt und das Moos zwischen den Fugen der Gehwegplatten entfernt. Von den rund fünfzigtausend Hektar Schrebergärten, die es aktuell in Deutschland gibt, waren meine eigenen standardmäßigen dreihundert Quadratmeter trotz der Vernachlässigung der letzten Wochen wohl noch immer unter den gepflegtesten. Ich war ins Schwitzen geraten. Mit roten Wangen, zerzausten Haaren und schwarzen Blumenerdestreifen im Gesicht war ich gerade dabei gewesen, mit der Harke die ordentlich strukturierten Beete aufzulockern, als mein Blick auf die Armee aus Gartenzwergen am anderen Ende meiner Parzelle fiel. *Der Gitarrenzwerg!* Schon vor einiger Zeit hatte ich einen neuen Spielkameraden für meine tönernen Freunde bestellt, der sicher längst nebenan bei den Schneiders auf seine Abholung wartete. Ich sah auf die Uhr. Kurz vor sieben an einem Mittwoch. Um 19 Uhr fuhren die Parzellennachbarn an diesem Tag immer nach Hause, um sich mit ihren Freunden zum Canasta zu treffen. Wenn ich mich beeilen würde, könnte ich es vielleicht noch schaffen, vorher meinen Zwerg abzuholen. So wie ich war, schmutzig, struppig und schwitzend, stürmte ich, die vergessene Harke fest umklammert, über den kleinen Weg zur Gartenhütte der Schneiders und hämmerte hektisch an die geschlossene Tür. Mit einem fast unhörbaren Seufzen gab die altersschwache Holzkonstruktion nach und schwang nach innen. Frau Schneider, die an dem kleinen Tisch in der Mitte des Raumes gesessen hatte, sprang auf, als hätte sie den Teufel gesehen.

»Tun Sie uns nichts!«, kreischte sie in Todesangst. »Wir waren immer nett zu Ihnen!«

Ihr Mann, der auf den Sommerfesten des Kleingartenvereins traditionell das Sackhüpfen betreute und sich wie ein Kind über jeden freute, der sich dort zum Affen machte, hielt einen fast haarlosen Handfeger wie eine Waffe vor sich ausgestreckt.

»Gehen Sie!«, schrie er mit einem dramatischen Unterton, der wohl furchteinflößend wirken sollte. »Gehen Sie weg! Wir sind zu zweit und wir werden uns wehren!«

Perplex starrte ich die beiden an, die sich jetzt schutzsuchend aneinanderklammerten. Es war, als würden sie ihren Auftritt in irgendeiner schrägen Laienspielgruppe proben. Bei deutschlandweit rund 126.000 Theateraufführungen im Jahr erschien mir der Gedanke naheliegend. Erst nach und nach dämmerte mir, dass die Rentner Angst vor mir hatten. Beschwichtigend senkte ich die Harke, die ich in meiner leicht erhobenen Hand vollkommen vergessen hatte.

»Ich bin's«, sagte ich unsinnigerweise. »Erika Mustermann.«

Natürlich hatten sie mich erkannt. Und genau deshalb hatten die Schneiders meinen stürmischen Auftritt als Angriff missverstanden. *Es war ja schließlich nicht das erste Mal, dass die Mustermann mit der Harke ...*

»Ich wollte nur meine Lieferung abholen«, stotterte ich tonlos. »Den Gartenzwerg.«

Immer noch misstrauisch löste sich der eigentlich so gesellige Mann von seiner wie erstarrt wirkenden Ehefrau und deutete auf das kleine Päckchen auf dem Fußboden neben der Tür.

»Da ist er. Und jetzt lassen Sie uns am besten allein.«

Mit klopfendem Herzen hob ich das Paket auf, bedankte mich, machte auf dem Absatz kehrt und verschwand in meinem Gartenhäuschen. Meine Nachbarn hielten mich für eine harkenschwingende Massenmörderin. Wenn das nicht immer gleich so irre aussehen würde, hätte ich gern schallend gelacht.

All das ging mir durch den Kopf, als ich an diesem Freitagnachmittag den kleinen Pfad zu meinem Schrebergarten entlangschlenderte. Nach den Vorkommnissen der vergangenen Woche hatte der Gang durch die eigentlich so friedliche Anlage etwas von einem Spießrutenlauf. Ich fühlte mich angestarrt und ausgegrenzt. Doch heute würde ich mich nicht einsam in meiner Gartenhütte verkriechen: Ich erwartete Besuch. Maria wollte vorbeikommen, um mit mir über unseren gemeinsamen Kurzurlaub zu sprechen.

*Nächste Woche um diese Zeit bin ich in Spanien*, dachte ich ungläubig.

*Wenn alles gut geht!*, schaltete sich meine innere Stimme mit hörbar erhobenem Zeigefinger ein. Es war offensichtlich, dass sie ein Problem mit der anstehenden Reise hatte. Und auch wenn sie mit ihren ständigen Bedenken nicht gerade hilfreich war: Ich fand, sie hatte nicht ganz unrecht. Wegen vier Tagen Mittelmeer gleich mein Leben zu riskieren! Angefangen beim Flug. 15 Prozent der Deutschen haben Angst vorm Fliegen. Die sind doch nicht alle hysterisch oder irrational. Im Übrigen war die Gefahr nach dem lebensgefährlichen Trip in einer keimverseuchten Blechkiste noch lange nicht vorbei. Seit Tagen schon malte ich mir aus, was alles passieren könnte. Die Liste wurde länger und länger. Und doch war ich im Begriff, es zu tun: Ich würde den Ozean voller Gegenargumente ignorieren und mit Maria den abenteuerlichsten, leichtsinnigsten Trip meines bisherigen Lebens antreten. Der Mensch braucht

Herausforderungen! Also ... *andere* Menschen zumindest. Ich persönlich wäre wohl ganz gut ohne ausgekommen. Eine Woche Ostsee war für mich bislang exotisch genug gewesen. Oder die drei Tage Ostfriesland, die Christine und ich uns im letzten Jahr gegönnt hatten. Ein Ort, an dem man sich zu jeder Tages- und Nachtzeit mit »Moin« begrüßt und Tee aus Fingerhüten trinkt, war für meinen Geschmack herausfordernd genug. Wenn man dann noch berücksichtigt, dass die Ostfriesen es so auf einen sagenhaften Pro-Kopf-Verbrauch von rund dreihundert Litern Tee im Jahr und damit das Zwölffache des Durchschnittsdeutschen schaffen, fragt man sich doch allen Ernstes, wo auf der Welt es überhaupt ein noch kurioseres Reiseziel geben kann.

Mittlerweile war ich in meiner Gartenhütte angelangt. Das Päckchen, das ich in der vergangenen Woche bei den traumatisierten Nachbarn abgeholt hatte, stand noch immer auf dem Tisch. Ich zückte mein altes Küchenmesser, öffnete den Versandkarton und befreite den vernachlässigten Gitarrenzwerg aus seinem dunklen Gefängnis. Voller Freude drehte ich den Neuzugang so, dass ich sein kleines Gesicht sehen konnte. Er wirkte nicht annähernd so gut gelaunt wie auf seinem Profilfoto im Versandkatalog. Verdrießlich hielt er sein Instrument umklammert und harrte der Dinge, die da kamen. Ich konnte es ihm nicht verdenken. Seinen Empfang im neuen Heim hatte er sich sicher etwas anders vorgestellt.

»Jetzt sei nicht gleich eingeschnappt!«, tröstete ich ihn, während ich ihn feierlich ins Freie trug. »Ich weiß zufällig von ein paar Zwergen, die in genau diesem Schrebergarten erst kürzlich ein viel schlimmeres Schicksal ereilt hat.«

Auf der Suche nach dem passenden Standort bahnte ich mir einen Weg durch die fröhliche Gruppe der restlichen Gartenzwerge. Fast war mir, als würden sie vor mir zurückweichen. Zwischen dem etwas extravagant auftretenden Trompeter und einem besonders erfahrenen Schlagzeugerzwerg stellte ich den Neuen auf den frisch gemähten Rasen.

»Willkommen zu Hause«, sagte ich herzlich. »Und hör nicht auf die anderen. Das mit den Flugstunden war nur ein Ausrutscher.«

»Sprichst du etwa mit diesen ... Gnomen?«

Bevor ich sie daran hindern konnte, war Maria schon über den niedrigen Gartenzaun gestiegen, hatte mit ihren dünnen Absätzen tiefe Löcher im sorgfältig geharkten Blumenbeet hinterlassen und stöckelte nun gut gelaunt wie eh und je auf mich zu.

»Das sind keine Gnome. Die nennt man Gartenzwerge. Dreißig Prozent der Deutschen stehen auf so etwas. Der Rest hat einfach keine Ahnung.«

»Und die dreißig Prozent sprechen alle mit ihren Zwergen?«

»Das weiß ich nicht. Ich vermute es. Gartenzwerge sind sehr gesellig.«

»Ach, der Arme!«, rief Maria theatralisch und deutete auf den frisch geklebten Pfeifen-Opa, dem der Schrecken meines kleinen Ausrasters dank unzähliger notdürftig geflickter Risse auf ewig ins Gesicht geschrieben stand. »Dieser hier ist krank.«

»Er hatte einen Unfall. So was passiert. Jetzt geht es ihm wieder gut«, antwortete ich ausweichend.

Ich war meiner Freundin entgegengegangen und fing sie nun auf dem kleinen Weg in der Mitte des Gartens ab, bevor sie mit ihren Pfennigabsätzen den kompletten Rasen vertikutieren würde.

»Hallo, Maria.«

»Hallo, liebe Emu.«

Wie immer ignorierte sie meine ausgestreckte Hand und drückte mich herzlich an sich.

»Dass ihr Deutschen euch immer die Hände geben müsst.«

»Dass ihr Spanier euch immer gleich umarmen müsst.«

»Am besten gewöhnst du dich schnell daran. Wenn wir erst mal in Valencia sind, wirst du tagelang keine einzige Hand schütteln können«, grinste Maria.

Noch ein Argument, das ich auf meiner imaginären Kontra-Liste ergänzen würde.

»Komm mit in die Hütte, ich habe uns Kaffee gekocht.«

Staunend folgte meine neue Freundin mir in mein kleines Reich.

»Schön hast du's hier. Hier kann man bestimmt toll feiern.«

»Klar!«, bestätigte ich großspurig. »Es ist alles da, was man braucht.«

Nicht dass ich es jemals ausprobiert hatte. Aber theoretisch war so ein Schrebergarten bestimmt eine tolle Partylocation.

»Deine neue Haarfarbe sieht übrigens gut aus«, lobte Maria, während wir es uns mit dem Kaffee und zwei Stücken Apfelkuchen, dem wirklich liebsten Lieblingskuchen der Deutschen, in der Sonne vor dem Gartenhäuschen bequem machten. »Steht Max auf Rothaarige?«

»Das ist kein Rot. Das ist Herbstgold«, korrigierte ich sie mit vollem Mund.

»Ach so. Wie dumm von mir. Und steht Max auf Herbstgoldhaarige?«

»Keine Ahnung. Das hat doch mit Max nichts zu tun. Ich hatte einfach Lust auf eine Veränderung.«

»Verstehe.«

»Gut.«

»Was hat er denn zu deinem nächtlichen Anruf gesagt?«

»Wir haben nicht darüber gesprochen. Er hatte andere Sorgen.«

Ich erzählte Maria von Katerstrophe und fasste kurz die Ereignisse des Vortages zusammen.

»Und wann seht ihr euch wieder?«

»Ich weiß nicht. Ich glaube, das wird nichts mit uns. Und jetzt lass uns das Thema wechseln. Wir wollten doch über unseren Urlaub sprechen. Hast du schon gepackt?«

»Du bist lustig«, lachte Maria. »Warte, du meinst das ernst, oder? Es ist noch eine Woche hin. Wir sind vier Tage weg. Die zwei Kleider werfe ich kurz vorher in den Koffer.«

»Aber eine Packliste hast du doch schon gemacht? Ich habe da eine tolle neue App, mit der ich alle meine Listen organisiere. Wenn du willst, schicke ich dir mal den Link.«

»Nein, danke. Ich führe keine Listen.«

»Aber so kannst du viel effizienter planen. Viel strukturierter. Und die Fehlerquote sinkt um ein Vielfaches. Was machst du zum Beispiel, wenn du in Spanien merkst, dass du deine Zahnbürste vergessen hast?«

»Ich kaufe mir eine neue. Ich habe gehört, dort gibt es mittlerweile ein Spezialgeschäft von deutschen Auswanderern, das Zahnbürsten führt.«

Gekonnt ignorierte ich ihren Spott: »Und die neue Zahnbürste kostet Geld. Dabei liegt zu Hause eine voll funktionstüchtige Bürste. Das ist doch auch eine Frage der Wirtschaftlichkeit.«

»Liebe Emu. Das alles gilt vielleicht in Mustermannshausen. In meiner Welt ist das keine Frage der Wirtschaftlichkeit. Ich muss auch nicht effizient oder strukturiert sein. Und meine Fehlerquote ist mir außerhalb der Arbeit völlig egal. Da mache ich nur, was mir Freude bereitet. Und Listen führen gehört ganz sicher nicht dazu.«

Das hatte gesessen. Ich wurde das Gefühl nicht los, dass es schon wieder an der Zeit für einen Themawechsel war. Krampfhaft versuchte ich, mich an die weiteren Fragen zu erinnern, die mir noch auf der Seele brannten. Die Checkliste für das heutige Gespräch, die in meiner Handtasche ungeduldig auf ihren Einsatz lauerte, würde aus gegebenem Anlass vergeblich warten. Es musste auch ohne gehen.

»Was brauchen wir denn für den Flug? Kaugummi, Ohrenstöpsel, Taschentücher, dicke Socken ...«

Ich hatte natürlich etwas recherchiert. Schließlich wollte ich meinen ersten Flug nicht gänzlich unvorbereitet antreten.

»Der Flug dauert zweieinhalb Stunden. Ich glaube, wir kommen ohne Care-Pakete aus.«

»Hast du denn einen sicheren Platz gebucht?«

Mit einem unergründlichen Blick, der wegen genau dieser Unergründlichkeit Bände sprach, sah Maria mich an.

»Ich habe gar keinen Platz gebucht. Wir nehmen den Sitz, den sie uns anbieten. Es ist doch so: Wenn wir abstürzen, sind wir alle tot. Wenn nicht, dann nicht.«

Ich hatte mir so fest vorgenommen, mich nicht als spießige Musterfrau zu outen. Doch so einfach, wie Maria es darstellte, war die ganze Sache nun einmal nicht. Wie rund 31 Millionen Deutsche hatte ich das Internet genutzt, um mich vor Reiseantritt umfassend zu informieren. Und dabei Dinge gelernt, die vielleicht wertvoller waren als die verschiedensten Versicherungen, mit denen man sich abzusichern versucht und die sich der deutsche Durchschnittshaushalt monatlich 122 Euro kosten lässt. Wissen, das im Fall der Fälle über Leben und Tod entscheiden könnte. So wie die Wahl des richtigen Sitzplatzes im Flugzeug.

»Das ist nicht ganz richtig«, widersprach ich also. »Im Heck des Flugzeugs ist die Überlebenschance rund vierzig Prozent höher als weiter vorn. Wenn wir dann noch am Notausgang oder in der Reihe davor oder dahinter sitzen, erreichen wir die bestmögliche Überlebenswahrscheinlichkeit.«

»In Ordnung. Wir checken einfach früh genug ein. Dann bekommen wir bestimmt noch unseren Wunschplatz«, lenkte Maria ein. »Gibt es sonst noch etwas, das ich wissen sollte?«

»Jede Menge«, betonte ich mit einem milden Kopfschütteln.

Trotz all ihrer bisherigen Reisen hatte meine Freundin offenbar keine Ahnung. Wie sie so lange hatte überleben können, war mir echt ein Rätsel.

»Erfahrene Reisende führen immer zwei Brieftaschen mit sich«, dozierte ich. »Im Falle eines Raubüberfalls kann man dann einfach die Ersatzbrieftasche rausgeben, in der nur wenig Geld und keine wichtigen Papiere sind. Außerdem ist der Brandschutz in vielen Hotels im Ausland so mangelhaft, dass sich die

Mitnahme einer Brandfluchthaube empfiehlt. Ich habe uns schon zwei Stück bestellt. Als Nächstes ...«

»Als Nächstes«, bestimmte Maria, die mit ihrer Geduld sichtlich am Ende war, »hörst du mir mal zu. Wir fahren nicht in den Dschungel irgendeines gerade erst entdeckten Kontinents, sondern nach Valencia. Dort gibt es Supermärkte, Ärzte und Apotheken. Wir haben fließendes Wasser, Elektrizität und Telefone. Außerdem gibt es Polizisten, Feuerwehrleute und jede Menge weiterer Menschen, die dein Bedürfnis nach Sicherheit mit Freuden und ausreichenden Qualifikationen erfüllen werden. Wenn du ein Sauerstoffzelt und deine eigene Intensivstation mitbringen möchtest, ist das eine Sache zwischen dir und der Fluggesellschaft. Ich jedenfalls werde so reisen, wie ich es immer mache. Mit nur einer einzigen Brieftasche und ganz sicher ohne irgendwelche abgefahrenen Brandfluchthauben. Und jetzt entspann dich. Was soll denn schon groß passieren?«

»Alles. Jede Menge schlimmer Dinge. Ich weiß nicht«, antwortete ich etwas kläglich.

Vielleicht war ich wirklich etwas zu pessimistisch. Aber konnte man mir daraus einen Vorwurf machen? Mir, Erika Mustermann? Dem Prototypen des Durchschnittsdeutschen mit seinen Ängsten, Unsicherheiten und ätzend tugendhaften Tugenden?

»Wenn jetzt die Welt untergeht, dann können wir das auch nicht ändern«, fasste Maria zusammen. »So ist das Leben. Und wenn man es pragmatisch betrachtet, ist das doch gar nicht so schlimm, oder?«

»Ich weiß nicht«, wiederholte ich nachdenklich. »Wenn jetzt die Welt untergehen würde, wär ich schon irgendwie sauer. Ich habe mir gerade die Haare gefärbt.«

Prustend stellte meine neue Freundin die Kaffeetasse ab.

»Du bist echt speziell. Wir werden jede Menge Spaß haben!«

Die Frage nach der richtigen Reiseapotheke verkniff ich mir wohlweislich. Für den Moment war ich einfach nur froh, dass Maria noch immer mit mir in den Urlaub fahren wollte.

Ein weiterer, überdimensional großer Punkt auf der Kontra-Spanien-Liste begrüßte mich zu Hause wie immer schon an der Tür. Beim Gedanken daran, meine Lieblings-Minki vier Tage allein zu lassen, schnürte sich mir das Herz zusammen.

»Du brauchst auch einen Partner«, flüsterte ich wie so oft, während ich der ahnungslosen Katze das Kinn kraulte.

Christine würde Minka versorgen und außer Futter und Wasser sicher auch eine Wagenladung an Streicheleinheiten im Gepäck haben. Trotzdem würde die Katze des Hauses einen Großteil der Zeit allein sein. Und das nur, weil Frauchen in einem schwachen Moment mit Gartenzwergen auf Briefträger geworfen hatte. Das war es doch, worauf alles hinauslief: Ein winziger Ausraster und schon faselte die ganze Welt von Spaß und über die Stränge schlagen und neuen Erfahrungen und dem ganzen Blödsinn. Bloß deshalb war ich im Begriff, mein Kätzchen allein zu lassen und mein Leben für einen Ausflug mit einer Frau zu riskieren, die nicht einmal ihr Auto wusch. Es war, als hätten sich alle gegen mich verschworen. Der Richter, Dr. Max, Christine und dann auch noch Maria. Die könnten was erleben, wenn ich ihretwegen sterben würde.

Unwillkürlich musste ich an den gestrigen Abend denken. An Dr. Müller im blutigen Shirt und mit zerzausten Haaren. An den schlafenden Kater in der sterilen Atmosphäre der Tierklinik. Wie es den beiden wohl ging? Es war neun Uhr. Zu spät, um seinen Therapeuten anzurufen. Andersrum hatte ich das auch schon zu einer viel unchristlicheren Zeit getan. Außerdem ging es hier nicht um mich, sondern um Katerstrophe. Beherzt griff ich zum Telefon und wählte die Nummer, die ich – warum eigentlich? – auswendig kannte. Mit klopfendem Herzen wartete ich, dass abgehoben wurde. Gerade als mich der Mut verließ und ich auflegen wollte, meldete er sich.

»Frau Mustermann«, sagte er statt seines eigenen Namens. »Geht es Ihnen gut?«

Wusste er meine Nummer etwa ebenfalls auswendig? Oder hatte er die Kontaktdaten seiner Patienten einfach nur in sein Telefon eingespeichert?

»Das wollte ich von Ihnen wissen«, antwortete ich schlagfertig. »Was macht Ihr Kater?«

»Es geht ihm gut. Ich habe ihn eben abgeholt. Er sieht ein bisschen aus wie Frankensteins Monster, aber sonst ist er schon wieder fit. Allerdings ist er ziemlich sauer auf mich, weil ich ihn nicht nach draußen lasse.«

»Sauer ist gut. Wer sauer ist, ist auf dem Wege der Besserung.«

»Ja, das stimmt wohl. Ich bin so froh, dass Sie gestern da waren. Ich weiß gar nicht, was ich ohne Sie gemacht hätte.«

»Sie hätten ein Taxi gerufen«, sagte ich barsch.

Ich hätte ihn nicht anrufen sollen. Das war mir jetzt klar. Er war mir so nahe wie schon am Vortag in der Tierklinik.

Doch selbst wenn er sich tatsächlich ernsthaft für mich, Erika »Mustergültig« Mustermann, interessieren würde – es würde nicht funktionieren. Zu dem Schluss war ich schon einmal gekommen und es hatte sich nichts verändert.

»Apropos sauer ...«, er klang plötzlich wachsam, vorsichtig, »sind Sie sauer auf mich? Sie wirken ... verstimmt.«

»Warum sollte ich? Nein, alles in Ordnung. Freut mich, dass es Katerstrophe besser geht. Am Donnerstag kann ich nicht. Ich fliege Freitagmorgen nach Spanien und muss noch jede Menge Vorbereitungen treffen.« *Wenn alles gutgeht!*, klang es wie schon gewohnt in meinem Kopf.

»Oh. Schön. Dann am Dienstag?«

»Ich weiß nicht. Das wird alles etwas knapp.«

»Also am Dienstag zur gewohnten Uhrzeit.«

»Ja. Dienstag. In Ordnung. Bis dann.«

Bevor Max noch etwas sagen konnte, hatte ich bereits aufgelegt. Es war alles gesagt. Von wegen, Frauen telefonieren gern und lange. 59 Prozent der privaten Telefongespräche in Deutschland dienen laut Studien dem reinen Informationsaustausch. So wie dieses. Ende der Durchsage.

Der obligatorische Samstagsbesuch bei meiner Mutter schlug mir in dieser Woche gleich aus mehreren Gründen aufs Gemüt. Zum einen war da das verkorkste Mittagessen der Vorwoche. Ich kannte die Frau mit dem Elefantengedächtnis lange und gut genug, um zu wissen, dass das Thema noch nicht erledigt war. Zum anderen würde ich ihr heute beichten müssen, dass ich in der kommenden Woche nicht da sein würde. Und das, um dem

Ganzen die Krone aufzusetzen, aus dem absurdesten aller denkbaren Gründe. Ich würde in den Urlaub fliegen.

Wie sie auf diese Information reagieren würde, war schwer vorauszusagen. *Ich hätte mir ein Fläschchen Riechsalz besorgen sollen,* dachte ich, während ich mein endlich wieder sauberes Auto in ihre Einfahrt lenkte. *Oder gleich den mobilen Defibrillator aus dem Supermarkt.* Für beides war es jetzt zu spät. Zumindest war der Akku meines Handys voll aufgeladen – im äußersten Notfall könnte ich immer noch den Rettungsdienst anrufen. Ich hoffte inständig, dass das nicht notwendig werden würde.

Mit den Worten »Du bist ja schon da« und einem stirnrunzelnden Blick auf die Uhr begrüßte Mama mich an der Tür. Wild entschlossen, mir nicht die Laune verderben zu lassen, deutete ich die Bemerkung wohlwollend als Ausdruck der Wiedersehensfreude.

»Natürlich«, sagte ich lächelnd und tappte mit den nächsten Worten zielsicher in Mamas perfide Falle. »Es ist zwölf Uhr.«

»Das heißt ja nichts! Um die deutschen Tugenden ist es offenbar längst nicht mehr gut bestellt.«

Verstohlen vergewisserte ich mich, dass ich mein Notfallhandy nah bei mir trug. Wenn Mutter im Das-Land-geht-vor-die-Hunde-Modus war, dann war die Situation bereits weitaus ernster als erwartet.

Geduldig ignorierte ich den versteckten Vorwurf.

»Gut siehst du aus. Und das Essen riecht wie immer super.«

»Was ist mit deinen Haaren passiert?«

»Ich habe sie mir gefärbt. Gefällt es dir?«

»Ich weiß nicht. Ich war nie ein großer Freund von Pumuckl.«

»Mama!«

»Mal ehrlich, Erika! Warum denn ausgerechnet rot? Nur zwei Prozent der deutschen Bevölkerung haben rote Haare. Seit wann musst du denn so im Mittelpunkt stehen?«

»Ich muss überhaupt nicht im Mittelpunkt stehen. Ich hatte einfach nur Lust auf eine Veränderung. Im Übrigen ist das gar kein Rot, sondern Herbstgold.«

»Du hattest Lust auf eine Veränderung? Was ist nur los mit dir? Du bist in letzter Zeit so komisch!«

Missmutig stocherte ich in meinem Essen. Schon wieder Rouladen. Was hätte ich jetzt für mein persisches Leibgericht gegeben – was auch immer das eigentlich war.

»Ich bin nicht komisch. Ich bin ganz normal und ich mache normale Dinge. In den Urlaub fliegen, zum Beispiel. Nächsten Freitag fliege ich mit meiner Arbeitskollegin nach Spanien.«

*Wenn alles gut geht!*

Jetzt war es raus. Mit offenem Mund starrte meine Mutter mich an. Dann lachte sie.

»Tust du nicht!«

»Tu ich wohl! Warum auch nicht? Zehn Millionen Deutsche fliegen jedes Jahr nach Spanien.«

Was war ich es leid, mich ständig rechtfertigen zu müssen.

»Im Ausland gibt es riesige Mücken und Infektionskrankheiten und gar kein richtiges Gesundheitssystem. Bist du denn überhaupt geimpft?«

»Du weißt schon, wo Spanien liegt, oder?«, fragte ich genervt und fühlte mich unwillkürlich an mein Gespräch mit Maria erinnert.

»Du bist noch nie geflogen. Flugzeuge stecken voller Keime und fallen vom Himmel wie die Steine.«

»Das stimmt doch nicht. Statistiken belegen, dass Fliegen immer noch das sicherste …«

»Habt ihr denn wenigstens einen sicheren Platz gebucht?«

Meine Mutter las die gleichen Ratgeber wie ich. *Wie war das noch mit dem Apfel und dem Stamm?*

»So ein Quatsch. Wenn wir abstürzen, sind wir tot. Wenn nicht, dann nicht.«

»Hast du dir zumindest eine zweite Geldbörse besorgt? Und es gibt diese tollen Brandfluchthauben zum Überziehen, mit denen man …«

»Bist du fertig? Dann lass uns abräumen«, unterbrach ich meine Mutter.

Beim Abwasch und unserem traditionellen Verdauungskaffee erzählte ich von meinem Schrebergarten. Die Atmosphäre in Mamas gutbürgerlichem Reihenmittelhaus war in etwa so behaglich wie ein arktischer Schneesturm. Wenigstens hatte kein Defibrillator zum Einsatz kommen müssen. Endlich war es an der Zeit, nach Hause zu fahren.

»Dann bis nächsten Samstag. Und sei pünktlich«, verabschiedete meine Mutter mich an der Tür.

Verwirrt sah ich sie an. Dachte sie ernsthaft, ich würde nur für einen Tag in den Urlaub fliegen und zum samstäglichen Mittagessen wieder hier sein?

»Ich komme am Samstag nicht. Da bin ich in Spanien.«

»Wenn alles gut geht!«, stellte Mama klar und schloss die Tür hinter mir.

Am Dienstagabend wurde Dr. Müllers Praxistür von einer Frau geöffnet. Einer großen, schlanken, überaus attraktiven Blondine. Natürlich. Rund die Hälfte aller deutschen Männer steht auf Blondinen. Und ich färbe mir die Haare herbstgold.

Ich war vollkommen perplex. Wieso hatte ich eigentlich nie daran gedacht, dass er verheiratet sein könnte? Er war gut aussehend, intelligent, erfolgreich. Natürlich war so ein Mann nicht mehr zu haben.

»Bitte kommen Sie schon mit durch. Herr Dr. Müller ist gleich bei Ihnen«, sagte die Blondine, nachdem ich mich vorgestellt hatte.

*Herr Dr. Müller. Wie förmlich,* dachte ich pikiert und nahm wie gewohnt auf dem Patientensofa Platz. Im Flur waren Schritte zu hören. Im nächsten Moment trat Dr. Müller ein – gefolgt von dem riesigen roten Kater mit einer frisch vernähten Wunde an der Seite. Katerstrophe.

»Ich dachte, es wäre an der Zeit, dass Sie ihn auch im wachen Zustand kennenlernen.«

Es war, als hätte er mich mit der bloßen Anwesenheit seiner Katze entwaffnet. Die ganze schöne Mauer, die ich um meine Gefühle aufgebaut hatte, zerbröselte unter dem Blick seines pelzigen Freundes.

»Hallo, du Schöner«, sagte ich leise und streckte dem Tier die Hand entgegen.

Zutraulich schob es den Kopf unter meine Hand und drückte sich schnurrend an mein Bein. Wir hatten uns angefreundet. So einfach konnte das sein.

Entschlossen sprang Katerstrophe auf meinen Schoß, drehte sich ein paarmal um die eigene Achse und rollte sich schließlich genüsslich auf meinen Beinen zusammen.

»So war das nicht gemeint, du Frechdachs«, lachte Dr. Müller. »Wir wollten nur Hallo sagen. Raus mit dir!«

»Lassen Sie ihn doch. Ich find es schön, dass er da ist.«

Prüfend sah der Therapeut mich an und ließ sich schließlich in seinen Sessel fallen.

»In Ordnung. Dann erzählen Sie mal.«

»Was soll ich denn erzählen?«

»Alles. Fangen wir doch mal mit dem vorletzten Wochenende an. Sie hatten einen schönen Abend, wenn ich Sie am Telefon richtig verstanden habe?«

Ich errötete. Der nächtliche Anruf! Bei allem, was in der letzten Woche passiert war, hatte ich den längst verdrängt.

»Ach ja. Der Anruf. Tut mir leid. Ich hatte etwas getrunken. Wir haben gefeiert. Es wird nicht wieder vorkommen.«

»Schade«, sagte Max.

»Wie bitte?«

»Ich hoffe doch sehr, dass Sie noch öfter feiern und Spaß haben werden.«

»Ja. Natürlich. Ich meinte auch eher den Anruf.«

»Ach so. Das war nicht schlimm. Ich habe mich gefreut, dass Sie so glücklich klangen.«

»Habe ich das? Habe ich glücklich geklungen?«

»Ja, das haben Sie. Waren Sie denn nicht glücklich?«

Nachdenklich streichelte ich den Kater auf meinem Schoß.

»Doch«, bestätigte ich und merkte unwillkürlich, wie sich ein zufriedenes Lächeln in meinem Gesicht ausbreitete. »Es hat sich gut angefühlt. Zumindest bis zum nächsten Tag.«

»Was ist dann passiert?«

»Sie meinen, abgesehen vom schlimmsten Kater der Weltgeschichte?«

Er lachte und zeigte seine Grübchen.

»Genau. Davon mal abgesehen.«

»Ich war bei meiner Mutter.«

Haarklein erzählte ich meinem Therapeuten von dem gemeinsamen Mittagessen. Und auch von meinem samstäglichen Besuch bei Mama Mustermann. Von unseren Telefonaten und den Ansprüchen an ihre Mustertochter. Und wie ich mir manchmal wünschte, ich wäre wie Sabine. Unzuverlässig, unorganisiert, unpünktlich, unordentlich. Eine Schande für die deutsche Vorzeigefamilie. Aber frei. Frei von den Erwartungen ihrer Umwelt – und überzogenen Ansprüchen an sich selbst. In einem Haus voller Mustermänner hatte sie es geschafft, aus der Reihe zu tanzen. Das schwarze Schaf der Familie war im Nachhinein betrachtet die Einzige, die es richtig gemacht hatte. Die erste Mustermann seit Generationen, die ihr Glück nicht irgendwelchen verstaubten Tugenden geopfert hatte. Wir waren angesehen und angepasst, zuverlässig, pünktlich, fleißig und bescheiden, ordentlich und korrekt bis in die Haarspitzen. Aber Sabine – Sabine war glücklich.

Katerstrophe kommentierte meinen leidenschaftlichen Bericht mit einem zufriedenen Schnarchen. Mit zitternden Händen, die Augen rot von den mühsam zurückgehaltenen Tränen, sah ich auf die Katze in meinem Schoß – und lachte. Leise erst, dann immer lauter. Es war endlich raus. 45 Jahre lang war ich Frau Mustermann gewesen, mit jeder Faser meines Körpers. Jetzt konnte ich Erika sein. Was immer das bedeuten würde. Ich wusste es nicht. Aber was auch immer sich ändern würde, es wäre meine Entscheidung. Nicht Mamas. Nicht die der Nachbarn. Auch nicht die eines Richters oder Psychotherapeuten oder meiner Freunde. Nur meine. Welch großartiges Gefühl.

Dr. Müller, der meinen Ausführungen mit dem für ihn typischen Hundeblick aus schiefgelegtem Kopf gefolgt war, räusperte sich laut. Betreten hörte ich auf zu lachen. Er öffnete den Mund, räusperte sich erneut, schloss ihn wieder. Als er endlich sprach, war seine Stimme rau.

»Herzlichen Glückwunsch.«

*Das war's?* Nach allem, was ich ihm gerade erzählt hatte, fiel ihm nichts ein außer »Herzlichen Glückwunsch«? Vielleicht war er einfach nicht der richtige Therapeut für mich. Wer gut aussah, konnte schließlich trotzdem ein Idiot sein.

»Sie sind großartig«, sagte der Idiot.

»Bitte?«

»Sie wissen gar nicht, wie wunderbar Sie sind. Ich wünsche Ihnen, dass Sie das jetzt entdecken. Zumindest sind Sie auf dem besten Wege. Sie können ruhig mal stolz auf sich sein.«

Ich widmete mich ganz den Ansprüchen des vierbeinigen Patienten auf meinem Schoß. Katzen streicheln konnte ich. Was alles andere anging, fühlte ich mich gerade leicht überfordert.

»Und am Freitag fliegen Sie nach Spanien?«, wechselte Dr. Müller das Thema.

»Ja.«

Wenn er jetzt »Wenn alles gut geht« oder »Tust du nicht« sagen würde, müsste ich ihn leider verprügeln.

»Wie schön. Wohin geht's denn? Und wie lange bleiben Sie?«

»Ich fliege mit meiner Freundin Maria nach Valencia«, berichtete ich stolz. »Sie hat dort Familie. Wir wohnen in einem kleinen Hotel mit Meerblick. Es sind nur vier Tage.«

»Das klingt toll. Schreiben Sie mal ’ne Karte. Soll ich Ihre Katze versorgen?«

»Das würden Sie tun?«

Verlegen biss ich mir auf die Unterlippe. So begeistert hatte das jetzt eigentlich nicht klingen sollen.

»Natürlich. Jetzt, wo mein Kater Sie mehr liebt als mich, muss ich mich doch an Ihre Katze ranwerfen.«

Er zog mich auf. Natürlich.

»Nein, danke. Meine Freundin Christine kümmert sich um Minka. Sie ist sozusagen ihre Patentante.«

»Ach so. Dann muss ich mich wohl doch an meinen eigenen Mitbewohner halten.«

»Ja, das sollten Sie tun.«

Einen Moment lang lächelten wir uns stumm an. Dann klingelte es an der Tür.

»Schon so spät!«, rief Dr. Müller überrascht. »Entschuldigung. Das ist mein Bruder. Wir spielen zusammen Fußball.«

Er spielte Fußball. Ausgerechnet. Ebenso wie 5,45 Millionen deutsche Männer, die Mitglied in einem Fußballverein sind. Nicht mitgerechnet die unzähligen weiteren Freizeitkicker.

Schweren Herzens schob ich den Kater von meinem Schoß und stand auf.

»Kein Problem. Wir haben auch überzogen.«

Ich nahm meine Handtasche und ließ mich zur Tür begleiten, wo eine etwas ältere Ausgabe von Dr. Müller wartete.

»Hallo und tschüss und danke«, sagte ich keck zu den beiden Männern und stieg die wenigen Stufen hinab.

»Tschüss, Frau Mustermann!«, rief Max etwas zerstreut. »Mach dir einen schönen Urlaub.«

Erstaunt drehte ich mich noch einmal um, doch die Brüder waren bereits im Haus verschwunden. Katerstrophe saß hinter der Glasscheibe der Eingangstür und sah mir sehnsüchtig nach.

# Vom Reisen – und dem Glück, endlich anzukommen

Unser Flieger ging um acht Uhr morgens. Marias großzügiges Angebot, mich abzuholen, hatte ich dankend abgelehnt. Die Begründung, dass ich bei allen Unwägbarkeiten unserer Reise zumindest am Münchner Flughafen gern noch in einem Stück ankommen würde, hatte sie letztendlich überzeugt. Nach einer kurzen Nacht, die außer der unverkennbaren Dunkelheit kaum Merkmale einer regulären Nacht mit sich gebracht hatte, lenkte ich meinen klinisch reinen Golf in das Parkhaus, das für die nächsten vier Tage sein Zuhause sein würde.

Ich war so müde, dass mich wohl nur das Adrenalin, das nahezu unverdünnt durch meine Adern floss, vorm Einschlafen bewahrte. Neben meiner unbestreitbaren Nervosität war es in erster Linie das Thema Gepäck gewesen, das mich um den Schlaf gebracht hatte. Zum ersten Mal in meinem mustergültigen Leben hatte ich im Vorfeld auf die Ausarbeitung einer wohldurchdachten Packliste verzichtet. Eine revolutionäre Fehlentscheidung, die mich schnell an den Rand des Wahnsinns bringen sollte. Wie andere Leute es schafften, mit nur einem Gepäckstück und zwanzig Kilogramm Gewicht einen dreiwöchigen Urlaub zu überleben, war mir schleierhaft. Ich jedenfalls war selbst angesichts von vier Tagen Spanien schon mit der Aufgabe überfordert gewesen. Als wenig hilfreich hatte sich außerdem meine zunehmend panische Katze entpuppt. Und so hatte ich die Nacht mit einer wenig amüsanten Variante des Spiels »Ich packe meinen Koffer« verbracht: Kleidung rein, Schuhe für gutes und schlechtes Wetter und zum Laufen und zum Tanzen und nur zum Gutaussehen, Sonnencreme, Allergiecreme, Desinfektionsmittel, die Familienpackung Sagrotan-Tücher, Kopfschmerztabletten, Durchfalltabletten und Abführmittel, Pflaster, Wundsalbe, Pinzette, Verbandsmaterial, Fieberthermometer, Erkältungsmittel ... Koffer fast voll. Kurz weggesehen, um nach der zum Bersten vollen Kulturtasche zu greifen. Hysterische Katze aus dem Koffer entfernt, die dachte, sich unter einer Packung Taschentücher verstecken zu können.

»Du kannst nicht mitkommen, Minki. Du musst doch auf die Wohnung aufpassen. Tante Tine kümmert sich um dich«, tröstete ich meine Mitbewohnerin.

Mit der Kulturtasche war der Koffer endgültig voll. Dabei fehlten noch meine Bücher, die Kamera, Socken und Unterwäsche, ein Sonnenhut, der große Regenschirm, mein Wörterbuch ... und das Brot. Da es glaubwürdigen Berichten zufolge in Spanien kein Schwarzbrot gab, hatte ich mich mit einem riesigen, himmlisch duftenden Vorrat eingedeckt. Als ich aus der Küche zurückkam, wo ich das Brot geholt hatte, war Minka tief unter meiner Wäsche im Koffer verschwunden. Nur der Schwanz ragte verräterisch zwischen meinen Strümpfen hervor. Sanft zog ich an der praktischen Reißleine.

»Erde an Minki! Du bist enttarnt worden. Komm da raus.«

Am liebsten hätte ich die Reise abgesagt, um bei meiner armen Katze bleiben zu können. Und sowieso. Aber das kam jetzt nicht mehr infrage. Also kurzerhand den Taschentiger samt Klamotten aus dem Koffer geschüttet und einen neuen Versuch gestartet.

*Wir haben auch Apotheken*, hörte ich Marias Stimme in meinem Kopf. Hieß das etwa, dass die gute alte Reiseapotheke ausgedient hatte? Einem plötzlichen Impuls folgend brachte ich die Salben und Tabletten und Pflaster und Mullbinden zurück in meine große Hausapotheke. Nur ein paar Schmerztabletten würde ich mitnehmen. Wie mehr als die Hälfte aller Deutschen litt ich schließlich regelmäßig unter mehr oder weniger starken Kopfschmerzen.

Mit der Aufgabe der Reiseapotheke hätte das Volumen meiner eingepackten Habseligkeiten locker um die Hälfte schrumpfen müssen. Dass es das nicht getan hatte, lag wieder einmal an Minka. Mit dem ganzen Mut ihrer Verzweiflung hatte sie sich diesmal quer über den offenen Koffer gelegt und sich tot gestellt. Es brach mir fast das Herz.

Als es zu fortgeschrittener Stunde schließlich Zeit geworden war, Maria abzuholen und zum Flughafen zu fahren, hatte ich wahllos einige Kleidungsstücke und nur die Utensilien in den Koffer geworfen, die das Glück hatten, zufällig in Reichweite zu liegen. Minka hatte nicht dazugehört. Ich wurde das Gefühl nicht los, dass Maria genau in diesem Moment dasselbe tat – und sich dabei nicht im Geringsten gestresst fühlte.

Endlich waren wir beim Check-in-Schalter der Fluggesellschaft angekommen.

»Ingrid!«, begrüßte die uniformierte Mitarbeiterin mich erfreut. »Fliegst du ganz ohne Thomas?«

Maria sah mich fragend von der Seite an. Ein Blick auf das anwesende Sicherheitspersonal verriet mir, dass es nicht ratsam wäre, der fremden Frau mein tonnenschweres Handgepäck über den Kopf zu ziehen. Zumindest hätte ich dann wohl nicht mehr fliegen müssen.

»Sie verwechseln mich«, informierte ich die Angestellte also sachlich. »Mein Name ist Erika Mustermann und ich kenne keinen Thomas. Übrigens habe ich auch keinen Hund und ... ach, egal.«

Etwas misstrauisch überprüfte die Fluglinienmitarbeiterin meine Papiere und nahm meinen Koffer entgegen.

»Wir hätten gern Ihre sichersten Plätze«, schaltete sich Maria ein.

Irritiert hielt die Frau, die der brünetten Billigausgabe einer Barbiepuppe glich, inne.

»Wir haben ausschließlich sichere Plätze«, antwortete sie pikiert.

»Das ist nicht ganz richtig. Studien zufolge ...«, begann meine Freundin.

Fast hätte ich sie umarmt. Ganz freiwillig und trotz aller Keimgefahr. Stattdessen berührte ich sie nur leicht am Arm, um sie zum Schweigen zu bringen.

»Lass mal, Maria.« Und dann, an die Billig-Barbie gerichtet: »Wir würden einfach gern in der Nähe eines Notausgangs sitzen.«

»Sehr gern«, bestätigte diese in einem Ton, der deutliche Zweifel am Gesagten aufkommen ließ.

Routiniert druckte sie unsere Bordkarten aus, wünschte mit einem aufgesetzten Augenaufschlag durch unechte Wimpern einen guten Flug und wandte sich den nächsten Passagieren zu.

»Zufrieden?«, fragte Maria lächelnd. »Wir haben die sichersten Plätze bekommen. Wenn das Flugzeug abstürzt, sind wir die Einzigen, die überleben.«

Unbehaglich trippelten die Menschen in der Warteschlange von einem Fuß auf den anderen und bemühten sich, möglichst unbeeindruckt zu wirken. Lachend drehte ich mich zu meiner Freundin um.

»Ja, vielen Dank. Und jetzt muss ich aufs Klo. Sonst passiert hier ein Unglück.«

»Frau Mustermann? Hallo! Frau Mustermann!«

Täuschte ich mich oder rief da jemand meinen Namen?

»Da sind Sie ja. Gut, dass ich Sie noch erwische!«

Die Stimme war nun ganz dicht an meinem Ohr. Sie gehörte Max Müller. Mit großen Augen starrte ich ihn an.

»Dr. Müller. Was machen Sie denn hier?«

»Sie haben Ihren Schlüssel bei mir verloren. Ich hatte Angst, dass Sie ihn suchen. Und da heute Morgen nur ein Flug nach Valencia geht ...«

Etwas verlegen hielt der Psychotherapeut mir einen dicken Schlüsselbund unter die Nase. Ich hatte ihn nie zuvor gesehen.

»Und deshalb sind Sie extra hierhergekommen? Das ist ... unglaublich nett von Ihnen.«

Max strahlte wie ein kleiner Junge. Bis zu meiner nächsten Bemerkung.

»Leider ist das nicht mein Schlüssel.«

»Das ist nicht Ihr ... Oh nein! Frau Fischer! Meine Haushälterin war doch am Dienstag da. Sie muss ihn beim Putzen neben dem Sofa verloren haben.«

»Ihre Haushälterin?«

»Ja. Hat Sie Ihnen nicht noch die Tür aufgemacht?«

»Ihre Haushälterin. Und ich habe gedacht ...«

»Sie haben gedacht ...?«

»Genau«, antwortete ich grinsend. Mehr würde er ganz sicher nicht aus mir herausbekommen. »Ich habe gedacht. Das mache ich manchmal.«

Verwirrt sah er mir in die Augen. Jetzt mischte sich auch Maria ein, die sich bisher abwartend im Hintergrund gehalten hatte.

»Du bist also Max!«, rief sie entzückt. »Emu hat schon so viel von dir erzählt. Wie schön, dass wir uns endlich kennenlernen. Ich bin Maria.«

Strahlend fiel sie dem Therapeuten um den Hals. Er sah aus, als hätte ihn gerade ein Bus überfahren. Nur besser. Sie wissen, was ich meine.

»Freut mich, Maria«, erwiderte Max herzlich, als er sich etwas gefangen hatte.

War das Eifersucht oder was kniff mich da gerade in den Magen? Ich nun wieder mit meiner blöden deutschen Distanziertheit. Seit Wochen schwärmte ich für Dr. Müller. Und dann kam die rassige Miss Rostlaube daher und zack – waren sie Maria und Max. Wer auch immer das mit dem Siezen erfunden hatte: Ab sofort fand ich ihn offiziell doof. Und zwar so richtig.

»Sag mal, Emu, hast du Max eigentlich schon eingeladen?«, fragte Maria mitten in meine Gedanken hinein.

»Eingeladen? Wozu?«

Neben dem kultivierten, attraktiven Dr. Müller und der charmanten, heißblütigen Maria fühlte ich mich wie der Dorftrampel.

»Na, die Grillparty in deinem Schrebergarten. Nächsten Freitag. Mit Mehdi und den anderen. Was hatten wir noch mal gesagt? 19 Uhr?«

Ich stellte mir vor, wie ich Maria gleich nach Erreichen der Reiseflughöhe aus dem Flieger katapultieren würde. Bloß gut, dass wir so nah am Notausgang sitzen würden.

»Genau«, bestätigte ich tonlos. »19 Uhr.«

»Super. Du kommst doch, oder, Max? Warte, ich schreibe dir die Adresse auf.«

Behände zückte die Frau, die ich kurzzeitig meine Freundin genannt hatte, ein ausrangiertes Kaugummipapier und stützte sich auf Dr. Müllers Rücken ab, um darauf schreiben zu können.

Fragend sah er mich an.

»Wenn Erika mich dabeihaben möchte, komme ich gern«, sagte er vorsichtig.

»Natürlich!«, antwortete Maria begeistert.

Er hatte seinen Blick noch immer nicht von mir abgewandt.

»Erika?«

Jetzt lag es an mir. Hopp oder top. Sekt oder Selters. Max oder Dr. Müller. Was hatte ich schon zu verlieren? Es war einen Versuch wert. Schlimmer als Prince Kein-bisschen-Charming oder Mister Schweinshaxe-ist-unromantisch könnte es mit Dr. Ich-will-jetzt-gar-nichts-hören wohl auch nicht werden. Ich nahm meinen ganzen Mut zusammen und war für einen Moment die Erika, die ich von nun an sein wollte.

»Ja«, bestätigte ich ruhig. »Ich würde mich sehr freuen, wenn du kommen könntest.«

Ich hatte »du« gesagt. Obwohl er mir das Du gar nicht angeboten hatte. Und sozusagen mein Arzt war. Und auch noch älter als ich. Der Knigge-Fauxpas des Jahrhunderts. Die Erde hatte sich nicht aufgetan und aus dem Himmel war kein Blitz herabgeschossen. Ich deutete das als Zustimmung.

»Schön. Dann sehen wir uns am Freitag. Viel Spaß in Valencia.«

Lächelnd wandte Max sich zum Gehen.

»Mensch, Emu!«, prustete Maria lautstark. »Warum hast du mir denn nie erzählt, dass der sogar besser aussieht als Daniel Craig?«

Genau in diesem Augenblick hätte ich gegen ein wenig aufgetane Erde nichts einzuwenden gehabt.

»Bist du eigentlich wahnsinnig?«, fuhr ich Maria an.

Mein Blut, das sich für gewöhnlich mit Vorliebe in meinem Gesicht versammelte, war zur Abwechslung vollständig daraus gewichen.

»Das fragst du noch?«

»Mann, ernsthaft! Ich wär eben am liebsten gestorben!«, rief ich theatralisch.

»Und jetzt?«

»Jetzt will ich nach Hause. Mich ins Bett legen, mir die Decke über den Kopf ziehen und nie wieder aufstehen.«

»Na, siehst du«, strahlte Maria. »Das sind doch schon tolle Fortschritte.«

»Ich zieh dir gleich mein Brot über den Kopf!«, drohte ich und schwang wild mein Handgepäck.

»Das konnte ja kein Mensch mit ansehen. Du stehst auf ihn und er steht auf dich. Sei doch froh, dass ich das für dich übernommen habe. Jetzt hat es sich ausgemüllert. Und nächste Woche habt ihr ein Date und wir alle eine Party.«

Für den Moment unterbrach die Sicherheitskontrolle unsere Diskussion. Brav zückte ich den wiederverschließbaren Gefrierbeutel mit den allernötigsten Handgepäcksutensilien und erntete ein wenig attraktives Augenrollen von Madame Grillparty. Ich war mir keiner Schuld bewusst. Labello, Lippenstift, Mini-Deo, Handcreme, Mascara, Haarspray – welche Frau trennte sich zweieinhalb Stunden lang von all diesen Dingen? Keine, die ich kannte.

Schnell hatten wir den Securitycheck unbeschadet überstanden und uns an unserem Gate eingefunden. *Warum*, fragte ich mich wie so oft, *muss das eigentlich immer alles englische Namen haben?* Die Durchsage der Fluglinienmitarbeiterin am *Service-Desk* riss mich aus meinen Gedanken: Unser Flugzeug war nun zum Einsteigen bereit. Mit ihren orangefarbenen Haaren und der neonorangen Warnweste sah die Frau aus wie ein wandelnder Textmarker. Ich war noch immer nicht auf der Toilette gewesen. Mit einem leichten Anflug von Panik registrierte ich, dass es nun zu spät war.

»Los geht's!«, kommentierte Maria fröhlich.

Rücksichtsvoll reihte ich mich am Ende der langen Warteschlange ein. Und da hieß es immer, wir Deutschen könnten nicht anstehen. Ich hatte es nicht eilig, an Bord des keimverseuchten Selbstmordkommandos »Flugzeug« zu kommen.

»Eins noch«, wisperte Maria, bevor wir endlich die wackelige Gangway betraten. »Du hast nicht wirklich ein Brot dabei, oder?«

»Natürlich habe ich Brot dabei. Schwarzbrot. Keiner kann so gut Brot backen wie die Deutschen. Mit mehr als dreihundert verschiedenen Brotsorten gelten wir nicht umsonst als Weltmeister im Brotbacken.«

Kopfschüttelnd schob Maria mich durch die enge Tür in das Flugzeug. Es war so weit. Erika Mustermann flog in den Urlaub. Ins Ausland. Ich hatte schon jetzt Heimweh. Nur das Brot in meinem Handgepäck strahlte eine Art tröstlicher Vertrautheit aus.

Unbehaglich nahm ich auf meinem engen Sitz Platz. Wer wusste schließlich, wer hier schon gesessen hatte? Die mit einem Klettverschluss befestigte Abdeckung des Kopfteils jedenfalls glänzte speckig im Licht der Leselampe. Obwohl ich wusste, dass ich es bereuen würde, ließ ich den Blick durch die Kabine wandern. Um mich herum schniefte, nieste und hustete es. Ich hatte es befürchtet. Nirgendwo sonst war die Konzentration an Krankheitskeimen so hoch wie in einem Flugzeug mit seiner begrenzten, mehrfach wiederverwendeten Atemluft. Ob es wohl möglich war, einfach zweieinhalb Stunden die Luft anzuhalten? Ich kannte die Antwort.

Wenn ich mich sehr anstrengte, konnte ich von meinem »sicheren« Platz in der Nähe des Notausgangs aus einen Blick auf die linke Tragfläche des Flugzeugs erhaschen. Was ich sah, entsprach beim besten Willen nicht meiner Vorstellung von Qualität »Made in Germany«. Abgeblätterte Farbe und Rostflecken. Kein Wunder, dass Maria sich hier so wohlfühlte. Ich hoffte inständig, dass das Bodenpersonal bei den Sicherheitskontrollen der Maschine ganze Arbeit geleistet hatte. *Meinen* persönlichen Standards hätte ein Flugzeug mit solch deutlichen

Alterserscheinungen sicherlich nicht genügt. Mit einem angestrengten Geräusch setzte sich der Flieger in Bewegung. Unwillkürlich griff ich nach Marias Hand.

»Wenn ich sterbe und du nicht«, flehte ich eindringlich, »versprich mir, dass du dich um Minka kümmerst!«

»Natürlich. Und wenn du willst, kümmer ich mich auch um Daniel Craig.«

»Danke. Du hast ein gutes Herz.«

»Gern geschehen. Wenn ich sterbe und du nicht, kannst du es haben.«

Grinsend hielten wir uns an den Händen. Mit einem völlig unmotivierten Gesichtsausdruck spulte die blonde Stewardess ihre Sicherheitsinstruktionen ab. Ich hörte konzentriert zu. Gerade präsentierte sie gelangweilt ihre Schwimmweste. Ein Fallschirm wäre mir lieber gewesen. Da die Flugbegleiterin nicht so aussah, als wäre sie an meinen Verbesserungsvorschlägen interessiert, ließ ich sie unbehelligt weitermachen. Auf der Innenseite ihres rechten Handgelenks prangte das verwischte, mit blauer Tinte geschriebene Wort »rechts«. Toll. Mein Leben lag in der Hand eines Genies. Jede Wette, dass sich Blondchen in ihre Nasenlöcher das Wort »atmen« tätowiert hatte. Nur zur Sicherheit.

Ich lehnte mich zurück, schloss die Augen und wünschte mich an einen anderen Ort. Als Maria mich irgendwann sanft anstieß, waren wir gerade in Valencia gelandet. Vollkommen unspektakulär und trotz rostiger Flügel und Blondchens Rechts-links-Schwäche in einem Stück. Ich hatte wie 79 Prozent der Deutschen die Zeit des Fluges mit Schlafen überbrückt. Zum Lesen und Essen, immerhin die Plätze zwei und drei der

Statistik, war keine Zeit mehr geblieben. Darum würde ich mich auf dem Rückflug kümmern.

Marias Schwester Benita holte uns vom Flughafen ab.

»Frau Mustermann«, sagte sie mit dem mir nun schon vertrauten hinreißenden Akzent. »Ich freue mich, Sie kennenzulernen.«

Erstaunt griff ich nach ihrer ausgestreckten Hand. Von wegen Siezen und Händeschütteln sind typisch deutsch! Benita nahm meine Hand, zog mich plötzlich schwungvoll in ihre Arme und lachte schallend.

»Mensch, Emu! Hat Maria dich nicht vorgewarnt? Lass dich küssen!«

Vollkommen überrumpelt ließ ich die herzliche Begrüßung über mich ergehen und folgte den Schwestern schließlich zu einem Auto, das im Wesentlichen von Panzerband und Rost zusammengehalten wurde. Schicksalsergeben kroch ich auf die Rückbank. Einen Anschnallgurt gab es nicht – stattdessen eine frische Rolle Panzerband.

»Wir haben's nicht weit«, grinste Maria mit einem Blick auf die Klebebandrolle in meiner Hand. »Dich dafür extra am Sitz festzukleben, lohnt sich wirklich nicht.«

War ich so leicht zu durchschauen? Ich nahm mir vor, an meinem Pokerface zu arbeiten, und nutzte die Fahrt zum Hotel für ein erstes Sightseeing. Was ich sah, gefiel mir. Historische Gebäude und kleine Gassen wechselten sich ab mit moderner Architektur, großzügigen Flaniermeilen und erstaunlich viel Grün. Das Auffälligste jedoch waren die fröhlichen Menschen. Überall wimmelte es von Menschen – Touristen mit Kameras,

Einheimischen mit vollen Einkaufstaschen, Kindern mit Rollern oder Springseilen und Fußbällen. Selbst im Vorbeifahren war die Energie dieser Stadt und ihrer Bewohner zu spüren.

»Wir sind gleich am Hotel«, sagte Maria, die mich lächelnd beobachtet hatte.

Gespannt lehnte ich mich vor, um besser sehen zu können. Benita lenkte das Auto in eine ruhige Seitenstraße – und da war es. Tiefblau und majestätisch glitzernd breitete sich das Mittelmeer vor uns aus. Von ganz weit weg hörte ich, wie jemand laut nach Luft schnappte. Erst das Gelächter der beiden Schwestern sagte mir, dass ich es gewesen war. Nie zuvor hatte ich etwas so Schönes gesehen. Der Wagen hielt vor einem kleinen, etwas windschiefen Hotel, das nur durch eine schmale Straße vom weißen Sandstrand und dem unendlichen Meer getrennt war. Wie in Trance stieg ich aus und sog gierig die salzige Luft ein. Sie schmeckte nach Sonne und Freiheit und Abenteuer. Nach langen Nächten, Musik, gutem Essen, Wein und Kerzenschein. Vergessen waren die hubschraubergroßen Insekten, Cholera und die Pest, Knoblauchschocks und Sonnenallergien. Ich konnte es kaum abwarten, diesen Ort und seine Menschen kennenzulernen.

Nur widerwillig riss ich meinen Blick los und folgte den Schwestern ins Hotel. Nach einer fröhlichen Unterhaltung mit der jungen Frau an der Rezeption, von der ich mit meinen rudimentären Spanischkenntnissen nicht das Mindeste verstand, nahmen wir unsere Schlüssel in Empfang und stiegen mit unseren Koffern die enge Treppe in den zweiten Stock hinauf. Einen Aufzug gab es nicht. *Ein gefundenes Fressen für die 13 Prozent der Deutschen, die sich im Urlaub gern über die unterschiedlichsten*

*»Reisemängel« aufregen*, dachte ich flüchtig. Ein schmutziges Badezimmer, schlechtes Essen und dreckige Bettwäsche belegen die vordersten Plätze des Beschwerde-Rankings der Deutschen. Ich hatte mir fest vorgenommen, da nicht mitzumachen. Ich würde auch keine Liegen mit Handtüchern reservieren, nicht mit Badelatschen zum Abendessen gehen und, selbst wenn's schwerfiel, keine Schweinshaxe verlangen. Tennissocken besaß ich gar nicht erst. Nach 45 Jahren als Musterfrau war ich äußerst gespannt, ob mir ein solch »undeutsches« Verhalten überhaupt gelingen würde. Den Versuch war es jedenfalls wert.

Ich schloss das Zimmer auf, das für die nächsten drei Nächte mein Zuhause sein würde, warf meine Sachen aufs Bett, ohne es vorher auch nur auf seinen Hygienezustand überprüft zu haben, und zog den orangefarbenen Vorhang zu Seite. Hinter einer großen Panoramascheibe sonnte sich das träge, unergründliche Meer. Etwas anderes brauchte ich nicht.

Maria, die direkt nebenan ihr Quartier bezogen hatte, steckte den Kopf zur Tür herein.

»Ist das Zimmer okay für dich? Ich weiß, das sind keine deutschen Standards, aber für den Preis ...«

»Das Zimmer ist mir völlig egal«, antwortete ich und deutete mit einer ausladenden Geste auf das Panorama hinter der leicht streifigen Fensterscheibe, »solange ich so einen Ausblick habe.«

Mit einer Mischung aus Erstaunen, Freude und Stolz registrierte die Spanierin meine Begeisterung. Hach, was war ich plötzlich unkompliziert! Dass ich natürlich Putzzeug dabeihatte und zur Not selbst Hand anlegen würde, behielt ich lieber für mich.

Valencia war ein Traum. Maria schleppte mich von einem atemberaubenden Ort zum nächsten. Zwischendurch standen Besuche bei ihren Verwandten auf dem Programm. Laut ging es zu bei diesen Treffen, chaotisch, ungeordnet und fröhlich. Wir tranken süßen Wein und aßen Paella – valencianische Paella mit Kaninchen und grünen Bohnen. Alle redeten und lachten wild durcheinander und wenn die Gäste weiterzogen, benötigten die Küchen und Esszimmer der Hausherren eine Generalüberholung. Es war, als würde eine Heuschreckenplage biblischen Ausmaßes über die Gastgeber hereinbrechen – und niemanden störte es. Fassungslos dachte ich an die alljährlichen Familientreffen der Mustermanns, die bei Tante Inge und Onkel Josef im idyllischen Feldkirchen ganz in der Nähe meines Elternhauses stattfanden. Die Hausherrin, eine pensionierte Krankenschwester, verteilte an der Tür die blauen Einweg-Schuhüberzieher, die sie noch aus ihren OP-Zeiten kannte. Schließlich konnte sie weder Kratzer im Parkett noch die lebensbedrohlichen Keime gebrauchen, die größere Menschenmengen unweigerlich einzuschleppen pflegten. Gesittet saßen wir an einer langen Tafel vor silbernen Platztellern und gestärkten Stoffservietten und lauschten vor dem Essen traditionell den Klängen irgendeines Musikinstrumentes, das mit tödlicher Sicherheit ursprünglich als Foltermittel entwickelt worden war. In diesem Jahr etwa war es eine Blockflöte gewesen, die sich in der Hand von Inges jüngster Enkeltochter Chantalle ihrem harmlosen Aussehen zum Trotz als überraschend quälend erwiesen hatte. Unter dem höflichen Applaus ihrer Verwandten hatte die gänzlich talentfreie Musikerin sich tief verbeugt und für das kommende Jahr eine experimentelle Xylofon-Performance angekündigt. Ich konnte es kaum erwarten.

Die Bestandteile des faden Drei-Gänge-Menüs, das sicherlich den höchsten Qualitätskriterien genügt hatte, waren schon vergessen gewesen, bevor sie den doch recht überschaubaren Weg in meinen Magen vollendet hatten. Nach einem angeregten Tischgespräch über die Risiken linksdrehender Milchsäure bei der Ernährung von Säuglingen hatten die Herren sich zurückgezogen und die Damen Tante Inge beim Abwasch unterstützt. Als alle Spuren unserer Anwesenheit beseitigt waren, hatte sich die Gesellschaft schnell aufgelöst. Mit dem guten Gefühl, sich erst in einem Jahr zum nächsten Familientreffen wiederzusehen, hatten die Mustermänner und -frauen in ihren gepflegten Mittelklassewagen den Heimweg angetreten.

Der Gegensatz zu den ausgelassenen Festen in Marias Familie hätte kaum größer sein können. Und mitten in dem heillosen Durcheinander und den lautstarken Gesprächen, von denen ich kaum ein Wort verstand, saß ich, Erika Mustermann, und fühlte mich wohler als im Kreise meiner eigenen, durchschnittsdeutschen Familie.

Am Montag, dem letzten Tag unseres Kurzurlaubs, zog es mich noch einmal an den Strand, während Maria sich von ihrer Familie verabschiedete. Etwas wehmütig prägte ich mir jedes Detail dieses wunderbaren Ortes ein. Doch es war kein Abschied für immer: Ich würde wiederkommen.

An dem kleinen Kiosk an der Ecke machte ich Halt, um mir eine Flasche Wasser zu kaufen. Mein Blick fiel auf die

Ansichtskarten, die in einem verrosteten Ständer auf der Verkaufstheke standen.

»Schreiben Sie mal 'ne Karte!«, hatte Max gesagt, als er noch Dr. Müller gewesen war. Kurzentschlossen wählte ich drei Postkarten aus: für Max, Christine und meine Mutter. Einer spontanen Eingebung folgend, kaufte ich schließlich noch eine vierte. Für Minka. Sie bekam so selten Post und würde sich bestimmt riesig freuen.

»Du weißt schon, dass das ziemlich schräg ist, oder?«, hörte ich Mamas strenge Stimme in meinem Kopf.

»Und wenn schon!«, antwortete ich laut, während ich es mir auf meiner Decke im warmen Sand bequem machte. »Wenn 83 Prozent der deutschen Katzenbesitzer ihren Tieren etwas zu Weihnachten schenken, kann ich meinem auch eine Karte aus dem Urlaub schicken.«

*Liebe Tine, ich bin verliebt! In Valencia, in das Meer und in Dr. Blödmann. Mehr dazu bald persönlich,* krickelte ich übermütig auf die erste Ansichtskarte, nur um es umgehend zu bereuen. Wie peinlich! Andersrum war es ja nur Tine. Und die wusste schon so viele Peinlichkeiten über mich, dass es auf eine mehr oder weniger auch nicht mehr ankam.

Mamas Karte fiel etwas klassischer aus: *Hotel gut, Strand toll, Wetter super, Essen lecker, Leute nett, viele Grüße,* das Übliche eben. Dann war Max an der Reihe. Entschlossen zückte ich den Stift und schrieb das Erste, was mir in den Sinn kam. *Lieber Max, ich freu mich schon auf Freitag.* Klasse. Zwei von drei Postkarten waren mir so unangenehm, dass sie den Weg in den Briefkasten vielleicht niemals finden würden.

Kein guter Schnitt. Bloß gut, dass ich bei Minka keine Angst haben musste, mich zu blamieren. *Liebe Minki, schade, dass du nicht dabei sein kannst. Hier ist es sehr schön, aber du fehlst mir auch. Wärm schon mal das Bett vor, Mama ist bald wieder da.*

Es war an der Zeit zu gehen.

»Tschüss Meer«, sagte ich liebevoll und wandte mich zum Gehen.

Es antwortete nicht.

Ein paar Stunden später hatte uns die Heimat wieder. Auch der Rückflug war schnell und ohne besondere Vorkommnisse vergangen. Anstelle von Blondchen hatte uns ein männlicher Flugbegleiter mit Honigkuchenpferd-Lächeln informiert, was im Notfall zu tun war. Dafür, dass wir gerade von Druckverlusten, Rettungsrutschen und Notlandungen sprachen, war Strahlemann mir fast ein wenig zu gut gelaunt. Einen Fallschirm hatte im Übrigen auch er nicht im Angebot.

»Kommst du noch mit zu Mehdi?«, fragte Maria, als wir unser Gepäck in meinem Wagen verstaut hatten. »Wir könnten noch etwas bei ihm essen.«

»Ein andermal«, grinste ich etwas verlegen. »Ich will nach Hause zu Minka und heute Abend brauch ich ein Leberwurstbrot mit Gurke.«

Es war schon kurios: Während gut 35 Prozent der Deutschen im Urlaub am wenigsten auf deutsches Fernsehen verzichten können, hatten sich für mich Leberwurst und Gurke als wesentlich entscheidender herausgestellt.

Maria lachte.

»Schreib es mit auf die Packliste für den nächsten Urlaub. Wenn du schon nach vier Tagen Entzugserscheinungen hast.«

Dass ich das dank meiner App schon in Spanien erledigt hatte, verriet ich ihr nicht.

Wenige Minuten später setzte ich Maria an unserem persischen Lieblingsrestaurant ab. Ich half ihr, ihre Sachen auszuladen. Dann war es an der Zeit, sich zu verabschieden. Feierlich nahm ich meine Freundin an den Händen.

»Liebe Maria. Das war der schönste Urlaub meines Lebens. Danke, dass ich dabei sein durfte.«

»Hast du etwa Tränen in den Augen?«, lachte Maria ungerührt.

»Natürlich nicht!«, widersprach ich energisch und wischte mir mit dem Handrücken über die tatsächlich leicht feuchten Augen. »Ich hab nur was im Auge. Dieser verflixte Sand ist einfach überall.«

»Ich weiß. Sand ist ein Teufel. Bis morgen bei der Arbeit.«

An der Tür drehte sie sich noch einmal um.

»Danke, dass du mitgekommen bist. Mir hat es auch sehr viel Spaß gemacht. Schön, dass wir uns getroffen haben.«

»Jetzt geh schon rein!«, befahl ich etwas ruppig. »Ich krieg hier immer mehr Sand in die Augen.«

Wir lachten. Dann verschwand Maria im Lokal und ich in meinem Auto, das ohne Panzerband und Rost plötzlich fast unvollständig wirkte. Ich musste dringend recherchieren, wie lange der Durchschnittsspanier an einem normalen Tag lachte.

Mit acht Minuten waren wir in den letzten Tagen jedenfalls nicht ausgekommen.

Minka war außer sich vor Freude. Über die Thunfischdose, die ich ihr aus dem Supermarkt um die Ecke mitgebracht hatte. Dass ich wieder da war, schien sie allenfalls nicht zu stören.

»Du Verräterin!«, schimpfte ich, während ich einsam mein Leberwurstbrot verspeiste und von der gierigen Katze nur das beim Essen aufgeregt zuckende Hinterteil zu sehen bekam.

In Wirklichkeit war ich ganz froh, dass meine Abwesenheit sie offenbar nicht gerade in tiefe Depressionen gestürzt hatte. Es war trotzdem schön, wieder da zu sein. Ich freute mich auf meine eigene Dusche und mein eigenes Bett. Erst jetzt merkte ich, wie müde ich war. Voller Eindrücke, glücklich und zufrieden, aber vollkommen erschöpft. Ich spülte meinen Teller, stieg unter die Dusche und rief noch schnell Christine an, um mich zurückzumelden und sie für Freitag einzuladen. Als ich meinen rosafarbenen Hello-Kitty-Pyjama aus dem Koffer zog, rieselte ein feines Rinnsal weißen Sands auf den Fußboden. Lächelnd stieg ich darüber hinweg und kroch unter die Bettdecke. Fast meinte ich, vor meinem Fenster das Meer rauschen zu hören.

Die kommenden Abende verbrachte ich in meinem Schrebergarten. Nur weil ich plötzlich Spaß hatte und mindestens neun Minuten täglich lachte, sollte mein Garten noch lange nicht vernachlässigt aussehen. Ich verpasste dem Rasen einen modischen Kurzhaarschnitt nach militärischem Vorbild, stutzte sorgfältig die

Rasenkanten, zupfte jedes noch so winzige Unkrautpflänzchen aus den Blumenbeeten und befreite die immer noch üppig blühenden Blumen von vertrockneten Blütenresten. Nach und nach brachte ich die Vorräte mit, die wir für unsere Grillparty am Freitag benötigten. Auf jedem Weg durch die Anlage sah ich meine Parzellennachbarn, die neugierig hinter ihren akkurat gestärkten Gardinen lauerten und wie ertappt abtauchten, sobald sich unsere Blicke trafen. Ich war es leid. Entschlossen lud ich die bunten Papierservietten, Grillsaucen und Tequilaflaschen ab, die ich aus dem Auto geholt hatte, und machte mich auf einen Zug durch die Gemeinde. Als ich wiederkam, war meine Gästeliste um weitere acht Personen gewachsen. Selbst die Schneiders von nebenan hatten meine Einladung angenommen. Vielleicht hatten sie auch einfach Angst gehabt, mir einen Korb zu geben. Grinsend öffnete ich meine neue Einkaufs-App. Wir brauchten mehr Servietten, mehr Grillsaucen und mehr Tequila.

Auf dem Rückweg legte ich einen Zwischenstopp im Einkaufszentrum ein. Wenn jede deutsche Frau jährlich 1677 Euro für Klamotten ausgab, dann hatte ich in diesem Jahr definitiv noch ein Party-Outfit gut. Mit eiserner Selbstdisziplin ließ ich den Schuhladen links liegen und betrat meine Lieblings-Modeboutique.

»Mensch Petra«, begrüßte mich eine wildfremde Frau schon am Eingang. »Wir haben uns ja lange nicht mehr gesehen!«

»Viel zu lange«, bestätigte ich übermütig. »Komm doch am Freitag vorbei. Wir grillen in meinem Schrebergarten.«

Beschwingt setzte ich meinen Weg fort. Mal sehen, in wessen Schrebergarten die Frau am Freitag einfallen und um ein Nackensteak betteln würde.

36 Minuten. So lang ist angeblich die Zeitspanne, die der Durchschnittsdeutsche zu besonderen Gelegenheiten mit der Wahl des richtigen Outfits verbringt. In nur drei Minuten hatte ich mich für eine hellgrüne Sommerbluse entschieden, die meine herbstgoldenen Haare und den leicht gebräunten Teint hoffentlich optimal zur Geltung bringen würde. Nach weiteren fünf Minuten ging auch die weiße 7/8-Jeans in meinen Besitz über, mit der ich bereits den ganzen Sommer lang geliebäugelt hatte. Aus praktischen Gründen hatte ich das unverschämt teure und farblich wenig empfehlenswerte Stück jedes Mal zurück ins Regal gelegt. An diesem Tag schien die Zeit reif für einen unvernünftigen Kauf. Knapp zehn Prozent der Deutschen geben jedes Jahr mehr als zweihundert Euro für Anschaffungen aus, die sie später bereuen. So gesehen war die unpraktische Hose ein echtes Schnäppchen. Ganz zu schweigen von den 28 Minuten Outfit-Auswählzeit, die ich durch den heutigen Kauf gespart hatte. Zufrieden trug ich meine modischen Neuzugänge nach Hause. Es gab noch viel zu tun.

Am Freitagnachmittag war ich krank. Zumindest fühlte ich mich alles andere als gut, als ich, perfekt gestylt mit meinen neuen Ausgeh-Klamotten, zu meinem zur Partyzone umfunktionierten Schrebergarten aufbrechen wollte. Blass und elend stand ich vor meinem verängstigt wirkenden Spiegelbild.

»Denkst du dasselbe wie ich?«, fragte ich Minka, die mich mit schiefgelegtem Kopf von der Türschwelle aus beobachtete.

*Das würd mich wundern!*, sagte ihr ungnädiger Blick.

»Ich bin krank. Ich glaube, ich muss die Party absagen.«

Was die Katze von so viel Feigheit hielt, war ihr deutlich anzusehen.

»Ja doch. Ich geh ja schon«, schimpfte ich. »Aber sag nicht, ich hätte dich nicht gewarnt, wenn du mich heute Nacht in der Notaufnahme besuchen musst.«

Wir wussten beide, dass das nicht passieren würde. Minka »Mimöschen« Mustermann würde freiwillig kein Pfötchen in ein Krankenhaus setzen. *Aber mich einen Feigling nennen!*

Schicksalsergeben griff ich nach meiner Handtasche und einer leichten Jacke und machte mich auf zum Ort des Geschehens. Es würde nicht besser werden, wenn ich jetzt noch in Zeitnot kommen würde.

Mein Auto kannte den Weg. Ich begnügte mich also damit, mich dekorativ am Lenkrad festzuklammern und mir Sorgen zu machen. Wenn ich eines in meiner durchschnittsdeutschen Vergangenheit wirklich perfektioniert hatte, dann Letzteres. Noch nie zuvor hatte ich so viele Menschen zu mir eingeladen. Dass die Hälfte der Gäste mich für eine Verrückte hielt, machte die Sache nicht gerade entspannter. Wenigstens wäre der Psychotherapeut nicht weit weg, wenn die Situation eskalieren würde. Mit einem schiefen Grinsen bog ich auf den Privatparkplatz des Kleingartenvereins. Auf meinem Parkstreifen stand ein rostiges, vor Dreck starrendes ... *Ding*, das in den Augen Unwissender wohl als Auto durchgegangen wäre. Es war, als wäre ich in der Zeit zurückgereist. Maria. Auf meinem Parkplatz. Mal wieder. Mein Herz machte einen kleinen Sprung. Ein bisschen Unterstützung konnte ich jetzt wirklich gut gebrauchen.

»Du bist schon da«, stellte ich erleichtert fest, als ich mich in meinen frisch gebügelten Ausgehsachen aus dem Golf geschält hatte. »Wie schön.«

Impulsiv schloss ich sie in meine Arme. Wenn acht von zehn Frauen sich in Deutschland heutzutage so herzlich begrüßten, dann war es wohl an der Zeit, mich langsam von meinem distanzierten Händeschütteln zu distanzieren. Im Übrigen nahm ich wie die Hälfte aller erwachsenen Bundesbürger pflanzliche Präparate für ein gesundes Immunsystem. Es war also realistischerweise nicht zu erwarten, dass mich eine Umarmung unter Freunden gleich ins Grab bringen würde.

»Natürlich! Meinst du, ich lasse dich mit der ganzen Arbeit allein? Schließlich bin ich nicht ganz unschuldig an dieser Party-Sache.«

»Nicht ganz unschuldig? Du bist die Personifikation der Schuld. Wenn das heute ein Desaster wird, dann Gnade dir Gott. Oder wer auch immer.«

»Was soll denn schon passieren?«

Da war sie wieder. Die Frage, mit der in meinem Leben alle Dramen begannen.

»Was passieren soll? Da fällt mir jede Menge ein.«

»Das wundert mich nicht«, stichelte Maria.

Ich ignorierte sie.

»Was machen wir zum Beispiel, wenn die Gäste nicht kommen?«

»Allein feiern. Oder neue einladen.«

»Und wenn das Essen nicht reicht?«

»Pizzataxi.«

»Und wenn die Getränke knapp werden?«

»Getränketaxi.«

»Was machen wir, wenn es zu kalt wird?«

»Jacken anziehen.«

»Und wenn es regnet?«

»Noch mehr Jacken.«

»Und wenn die Gäste sich nicht amüsieren? Wenn es langweilig wird oder ihr euch nicht mögt oder jemand ohnmächtig wird?«

Verwirrt sah Maria mich an. Wenigstens hatte ich für den Moment ihre Aufmerksamkeit.

»Wer soll denn ohnmächtig werden?«

»Ich. Vor lauter Not. Stell dir vor, diese blöde Party wird der Reinfall des Jahrhunderts.«

»Stell du dir lieber mal vor, diese Party wird die schönste Feier deines Lebens. Dann werde ich dich für immer mit dieser Szene aufziehen. Und jetzt lass uns in deinen Garten gehen. Sonst werde ich gleich noch ohnmächtig – aus Verzweiflung.«

Gemeinsam luden wir das Auto aus und trugen die restlichen Sachen zu meiner Parzelle.

»Was ist hier denn passiert?«

Perplex war Maria an der Grundstücksgrenze stehen geblieben.

»Ein bisschen habe ich schon vorbereitet«, schnurrte ich mit meiner ganzen deutschen Bescheidenheit.

»Ein bisschen? Hier sieht es aus wie auf dem Oktoberfest!«

Mit einer Mischung aus Stolz und Verlegenheit folgte ich ihrem Blick. Am Gartenzaun wiegten sich Luftballons in der leichten Spätsommerbrise. Einer alle anderthalb Meter. Gelbe, rote, grüne und blaue. Immer abwechselnd. Vom höchsten Punkt des Gartenhauses bis zu dem kleinen Apfelbaum in der äußersten Grundstücksecke hatte ich eine bunte Lichterkette gespannt, die später für eine stimmungsvolle Beleuchtung sorgen würde. Die Gartenzwerge trugen farbenfrohe Papphütchen. Zwei Bierzeltgarnituren in der Mitte der frisch gemähten Rasenfläche warteten fertig gedeckt auf ihre hungrigen Gäste. Die Papierservietten – Stoff war mir für ein Grillfest im Schrebergarten unpassend erschienen – steckten in selbst gehäkelten Serviettenringen.

»Stehen da etwa Namen drauf?«, fragte Maria verblüfft.

»Natürlich. Die Serviettenringe sind gleichzeitig Platzkärtchen.«

»Man darf sich nicht einfach hinsetzen, wo man möchte?«

»Nein. Das bestimmt der Gastgeber. So stellt man sicher, dass die Menschen zusammensitzen, die sich kennen oder von denen man denkt, dass sie sich gut verstehen werden.«

»Du hast ja alles durchdacht.«

»Stimmt«, strahlte ich.

Marias Blick war zu entnehmen, dass sie die Bemerkung nicht gerade als Kompliment gemeint hatte.

»Wo sitze ich denn?«

»Bei mir natürlich. Dann kommen Mehdi und Marcello mit seiner Frau. Und auf der anderen Seite Christine und Holger. Die Nachbarn sitzen alle zusammen an dem zweiten Tisch.«

»Aha. Und Max?«

»Wie bitte?«

Schwer beschäftigt schloss ich die Tür zur Hütte auf, um endlich die letzten Einkaufstüten abzustellen.

»Du hast mich schon verstanden. Muss Max in der Hütte essen?«

»Natürlich nicht. Max sitzt bei den Nachbarn. Falls er überhaupt kommt. Herr Meier ist pensionierter Allgemeinmediziner. Die beiden haben sich bestimmt viel zu erzählen.«

»Klar. Wenn sie beim Essen über Furunkel oder neue Behandlungsmethoden des Reizdarmsyndroms sprechen möchten.«

Ich hatte meiner Freundin bisher nur verraten, dass Max Mediziner war.

»Wir Deutschen reden gern über unsere Berufe«, behauptete ich stur. »61 Prozent nehmen sich sogar regelmäßig Arbeit mit nach Hause, weil sie ihren Beruf so lieben. Und jetzt pack mal mit an. Du bist doch hier, um mir zu helfen, oder?«

Kurze Zeit später war auch das Büfett in der Hütte fertig angerichtet. Es gab Kartoffel- und Nudelsalat, frisches Baguette, Bratwurst und eingelegte Nackensteaks. Dazu Bier und Wein, Korn und Eierlikör. Ein typisch deutsches Grillfest eben – bis auf den Tequila, den ich zu Ehren meiner neuen Freunde besorgt hatte.

»Das Pizzataxi können wir schon mal aus der Kurzwahlliste streichen«, spottete Maria mit einem Blick auf die Essensvorräte. »Mit dem Büfett kannst du die komplette Gartenanlage und Teile der Dritten Welt ernähren!«

Ich hatte mich in vier Supermärkten beraten lassen und dann jeweils das Doppelte der empfohlenen Mengen gekauft. *Sicher ist sicher.*

»Du kennst Holger noch nicht. Er übernimmt das Grillen. Da wird die erste Ladung Fleisch erfahrungsgemäß gar nicht erst bei den Gästen ankommen.«

Mit einem letzten prüfenden Blick in die Runde legte ich die erste CD meiner eigens für diesen Abend gekauften Partyhits-Sammlung ein und öffnete die Tequilaflasche.

»Dann lasst die Spiele beginnen.«

»Amen«, sagte Maria feierlich und schob zwei Schnapsgläser heran.

Ich schnitt eine Zitrone in Scheiben, griff nach dem Salzstreuer – und hoffte auf eine Naturkatastrophe. Eine ganz kleine nur, bei der niemand zu Schaden kam. Gerade groß genug, dass an Party und Grillen heute nicht mehr zu denken war. 91 Prozent der Deutschen feiern nach eigenen Aussagen am liebsten zu Hause im Kreise ihrer Freunde. Wie um alles in der Welt konnte es da sein, dass ich mich so gar nicht auf den Abend freute?

Kaum war der Schnaps brennend und beißend in meinem Magen angekommen, da kündigte das Quietschen des Gartentors die Ankunft der ersten Gäste an.

Wenige Minuten später war mein Garten bevölkert von einer illustren Mischung alternder Hobbygärtner in Kniestrümpfen und Sandalen. Ihre dauergewellten Ehefrauen in bunten Seidenblusen trugen den Goldschmuck ihrer Großmütter und wollten so gar nicht zu den Männern an ihren beringten Händen passen.

»Wir sind schon ein lustiges Völkchen«, kicherte ich verstohlen, als Maria und ich die ersten randvollen Gläser aus der Hütte hinaus zu den Gästen trugen.

Christine und Holger tauchten gemeinsam mit Mehdi, Marcello und seiner Frau Francesca auf. Der Altersdurchschnitt hatte sich mit einem Schlag etwa halbiert. Parallel dazu stieg der

Lärmpegel mit der Ankunft meiner neuen Freunde um mindestens die Hälfte an. Lachend und schmatzend fielen sie mir um den Hals – auch Francesca, die ich noch nie zuvor gesehen hatte. Erstaunt hielten sich Tine und ihr Mann im Hintergrund.

»Nicht so schüchtern!«, rief Maria, als wäre sie die Gastgeberin. »Schön, dass ihr da seid!«

Angesteckt von all der Herzlichkeit und der vielen Küsserei um mich herum zog ich meine Freunde in meine Arme.

»Gut siehst du aus«, sagte Christine statt einer Begrüßung. »Und glücklich. Bist du betrunken?«

»Bin ich nicht. Stell dir vor: Ich kann auch ganz ohne Alkohol Spaß haben.«

»Mit geht's aber auch«, kommentierte Maria und schob sich mit einem Tablett voller Schnaps in unsere Mitte.

Ich verzichtete dankend. Als gute Gastgeberin hielt ich es für meine Pflicht, wenigstens bis nach dem Essen im Vollbesitz meiner geistigen und körperlichen Kräfte zu bleiben.

Als das Gartentor erneut quietschte, wusste ich, ohne hinzusehen, wen es ankündigte. Er war tatsächlich gekommen. Mein Herz klopfte wie wild. Ob das ein gutes oder ein schlechtes Zeichen war, konnte ich dem undefinierbaren Pochen nicht entnehmen. So beiläufig wie möglich drehte ich mich zu dem Neuankömmling um.

»Hallo Herr ... Max.«

»Hallo Frau Eri.«

Zog er mich etwa auf? Das fing ja gut an. Unter den stechenden Blicken aller anderen Anwesenden ging ich ihm entgegen. Er sah unglaublich gut aus. Gar nicht mehr mittelmäßig. Eher spitzenmäßig. Er hatte Blumen dabei.

»Nicht bei mir gekauft«, hörte ich Marcello von ganz weit weg murmeln.

»Der sieht ja wirklich aus wie Daniel Craig«, flüsterte Tine ihrem Mann zu.

»Wussten Sie, dass Frau Mustermann einen Partner hat?«, fragte Frau Meier mit gesenkter Stimme die Schneiders von nebenan.

*Hallo? Ihr wisst schon, dass wir auch Ohren haben, ja?*, dachte ich etwas irritiert. *Ich kann euch hören!*

»Danke für die Einladung«, sagte Max und reichte mir den Blumenstrauß. »Schön hast du's hier.«

»Vielen Dank. Komm doch rein. Ich stell nur schnell die Blumen ins Wasser.«

Etwas abrupt verschwand ich in der Hütte und überließ es den Gästen, sich selbst vorzustellen.

Als ich mich wieder heraustraute, war die Feier bereits in vollem Gange. Holger hatte den Grill angeworfen und fachsimpelte mit Mehdi über den perfekten Garzeitpunkt eines klassischen Nackensteaks. Marcello und Francesca waren zu einer Erkundungstour durch den Garten aufgebrochen und etwas ratlos vor der Zwergenschar im Partylook stehen geblieben.

»Ich glaube, das sind diese Trolle, die in der deutschen Mythologie vorkommen«, mutmaßte Francesca gerade.

Die Nachbarn hatten sich erwartungsgemäß in eine Männer- und eine Frauengruppe aufgeteilt. Während die Herren in ein angeregtes Gespräch über die Bedeutung des deutschen Reinheitsgebotes im Ausland vertieft waren – ein gern gesehenes Thema auf der Hitliste der erfolgreichsten Small-Talk-Themen –, erzählte Frau Meier den übrigen Damen der Runde von der neuen

Tomatenart, die sie in ihrem Gewächshaus kultivierte. Maria und Tine hatten derweil alle Gäste mit Getränken versorgt und sich Max gekrallt, der als Einziger etwas gequält aussah.

»Freut mich, dass ihr ihm noch keine Daumenschrauben angelegt habt«, unterbrach ich grinsend das kleine Verhör.

»So schlimm war es jetzt auch nicht«, verteidigte sich Maria. »Wir wollen Max nur etwas besser kennenlernen. Woher kennt ihr euch eigentlich?«

»Ich geh mal gucken, wie weit die Männer mit den Steaks sind«, hüstelte Tine und machte sich fluchtartig davon.

Abwartend sah Max mich an.

»Er hat mir … bei einem Problem geholfen«, antwortete ich vage.

»Bei einem Problem?«

»Genau. Es ging um meine Gartenzwerge.«

»Um deine Gartenzwerge? Ich dachte, er wäre Mediziner.«

»Bin ich auch«, schaltete sich Max ein. »Ich habe viele Talente.«

»Dr. Müller ist Psychotherapeut. *Mein* Psychotherapeut«, sagte ich leise.

Überrascht sah meine neue Freundin mich an.

»Mehr als eine Million gesetzlich Versicherte machen in Deutschland jedes Jahr eine Psychotherapie«, informierte ich sie. »Das ist nichts, wofür man sich schämen muss.«

»Natürlich nicht. Mein Therapeut sieht nur nicht so gut aus.«

Jetzt war ich an der Reihe, sie erstaunt anzustarren.

»Auf das Glück, gute Freunde und psychische Gesundheit«, lachte Maria und hob ihr Weinglas.

Klirrend stießen unsere Gläser in der warmen Abendsonne zusammen. *Doch irgendwie gut, dass die bestellte Naturkatastrophe nicht eingetroffen war.*

»Das Fleisch ist fertig«, berichtete Holger in diesem Moment mit dem ganzen Stolz des Hobby-Grillmeisters.

»Dass die immer so tun müssen, als hätten sie das Schwein vorher selbst erlegt«, kommentierte Tine kopfschüttelnd, in der Hand eine riesige, dampfende Fleischplatte.

»Das Büfett ist eröffnet. Bitte bedient euch. Guten Appetit!«, rief ich laut.

»Und achtet auf die Platzkärtchen. Wer falsch sitzt, kriegt keine Wurst!«, drohte Maria übermütig.

Ausgehungert fielen die Gäste über das Essen her. Als alle versorgt waren und die Schüsseln und Platten noch immer fast unberührt wirkten, nahm auch ich mir eine Bratwurst mit Senf und eine gute Portion selbst gemachten Kartoffelsalat und trug den vollen Teller nach draußen. Auf dem Platz, der für Maria bestimmt gewesen war, saß Max. Vor ihm lag der Serviettenring mit seinem Namen. Maria selbst saß am anderen Ende des zweiten Tisches im Kreise der kniestrumpftragenden Hobby-Gärtner und winkte unschuldig.

*Hoffentlich erzählt dir Herr Meier ein paar üble Furunkel-Geschichten!*, dachte ich böse.

Mit dem Teller in der Hand steuerte ich auf meinen Platz neben Max zu und widmete mich konzentriert meinem Essen. Tine und Francesca steckten die Köpfe zusammen und kicherten albern. Die Männer sprachen über das autonome Bremssystem für Pkw. Zufrieden tunkte ich meine Wurst in den bayerischen Senf. Für den Moment war nicht zu befürchten, dass ein Gast einschlief oder vor Verzweiflung in Ohnmacht fiel. Ich eingeschlossen.

Nach einem weiteren Sturm auf das Büfett waren alle hungrigen Mäuler gestopft. Träge gaben sich die Gäste der Verdauung hin.

»Ich glaube, es wird Zeit für einen Absacker«, sagte ich.

»Ich helfe dir«, bot Max an und stand ebenfalls auf.

»Ich komme auch mit«, verkündete Holger großzügig.

Er und Max schienen sich blendend zu verstehen.

»Tust du nicht«, widersprach Tine vielsagend.

Verständnislos sah ihr Mann sie an: »Tu ich wohl!«

»Tust du nicht«, protestierten nun auch Max und ich wie aus einem Munde.

Jetzt hatte es auch Holger begriffen. Grinsend verzogen wir uns in die Gartenhütte, um endlich etwas Zeit für ein Gespräch zu haben.

»Wie war es eigentlich in Spanien?«, fragte Max, den Kopf auf der Suche nach der Tequilaflasche tief im Kühlschrank verborgen.

»Super«, antwortete ich schlicht.

»Einfach nur super? Keine besonderen Vorkommnisse? Wilde Strandpartys? Sangria aus Eimern? Heiße Spanier in Badehosen?«

»Irgendwie war alles besonders. Auch ohne Strandpartys und Sangria aus Eimern.«

»Aber mit heißen Spaniern in Badehosen?«

»Halt mal das Tablett«, grinste ich frech. »Bevor die durstige Meute die Hütte entert.«

»Du siehst gut aus«, sagte Max leise. »Glücklich. Ausgeglichen. Ich freu mich für dich.«

»Ich freu mich auch. Du bist nicht ganz unschuldig daran.«

Die Luft um uns herum schien zu knistern. Über das volle Tablett hinweg sahen wir uns tief in die Augen.

»Müsst ihr den Schnaps noch brennen?«, rief Marcello quer durch den ganzen Garten.

»Wir ernten gerade die Zitronen!«, brüllte Max zurück, ohne seinen Blick von mir abzuwenden.

»Ich hab doch gesagt, ich helfe euch!«

Neugierig war Holger an der Türschwelle aufgetaucht.

»Und ich hab gesagt, du sollst die beiden in Ruhe lassen!«, schimpfte Tine direkt hinter ihm.

»Wenn ihr noch Zitronen braucht, rufe ich schnell meinen Bruder an. Der hat einen kleinen Obstladen«, bot Mehdi an, der hinter Christine aufgetaucht war.

»Die haben genug Zitronen. Ich hab dir doch erzählt, dass Emu den ganzen Supermarkt leer gekauft hat«, hörte ich Maria dicht neben Mehdi sagen.

»Mit Zitronen kenne ich mich aus!«, brüllte Marcello von draußen. »Da wo ich herkomme, haben wir riesige Zitronenplantagen.«

»Jetzt schrei doch nicht so. Was sollen denn die Nachbarn denken?«, fragte Francesca nicht weniger laut.

»Kein Problem«, schaltete sich Herr Schneider ein. »Wir sind von Frau Mustermann ganz andere Sachen gewohnt.«

Direkt neben mir steckte Frau Meier den frisch ondulierten Schopf durch das offene Hüttenfenster.

»Haben Sie auch noch was von dem Eierlikör? Wenn ich jetzt noch Tequila trinke, sing ich schmutzige Lieder.«

»Das will ich hören!«, quietschte Frau Schneider ausgelassen.

Der Alkohol hatte bereits ihre Zunge beeinträchtigt. Nur die Ohren funktionierten offenbar noch einwandfrei.

»Hat schon ein bisschen was von Irrenhaus hier«, stellte Tine kopfschüttelnd fest.

»Das macht nichts. Mit Irren kenne ich mich aus«, sagte Max mit einem provozierenden Grinsen in meine Richtung.

*Die Retourkutsche für die heißen Spanier.* Ich bewarf ihn mit einer Zitrone und griff nach dem nächstgelegenen Tequilaglas.

»Wenn ihr eh schon alle hier rumsteht, können wir den Schnaps auch gleich hier trinken.«

»Ach nee. Und die, die brav draußen geblieben sind, kriegen keinen, oder was?«, beschwerte sich Francesca.

»Um euch kümmere ich mich auch noch!«

»Wenn gerade Sie so etwas sagen, klingt das reichlich bedrohlich«, mischte sich der Parzellennachbar von schräg gegenüber ein, dessen Namen ich nicht einmal kannte.

Lachend kippte ich meinen Schnaps herunter und schnappte mir das Tablett, um auch die übrigen Gäste zu versorgen. Wer hätte gedacht, dass der Abend so gut laufen würde?

»Einen Moment noch!«

Entschlossen hielt mich Max am Arm fest. Die Gläser wackelten bedrohlich. Ruhig nahm er mir das Tablett aus der Hand, stellte es vor mir auf den Tisch und zog mich näher an sich heran.

»Das wollte ich schon die ganze Zeit machen.«

Dann küsste er mich. Vor allen Leuten. Und ich küsste ihn zurück. Er schmeckte nach Glück. Anders kann ich es nicht beschreiben. Einen Moment lang war es so still um uns herum, dass ich die Anwesenheit meiner Gäste fast vergessen hatte. Schließlich hatten sie ihre Stimmen wiedergefunden. Lachend und grölend und klatschend feierten sie unseren ersten Kuss, als hätte ihre Lieblingsfußballmannschaft ein wichtiges Tor geschossen. Verlegen lösten wir uns voneinander.

»Du weißt schon, dass du jetzt nicht mehr meine Patientin sein kannst?«, fragte Max ernst.

»Du weißt schon, dass mir das vollkommen egal ist?«

Lächelnd nahm ich das Tablett und kümmerte mich endlich um meine aufs Schändlichste vernachlässigten Gäste. *Leere Gläser in einem deutschen Schrebergarten!* Ich ließ nach.

Es dämmerte schon, als auch die letzten Feierwütigen genug hatten und den Heimweg antraten. Den ersten Vögeln, die nach einer lauten, unruhigen Nacht träge ein paar verdrießliche Töne versuchten, bot sich ein verheerendes Bild. Die Bierzelttische ächzten unter einer Last aus halbvollen Gläsern, benutzten Servietten und schmutzigen Tellern. In den Blumenbeeten steckten leere Tequilaflaschen, die Mehdi beim Versuch der Nachzucht bis zur Hälfte eingebuddelt und mit Bier begossen hatte. Der zur Tanzfläche umfunktionierte Rasen würde Jahre brauchen, um sich von der ungewohnten Belastung zu erholen. Party-CD Nummer drei, Oldies und Evergreens, war bei den Nachbarn besonders gut angekommen – so wie bei 45 Prozent der Deutschen. Platz zwei und drei unserer persönlichen Tanz-Beliebtheitsskala hatten Popmusik und deutsche Schlager belegt – wobei sich auch die drei Ms und Francesca als Wahldeutsche perfekt in die Statistik eingefügt hatten.

Frau Meiers rote Seidenbluse flatterte einsam an einem der Zaunpfosten. Wie sie dort hingekommen war und ob die alte Dame im Unterhemd weiter gefeiert hatte, hatte zu meinem Bedauern nachher niemand mehr sagen können. Das Epizentrum des Chaos befand sich in der Gartenhütte. Leere Bierkisten und Schnapsflaschen und noch mehr schmutziges Geschirr türmten sich auf jeder freien Fläche. Die blau-weiße Bayern-Girlande hatte sich zu späterer Stunde von der Decke gelöst und sich dekorativ auf dem restlichen Essen verteilt. Es sah aus, als wäre das Krümelmonster bei einer nächtlichen Fressattacke auf dem Büfett explodiert.

Zerzaust, verschwitzt und hundemüde betrachtete ich die grausame Szenerie.

»Dann wollen wir mal das Chaos beseitigen!«, sagte Max tapfer und krempelte die Ärmel seines Hemdes hoch.

»Gar nichts wollen wir mal«, widersprach ich. »In fünf Minuten kommt das Taxi.«

Bestimmt schob ich ihn aus der Hütte, schloss die Tür hinter uns ab und kehrte dem heillosen Durcheinander den Rücken zu.

»Saubermachen können wir auch morgen noch. Oder übermorgen. Oder ich verkaufe einfach alles, so wie es ist.«

»Was ist denn aus der ordnungsliebenden Frau Mustermann geworden?«, neckte Max mich, als wir Hand in Hand den kleinen Weg zum Parkplatz entlangschlenderten.

Ich pflückte im Vorbeigehen Herrn Schneiders linken Schuh aus dem kleinen Apfelbaum.

»Die schlägt jetzt über die Stränge. Du hast es so gewollt.«

Eng umschlungen warteten wir auf das Taxi. Als die Scheinwerfer eines Autos am Rande des Parkplatzes auftauchten, stellte Max die Frage, die noch unausgesprochen in der Luft gelegen hatte.

»Zu dir, zu mir oder jeder nach Hause?«

»Zu mir. Ich muss dir jemanden vorstellen.«

# Große Ereignisse – und kein Ende in Sicht

Minka und Katerstrophe schlummerten eng aneinandergeschmiegt in der Sitzkuhle, die einmal meine gewesen war – und die von unzähligen weiteren Patientinnen und Patienten. Rund ein Jahr war es her, dass ich mich zum ersten Mal über den Chamäleon-Mann mit Kassenzulassung geärgert hatte. Ungläubig schüttelte ich meinen frisch frisierten Kopf. *Wie sich in nur einem Jahr eine ganze Welt verändern kann.*

Ich war froh, dass die beiden schliefen. In den wenigen Wochen seit unserem Einzug in die ehemalige Männer-WG waren die Katzen bereits ein Herz und eine Seele geworden. Einen ganzen Tag lang hatten sie gefaucht, gespuckt und sich gegenseitig die Pest an den pelzigen Hals gewünscht. Nach einer handfesten Prügelei, die auf beiden Seiten büschelweise Haare und auch den einen oder anderen Einrichtungsgegenstand gekostet hatte, waren die beiden Streithähne schließlich zusammen verschwunden. Als ich, all meinen Ich-mischmich-da-nicht-ein-Vorsätzen zum Trotz, nachschauen ging, ob meine gerade erst aufgefrischten Erste-Hilfe-Kenntnisse benötigt würden, hatte ich sie zusammen in der besagten Sitzkuhle gefunden. Schnurrend, kuschelnd und ganz offensichtlich schwer verliebt. *Schade eigentlich, dass das mit der Partnerwahl bei uns Menschen nicht so einfach funktioniert*, dachte ich lächelnd. Andersrum hatte sich für mich das Warten ja doch noch gelohnt.

Solange Minka und Katerstrophe schliefen, liefen sie mir wenigstens nicht vor den Füßen herum. Vor allem aber musste ich nicht ständig ihren hinterhältigen Versuchen ausweichen, mein neues Kleid mit einer modischen Mischung aus schwarzen, weißen und roten Haaren zu verzieren. Auf diese Weise blieben die Attacken meiner Mutter die einzigen, gegen die ich mich zu wehren hatte. Mit der charakteristischen Mischung aus Kopfschütteln und Augenrollen, die sie schon vor vielen Jahren eigens für ihre verachtungswürdigen Arbeitskolleginnen erfunden hatte, musterte sie mich von Kopf bis Fuß.

»Den Blick solltest du dir patentieren lassen«, riet ich ihr bewundernd.

Heute würde ich mich ganz sicher nicht von ihr ärgern lassen.

»Ich hatte mir diesen Tag schon etwas traditioneller vorgestellt!«, beschwerte sie sich.

»Der Tag wird traditionell. Er fragt mich, ich sage ja. Dann frage ich ihn, er sagt wahrscheinlich auch ja. Ein paar Leute weinen, alle sagen, wie toll ich aussehe, ihr werft mir Reis in die Augen und lasst ein paar weiße Tauben fliegen, dann gibt es Alkohol und jede Menge Essen. Wenn das keine traditionelle Hochzeit ist, was dann?«

Ich war bei Weitem nicht so entspannt, wie ich mich gab. Ich meine, *hallo?!* Es war mein Hochzeitstag. Das bedeutete, dass ich heiraten würde. Nur um das klarzustellen. Ich, Erika Mustermann. Unter der Haube. Weg vom Markt. Ehefrau. Statistisch gesehen mit einer Verspätung von 16,6 Jahren. Aber immerhin.

»Was dann?«, wiederholte Mama kampfeslustig meine Frage. »Du könntest zum Beispiel ein weißes Kleid tragen. Deins ist blau.«

»Blau ist die Lieblingsfarbe von vierzig Prozent der Deutschen. Und entspricht noch dazu einem sehr traditionellen Hochzeitsbrauch, an den wir uns strikt gehalten haben. Etwas Blaues ...«

»Das ist in der Regel ein Strumpfband, nicht gleich das ganze Kleid!«

»... etwas Geliehenes«, fuhr ich unbeirrt fort und zeigte auf meinen Schmuck, der Tine gehörte. »Dazu etwas Neues, das ist wieder das Kleid, und etwas Altes – das bin dann wohl ich.«

»Du nimmst mich nicht ernst.«

»Natürlich tu ich das. Du kennst mich. Ich bin wahnsinnig traditionell. Ich habe einen Brautstrauß ...«

»Das sind Stockrosen aus deinem Garten!«

»Es ist ein Strauß und ich bin eine Braut. Das ergibt nach meiner Definition einen Brautstrauß. Wir haben sogar eine Hochzeitstorte liefern lassen.«

»In deinen Schrebergarten.«

»Richtig. In meinen Schrebergarten. Da kann man einfach am besten feiern.«

»Aber keine Hochzeit! Was sollen denn die Nachbarn denken?«

»Das kannst du sie selbst fragen. Die kommen alle zur Feier.«

»Wir müssen jetzt los. Max steht schon vorm Standesamt«, rief Maria quer durch den Flur und riss schwungvoll die Tür auf.

Mit einem etwas unsicheren Lächeln drehte ich mich zu ihr um.

»Mensch, Emu! Du siehst so toll aus. Jetzt muss ich schon heulen, bevor du überhaupt verheiratet bist.«

»Siehst du?«, fragte ich grinsend, an meine Mutter gewandt. »Es geht schon los.«

Vor dem Haus wartete Marias Rostlaube darauf, uns zum Standesamt zu fahren. Statt Blumen hatte Mehdi zwei Gartenzwerge auf der Kühlerhaube befestigt. Frau Gartenzwerg sah aus wie Lieschen Müller: mittelblond, blaugrüne Augen, ein Durchschnittszwerg. Ihr Partner hatte Grübchen, die blauesten aller Augen und entfernte Ähnlichkeit mit Daniel Craig. Mit Zwergen hatte alles begonnen und Zwerge waren es auch, die mich nun in die Ehe begleiteten. Gerührt kroch ich auf die durchgesessene Rückbank und überließ meiner Mutter den Beifahrersitz. Mit quietschenden Reifen und ohne zu blinken, reihte sich Maria in den belebten Verkehr ein.

»Hat dieses Auto gar keinen Blinker?«, fragte Mama vorwurfsvoll.

»Der ist schon lange kaputt«, antworteten Maria und ich wie aus einem Munde. »Wenn wir daran denken, halten wir einfach den Arm aus dem Fenster.«

Lächelnd lehnte ich mich zurück und freute mich auf den Tag. *Meinen Hochzeitstag.* Wer hätte das vor einem Jahr gedacht? Und doch hatte sich eines bewahrheitet: Aus mir würde niemals eine Frau Müller werden. Stattdessen nahm Max meinen Nachnamen an.

*Max und Erika Mustermann.* Er hatte recht. Was so seltsam vertraut klang, konnte nur vorausbestimmt gewesen sein.

# Quellenverzeichnis

(Zugriffsdatum: 17. Mai 2016)


http://de.statista.com

http://de.statista.com/statistik/daten/studie/169503/umfrage/durchschnittliche-einschaltquote-der-tatort-ermittler/

http://de.statista.com/statistik/daten/studie/172194/umfrage/haeufigkeit-einkaufen-an-der-tankstelle/

http://de.statista.com/statistik/daten/studie/177417/umfrage/deutsches-heimat-gut-auf-das-im-urlaub-am-wenigsten-verzichtetet-werden-kann/

http://de.statista.com/statistik/daten/studie/36517/umfrage/anteil-der-befragten-die-mindestens-taeglich-einmal-duschen-in-2001-und-2006/

http://de.statista.com/statistik/daten/studie/36621/umfrage/haeufigkeit-der-autowaesche-in-deutschland/

http://de.statista.com/statistik/daten/studie/50/umfrage/eigene-lieblingsfarbe/

http://newsroom.mobile.de/presseinformation/loben-schimpfen-und-verabschieden-so-sprechen-deutsche-autobesitzer-mit-ihrem-wagen/

http://www.arbeitssicherheit.de/de/html/fachbeitraege/anzeigen/119/Alkohol_am_Arbeitsplatz/

http://www.bewegung-im-bad.net/service/presse/14-juni-2013

http://www.blue-responsibility.net/de/sanitaerloesungen/presse/mehrheit_der_deutschen_trinkt_gerne_leitungswasser-203.aspx

http://www.bmfsfj.de

http://www.bmfsfj.de/doku/Publikationen/genderreport/4-Familien-und-lebensformen-von-frauen-und-maennern/4-4-Heirat-und-uebergang-zur-elternschaft/4-4-1-alter-bei-ersterheirat-und-geburt-des-ersten-kindes.html

http://www.buehnenverein.de/de/theater-und-orchester/19.html

http://www.business-wissen.de/artikel/telefonieren-anrufe-im-buero-richtig-entgegennehmen/

http://www.bz-berlin.de/artikel-archiv/gestatten-herr-und-frau-deutsch

http://www.bzga.de/forschung/studien-untersuchungen/studien/impfen-und-hygiene/?sub=96

http://www.bzga.de/forschung/studien-untersuchungen/studien/organ-und-gewebespende/?sub=97

http://www.destatis.de

http://www.dw.com/de/die-gr%C3%BCne-ordnung/a-4588553

http://www.focus.de/wissen/mensch/deutsch/stereotype_aid_21930.html

http://www.frauenzimmer.de/cms/die-deutsche-durchschnittsfrau-koerpergroesse-schuhanzahl-und-co-1875550.html

http://www.gartentechnik.de/garten/die-deutschen-lieben-ihren-garten/

http://www.gesundheit.de/krankheiten/schmerz/kopfschmerzen/kopfschmerzen-eine-volkskrankheit

http://www.goethe.de/ins/gb/lp/prj/mtg/typ/deindex.htm

http://www.golem.de/9902/2604.html

http://www.grazia-magazin.de/beauty/die-pflege-uhr-der-deutschen-nivea-schaut-hinter-die-badezimmertuer-11045.html

http://www.heftig.co/tipps-zum-deutsch-werden/

http://www.kenn-dein-limit.info/alkohol-in-zahlen.html

http://www.kulturjoker.de/fluchen-%E2%80%93-die-deutsche-sprache-im-europaischen-vergleich/

http://www.lieblingsschokolade.de/so-viel-schokolade-essen-die-deutschen/

http://www.markengold.de/volkssport-haare-faerben-9-von-10-frauen-und-jeder-dritte-mann-haben-es-schon-mal-getan/

http://www.mopo.de/news/lust---frust-beim-einkaufen-so-shoppen-frauen-----und-so-leiden-maenner-darunter-7162652

http://www.musterhauskuechen.de/ausstellung/kuechen-ausstellung/kuechen-ratgeber/kuechen-gestern-heute-morgen/

http://www.nDr. de/info/sendungen/frauenforum/durchschnittsfrau101.html

http://www.neon.de/artikel/sehen/gesellschaft/der-durchschnittsdeutsche/684239

http://www.neon.de/artikelliste/unnuetzeswissen/2:

http://www.paradisi.de/Health_und_Ernaehrung/Symptome/Erroeten/News/114081.php

http://www.platinnetz.de/magazin/leben/geschlechterrollen/frauen-und-schuhe-was-ist-dran-am-weiblichen-schuhtick

http://www.quotenmeter.de/tag/Das+Traumschiff

http://www.rbb-online.de/rbbpraxis/rbb_praxis_service/ernaehrung/lebensmittelunvertraeglichkeiten--wenn-essen-zur-belastung-wird.html

http://www.rp-online.de/leben/gesundheit/ernaehrung/13-fakten-ueber-kaffee-bid-1.2926577

http://www.rp-online.de/leben/gesundheit/schwangerschaft/deutsche-bekommen-wieder-mehr-kinder-aid-1.1577373

http://www.salzburg24.at/gespraech-tipps-fuer-das-erste-date/3883747

http://www.schmerzklinik.de/service-fuer-patienten/migraene-wissen/wer-leidet/

http://www.spiegel.de/einestages/passbild-phantom-a-947533.html

http://www.spiegel.de/reise/deutschland/wie-und-wo-die-deutschen-urlaub-machen-infografik-der-woche-a-1042691.html

http://www.spiegel.de/spiegel/deinspiegel/d-85098846.html

http://www.stern.de/kultur/buecher/rangliste-die-200-idole-der-deutschen-3512348.html

http://www.sueddeutsche.de/leben/studie-ueber-klischees-typisch-deutsch-1.1000335

http://www.sueddeutsche.de/reise/touristen-ueber-deutschland-das-ist-typisch-deutsch-1.198558

http://www.tag-des-brotes.de/weltmeister-an-brotsorten/

http://www.taz.de/!5132645/

http://www.tz.de/welt/entspannen-deutschen-1166239.html

http://www.welt.de/print/die_welt/wissen/article10461591/Das-trinken-die-Deutschen.html

http://www.welt.de/reise/article118807831/Das-aergert-Deutsche-im-Urlaub-am-haeufigsten.html

http://www.welt.de/reise/article145567102/Die-Idee-von-dem-einen-wahren-schoenen-Urlaub.html

http://www.welt.de/reise/article7818209/Wie-Sie-sich-auf-Reisen-vor-Gefahren-schuetzen.html

http://www.welt.de/videos/article145159753/70-Prozent-der-Deutschen-singen-am-Steuer.html

http://www.welt.de/wirtschaft/article145001725/So-ticken-die-Deutschen-wirklich.html

http://www.wiwo.de/unternehmen/handel/suesse-rangliste-die-liebsten-eissorten-der-deutschen/9932494.html

http://www.wochenblatt.de/nachrichten/bgl/ueberregionales/Sex-Studie-Sex-Date-erstes-Date-Singles-Europa;art5569,307736

http://www.wunderweib.de/aktuelles/so-sieht-die-deutsche-durchschnittsfrau-aus-a170956.html

http://www.wusstestdu.net/suche/stichwort/Deutschland/1

http://www.zeit.de/campus/2007/04/doktorarbeiten-typisch-deutsch

http://www.zeit.de/zeit-wissen/2010/s1/Rueckenschmerzen

https://de.wikipedia.org/wiki/Deutsche_K%C3%BCche

https://de.wikipedia.org/wiki/Gartenzwerg

https://www.cosmosdirekt.de/veroeffentlichungen/autostudie-auftakt-48836/

https://www.impulse.de/recht-steuern/was-chefs-bei-verdacht-auf-krankfeiern-tun-koennen/2024707.html

https://www.op-online.de/leben/reise/reiseportal-verraet-machen-deutschen-flugzeug-am-liebsten-zr-6071117.html

https://www.palverlag.de/Notluegen.html

https://www.parship.de/editorial/ratgeber/tipps-zu-parship/ihr-erstes-date-na-und/

https://www.zukunftsinstitut.de/artikel/big-business-mit-hund-katze-co/

https://yougov.de/news/2015/08/10/verschmust-und-kreativ-statt-langweilig-und-diszip/

# Impressum

Bettina Peters
Erika Mustermann
Das geheime Leben der bekanntesten Durchschnittsdeutschen
ISBN: 978-3-959100-77-9

Eden Books
Ein Verlag der Edel Germany GmbH

www.edenbooks.de | www.facebook.com/EdenBooksBerlin | www.edel.com
1. Auflage 2016

Einige der Personen im Text sind aus Gründen des Persönlichkeitsschutzes anonymisiert.

Projektkoordination: Svenja Monert
Lektorat: Susanne Röltgen
Umschlaggestaltung: BüroSüd | www.buerosued.de
Layout und Satz: Datagrafix Inc.| www.datagrafix.com
Druck und Bindung: optimal media GmbH, Glienholzweg 7, 17207 Röbel/Müritz

Das FSC®-zertifizierte Papier *Holmen Book Cream* für dieses Buch lieferte Holmen Paper, Hallstavik, Schweden.



Printed in Germany

Dieses Buch ist auch als E-Book erhältlich.

Um die kulturelle Vielfalt zu erhalten, gibt es in Deutschland und in Österreich die gesetzliche Buchpreisbindung. Für Sie, liebe Leserin und lieber Leser, bedeutet das, dass Ihr verlagsneues Buch jeweils überall dasselbe kostet, egal, ob Sie Ihre Bücher gern im Internet, in einer großen Buchhandlung oder beim kleinen Buchhändler um die Ecke kaufen.